唐代文人心态史

池万兴 刘怀荣 著

长春出版社
全国百佳图书出版单位

图书在版编目(CIP)数据

唐代文人心态史 / 池万兴，刘怀荣著. — 长春：
长春出版社，2015.1
ISBN 978-7-5445-2892-4

Ⅰ.①唐… Ⅱ.①池… ②刘… Ⅲ.①文人-心理状
态-思想史-中国-唐代 Ⅳ.①K825.6②I209.42

中国版本图书馆 CIP 数据核字(2014)第287832号

唐代文人心态史

著　　者:池万兴　刘怀荣
责任编辑:谢冰玉
封面设计:魏　晋

出版发行:長春出版社　　总 编 室 电 话:0431-88563443
发行部电话:0431-88561180　　邮购零售电话:0431-88561177
地　　址:吉林省长春市建设街 1377 号
邮　　编:130061
网　　址:www.cccbs.net
制　　版:荣辉图文
印　　刷:长春市东文印刷厂
经　　销:新华书店

开　　本:787 毫米×1092 毫米　1/16
字　　数:200 千字
印　　张:13.25
版　　次:2015 年 1 月第 1 版
印　　次:2015 年 1 月第 1 次印刷
定　　价:38.00 元

目　　录

导 论

一

治文学史者对前人“一代有一代之文学”的论断，多愿意不厌其烦地加以称述，然进而言之，之所以“一代有一代之文学”，根本原因又在于“一代有一代之文人”。因为一代文学之形成，表面看来虽然是一代政治、文化等诸多方面的要素合力作用的结果，但事实上，文学作为文人创造的精神产品，它在诞生之前，不论曾受到过多少外在的影响，也不论这影响有多么深刻，它们终须经受作者情感的过滤和心灵的淘洗，内化为一种难以清楚言说却是实实在在存在的文化心态，而文学便是这一文化心态再度外化的直接结果之一，也是这一文化心态较为精致的表现形式之一。当然，同样可以被看作是这种表现形式的，至少还可以包括文人的思想认识、言论和行为方式等。这也就是说，文化心态或者更直接地说——文人心态，它一方面是对外在的现实和传统的种种刺激做出反应，并对之消化、吸收，最后经高度整合而形成的一种自具体系又不乏时代共性的心灵状态；另一方面它又对文人的处世应物、精神创造和理性思考等诸多方面的展开方式和主导意向有着整体上的规定性和制约性。在此意义上，文人心态是极富统摄力的，它与文学的关系也要比许多外在的现实和传统要素更直接，更切近。这使我们从文人心态入手来研究一代文学，或从文人生活的方方面面来追踪、逼近一代文人心态，在学术的层面上有了实在的价值和意义，而不像人们惯常所理解的那样，仅仅把这项研究视为无根底的玄谈。在我们看来，心态研究并不玄虚，相反乾嘉学派的考证功夫在这里也同样可以大显身手，只不过"心态"本身所具有的动态性和隐秘性使这一研究不可能得出像考证某人生卒年那样确切的结论（实际上许多历史人物生卒年的考证也无法得出确切结论或者结论远不止一个，甚至不同结论有时还是相互对立的）。从研究者的角度说，我们需要做的是一种逆向式的考察，即从受心态支配、制约的，可见的文人生活的方方面面来追寻无定形、不可见的文人心态。显然这样的研究首先要有一种综合的态度和视野，并在众多的史料背景下去体验、去推考已经逝去的心灵世界，而且永远只能逼近它，只能得其大概，不可能使结论完全精确化。这虽然是社会科学研究的共性，但在心态的研究中尤为突出。此外，对心理学、美学、心态史学等学科理论的吸收、融化，无疑也是必不可少的。因此文人心态的研究实际上是集行为方式与价值观念、理性认识和感性体验及现实生活与精神创造等多方面的内容为一体的一种综合性研究。

在文人心态研究中，文人与文人群体的文学作品无疑应成为我们关注的重点，因为在显现文人心态的诸种要素中，文学作品以其独特性最直接地记录了文人心态在特定时空中的样态与变化，为我们考察文人心态提供了第一手的感性材料。这使得文人心态的研究与文学史的研究有着许多重合之处，但二者的差别依然是主要的。在文学史的研究中，心态的研究对文学史的发展做出心理学的说明，与文学无关的方面我们可以不论；而在文人心态的研究中，我们关注的只是文学作品中体现了心态的部分。因此两者即使在涉及同一材料时，讨论问题的立足点及得出的结论也有可能完全不同。这决定了文人心态的研究必然会从另一侧面对文学史的研究提供有意义的成果。

中国古代的文人，常常又是儒者与官僚，而许多文人除能文之外，在琴、棋、书、画等多种艺术领域也多有所独擅，甚至样样精通。因此，文人心态的研究同时也必然会给政治史、思想史和艺术史乃至文化史的研究提供新的思考。特别是对认识中国知识阶层的过去、现在和未来，对民族理想人格的现代化重铸，应有不可低估的作用和意义。

二

唐代，从某种意义上说，早已成为强盛、辉煌和发达的代名词，成为中国历史上令我们每一位中华儿女都深感自豪的一页，以至直到今天海外华人仍以“唐人”名街，借以标明自己的身份。而唐三彩、唐诗等艺术精品更是让人时时感到那个已经逝去的时代仿佛依然触手可及。不过，对于现代人来说，唐代毕竟只是中国历史长卷上的一个片断，她切近而遥远，令人神往却终归和我们有着整整一千多年的阻隔。因此，我们要在这里谈论唐代，谈论唐代文人，并描述他们充溢着才情与性灵的心灵世界，无异于在漫漫无边的黑夜中借助微弱的星光寻觅精神的碎片，而这些碎片又深埋于泥土之下，与瓦砾、石块混杂在一起，稍一不慎，即可能认假作真。这注定了我们这项工作的风险性比一般的学术研究要大得多。之所以这样说，还因为心态史的研究在国内学术界迄今尚不多见，这使得我们只能在缺乏参照的前提下去展开自己的尝试。此外，与学者们对魏晋文人精神世界的格外关注相比，对于唐代文人，我们至今还是把他们的生活和作品作为研究的重点，而对于这一代文人的整体观照，无论在研究的理论深度，还是在研究论著的数量及质量上，都与对魏晋文人的研究有着较大的差距。把两种研究对象稍加比较，不难发现，这种研究兴趣和研究现状的不平衡实在不能算是正常的。在关于中古和唐代的文人和文学的研究中，我们现有的最常用、最典型的术语，莫过于“魏晋风度”和“盛唐气象”，前者是对一代文人精神风貌的概括，后者则是对盛唐文学的审美评价。这种对两个时期文人与文学研究的不同侧重点，至迟在以鲁迅为代表的那一代学者那里就已形成，直到近年仍未见有大的改观。如果说“五四”学人是从接受西方自由思想的大前提下选择魏晋文人作为研究对象的话，后来的学者们对魏晋文人的偏爱恐怕更多的是出于对学术传统的自觉继承。当然这里还应充分考虑到魏晋文人的独特个性对现代学者的吸引力。正是这些外部的和内部的因素使得魏晋风度的研究成了学界的热点之一。遗憾的是，一方面，魏晋风度的研究者很少有人从动态发展的角度去系统探讨魏晋风度对唐代文人的影响；另一方面，唐代文人虽不乏独特的个性，但如魏晋文人研究得以兴盛的那种外部条件却始终未曾具备，致使自20世纪初以来的几代学人大都把目光集中于唐代的作品，尤其是诗歌上，对于作品的创造者——唐代文人的精神世界的探讨，特别是对有唐一代文人的整体性的观照反倒被有意无意地忽略了。其间唐诗独具的魅力无疑在客观上决定着研究者兴奋点的形成，但是作品研究既不可代替文人研究，其理论的升华在很大程度上也还有赖于后者的深入与突破。事实上，唐代文学研究中存在的不少问题也确与文人研究的不够深入密切相关。即使仅从唐代文学研究的深化而言，对唐代文人心态给予充分的关注也是极为必要的。

唐代是诗歌的时代，文人的思想、情感都借诗歌的形式表现出来。而在诸种文学体裁中，诗又是最富抒情性、最具主观色彩的文体。更为重要的是，唐代是一个思想解放、文禁松弛的时代，与其他时代相比，文人享有更大的自由，可以尽情地倾吐内心的喜怒哀乐。因此，在某种意义上说，唐代文人向我们呈露出更为丰富、生动的内心世界。我们有什么理由对此视而不见呢？“此情可待成追忆，只是当时已惘然”，心灵世界原本就是可感而不可见，极富虚幻、迷蒙特征的，何况我们面对的是迷于诗、困于情的有唐一代文人。读懂他们当然需要更多的学者的共同努力。但我们深信本书的尝试也不会是毫无意义的。

三

研治思想史和文化史的学者往往比专事文史研究的学者更能够清楚地感觉到：唐代在思想史、哲学史上的地位远不如其他朝代，尤其是同相邻的魏晋和两宋相比，更是逊色得多。自思想史、哲学史的角度而言，这自然是令人遗憾的不足。但从文学史和心态研究的立场来看，这反倒成了唐人的长处。因为从实际情况来看，唐人在思想史、哲学史方面的欠缺，与其说是他们缺乏相应的素养和思考所致，倒不如说是他们基本上就没有养成理性的思想探求和哲学思考的习惯，或者纵然有这种探求和思考，也往往并不把它作为思想史或哲学史的命题以思想家和哲学家独有的方式来表达，而是自觉不自觉地把它内化为一种审美感受使哲学思考和思想探索转换为一种富含哲理的诗意美，最终以诗的形式表现出来。因此，从整体上来看，唐人的思考方式、感受方式乃至表达方式都是富于诗性特征的。

在此前提下，道家自然无为、“独与天地精神往来”的人生哲学作用于李白，形成的不是老庄式的高人而是“诗仙”；佛禅任运自然、物我两忘的宗教思想深入于王维，修得的不是释迦式的“正果”而是“诗佛”；至于儒家“国身通一”“民胞物与”的道德精神影响于杜甫，产生的也不是孔孟式的圣人而是“诗圣”。虽然，这三位诗人还只是唐人中的特例，其他的许多唐代文人不一定像他们这样典型，但是从他们以诗为主要的表现形式吸纳、融汇其他文化财富，以完成自己的精神创造的基本一致的途径和方式来看，从后人对“诗仙”“诗佛”“诗圣”的普遍认同来看，我们都不难发现，在唐代，诗有着多么强大的渗透力！在文人心灵世界中占据着多么重要的地位！如果再考虑到三位大诗人在唐代诗人中的代表性，以及“诗仙”“诗佛”“诗圣”乃唐代特有的诗歌现象，我们说唐代文人比其他朝代的文人更富于诗性智慧，或者说，相对而言，他们的思维方式更近于诗性思维，就是有充分的依据的。泰纳在《巴尔扎克论·伟大的人物》中曾经写道：

> 假如你认为感受性是最重要的部分，那你眼中便只见强烈的感情，你描写的便将是纵横的眼泪，深细的情绪。你对自然的看法，便形成你对美的看法；你对现实人性的概念，便形成你对理想人格的概念；你的哲学思想便形成你的艺术观。①

以此来说明唐代文人心灵世界的整体倾向，也并无不妥。只不过这里的“感受性”应当更具体化为中国古代以“感物”为审美基础的诗的“感受性”。这本是中国古代文化的重要特征之一，而在唐代文人身上则表现得更为突出和普遍。其最直接的原因，则在于对“感受性”的重视，或者说对诗性的执着不仅仅是唐代文人精神创造活动的重要特点，也同样体现在他们的现实生活中，使他们的生活也呈现出浓郁的诗意。这一点在唐代不同的时期又有各自不同的趋向，但比较而言，则以盛唐时期最为典型。这不仅是因为盛唐时期已完全消除了魏晋士人追求个性自由所带来的一系列矛盾与危机，持续数百年的忧患感、恐惧感均已平息；也因为新的文化道德秩序的重建还没有达到足以压抑人性、羁缚自由的地步；此外，政治上相对的清明，则使前两方面所能够带来的自由和焕发的生气都得到了极为有效的展现。如此种种，遂使盛唐成为中国历史上一个非常独特的时期。这

①[法] 泰纳《巴尔扎克论》，《古典文艺理论译丛》1957 年第 2 期。

也正是盛唐诗成为中国古典诗歌之典范的深层原因。而从更大的范围来看，整个唐代在中国历史上也同样是非常独特的，那么，探讨这个独特时代富于“感受性”的文人心态，对于我们更深入地了解中国人、中国文化和中国诗歌，都无疑具有其他研究所不可替代的作用。

四

任何一个时代都只能在历史的维度上被认识，任何一个时代的发展都离不开历史智慧的指引。在中国历史的全史中来观照唐代，我们发现，它与我们生活的这个时代处在非常相似的位置。要说明这一问题，首先得从中国文化的几次大总结谈起。笔者认为中国文化发展至今已经历了三次大总结。第一次文化总结完成于传说时代直至夏、商时期，属于以巫术、宗教、神话为核心的巫文化体系[①]，它以巫术仪式和神话传说为载体，对人类早期的精神信仰、价值观念和行为准则等等做了全面的整合，为后来文化的发展、创新奠定了基础。但从商末周初起，这一文化体系随着先秦理性精神的崛起就已开始分化，至春秋战国则全面崩溃，而诸子百家的理论创造与学术争鸣，则既是对旧的文化体系的全面突破，也成为新的文化总结的必要前提。

中国文化的另外两次大总结分别完成于西汉和两宋，形成了董仲舒的天人感应神学体系和宋代理学。从整体上看，两次文化大总结之间，文化的大分化、大转型必然催发出文化的创造与突破。第一次文化总结与第二次文化总结之间的诸子百家争鸣，第二次文化总结与第三次文化总结之间的魏晋玄学，都在打破原有文化格局的同时，为新的文化重建与总结提供了富于创造力的新资源。第四次文化大总结虽然还未发现，但是第三次文化大总结所确立的文化体系自晚明首次受到冲击以来，我们又经历了自近代开始的，在与西方文化激烈争锋、碰撞的背景下对旧有文化的重估、突破。如果以前两次的文化分化、重建过程为参照来反观这第三次文化分化和重建的基本走向，我们可以发现，前两次文化分化、重建的周期均在一千年左右（第一次从公元前 11 世纪的商末周初至公元前 2 世纪的汉武帝年间；第二次从公元 2 世纪的汉末至公元 11 世纪的北宋）。如果这一历史周

①也有人认为图腾文化是人类最早的文化体系，参何星亮《中国图腾文化》，北京：中国社会科学出版社 1992 年版，第 395—396 页。

期有其客观的规律而非纯粹的巧合，那么，从晚明算起，第三次文化分化与重建的进程现在正处于中途，这与从汉末开始的第二次文化分化与重建在唐代进入中途恰相仿佛。当然，如果仅有这一机械的相似，还不足以说明我们的时代与唐代具有相似性或者说处在相似的历史位置上，我们之所以把这两个时代放在一起来审视，还因为从民族文化心理的发展看，这两个时代也有许多相近的地方。

首先，两个时代都已完成了由全面否定、批判传统文化而终于能在新的历史高度重新认识本民族文化的历史使命，这是新的文化重建的开始。也就是说，两个时代都经历了“破”的阶段，进入了“立”的阶段。

其次，两个时代都已从打破旧的文化体系所引起的种种信仰危机、心理失衡与迷惘中摆脱出来，知识阶层以及民众心理从整体上得到了有效的调整，逐渐趋于平静。

再次，两个时代都具有价值多元化，思想相对开放、活跃，在国力增强的前提下对各种文化都能客观地对待、合理地吸纳的特点。

上述几方面，都使我们这个时代与唐代有了某种必然的联系，换言之，唐人进行文化重建的整体思路和具体得失，对于我们今天的知识阶层而言，就有可能具有一种非常特殊的意义。因为历史文化智慧可以使我们减少迷失方向的危机。虽然，现代社会与一千多年前的唐代毕竟有着太多的不同，但是人类思考的许多基本问题却依然有不可忽视的一致性。在此意义上，唐代文人心态的研究就不仅仅是纯学术的话题，而是自然包含了对现实的关注与思考。当然，这种“温故而知新”的工作是需要几代人从多个领域来完成的。本书所选取的只是向不为人重视的一个小小的侧面，倘能于读者的思考有所助益，便不为妄作了。

第一章
迷失与重建：理想人格的艰难探索

初唐文学从唐代开国至景云之间大约90余年，可以分为三个互相联系的阶段：唐朝建立至高宗永徽初年（650年前后），约30年，为第一阶段；从永徽初至调露年间（679年前后），约30年，为第二阶段；从调露年间至景云中30余年，为第三阶段。[①] 这三个阶段走过了三代文人。这三代文人的心路历程及其诗文创作，表现出明显的由南北朝向盛唐过渡的特质。一方面，新的时代风气不可能在极短的时间内建立起来，因此六朝遗风在唐初得到了一定的继承与发展；另一方面，新的王朝必然面临新的形势，传统的仕隐、出处等立身处世原则需要进行重新审视，新的价值体系需要建立。可以说，初唐文学就是在对旧的文学观念和思想意识不断整合创新、扬弃拓展的基础上发展演变的。由于缺乏相对成熟的价值体系的干预，加之人格结构上的差异，初唐文人的心态在探索的进程中表现出过

①此处参考了罗宗强先生《唐诗小史》的分期法，西安：陕西人民出版社1987年版。

渡特质的同时，又呈现出明显的多元化倾向。

一　心灵世界新声与老调的同奏

在初唐第一个30年中，齐梁绮靡的文风得到了一定的继承与发展。唐太宗及其重臣们自觉地模仿南朝的文学艺术，对南朝遗留的风气表现出认同心理，御用文人的品格在许多文人身上也有所体现。他们的诗作多呈现出小巧细腻的旨趣，而缺乏宏壮之声。但是，初唐社会在精神风貌上毕竟与南朝不同，经济日益繁荣，人民安居乐业，门阀士族的垄断地位也受到一定限制，蒸蒸日上的大唐国运使当时的文人对未来充满信心，在心态上便表现出蓬勃昂扬的气势。因此，他们对南朝文风的模拟仅仅体现在艺术风格的层面上，其精神气质已经产生了极大的改变。如同是作宴饮游赏诗，南朝士人是“但使良园广宅，面水带山，饶甘果而足花卉，葆筠篁而玩鱼鸟”，“或出或处，并以全身为贵；优之游之，咸以忘怀自逸”[①]，所以他们的诗中表现出一份悠闲与雅澹的士族文人的审美情趣。而初唐文人则是在“沟洫可悦”“麟阁可玩”“丰镐可游”的前提下，还不忘警戒自己“释实求华，以人从欲，乱于大道，君子耻之”[②]。唐太宗及其重臣们赋予文学作品更多的社会功用与居安思危意识，不是像齐梁士族文人那样，将文学艺术仅仅视为纯粹的消遣与审美的工具，而是在文学欣赏与把玩的同时，不忘忧患，从而使这一时期的诗文创作与齐梁诗歌相比，表现出更多的社会责任意识和积极用世的心态。

其次，这一时期的文人大都目睹了唐王朝建立的整个过程，甚至不少人亲自参与过其中的军事斗争。在这样的背景下，战争便不可避免地成为他们诗文创作的重要表现内容。他们在诗作中抒怀言志，强烈的功业心态使他们的作品充满了蓬勃奋发的气势，如唐太宗《饮马长城窟行》《执契静三边》、窦威《出塞曲》、魏徵《述怀》等。这种刚健遒劲的心态是只知一味偏安的齐梁士人无法体会和难以企及的。

再次，在对待南朝文风的态度上，这一时期的文人并非毫无原则地一

---

①[梁]萧绎：《全德志论》，见[清]严可均辑《全上古三代秦汉三国六朝文·全梁文》卷十七，北京：中华书局1958年版，第3049页。

②[唐]李世民：《帝京篇序》，见吴云、冀宇编辑校注《唐太宗集》，西安：陕西人民出版社1986年版，第1页。

味继承与模仿。一部分文人已经开始客观地看待这一风气并对其柔弱绮靡的作风进行自觉地批判，如魏徵、杜淹等。这一现象的出现固然与他们萌生越来越强烈的庶族寒士意识有关，同时也昭示着文人心态的转变。在这种老调与新声的同奏下，在唐代第一个30年中，尽管艺术风格表现出向齐梁文风的回归与认同，但是由于创作主体的心态和时代背景的变化，文学作品的精神面貌已经产生了较为明显的改观。唐太宗及其重臣开创的事业及政治环境的更新，更是激发了下一代文人对建功立业的向往与想象，这对文人心态的影响是极其深刻的。因此，这一时期的文风与文人心态在精神内质上比齐梁文风还是要刚健遒劲得多，远非齐梁文人心态所可比拟。

（一）御用品格与取悦心态

杜晓勤先生认为："唐初宫廷诗坛以南风为主的创作格局，首先和宫廷诗人们对南朝士风的普遍推崇、认同分不开，而南朝士风在贞观中得以风行又是因唐初独特的政治格局，唐太宗的用人政策、文化政策影响所致。"[①]杜先生的观点是完全正确的。初唐第一代诗人，如虞世南、陈叔达、袁朗、褚亮、谢偃等都是三朝元老；杨师道、许敬宗、孔绍安、陈子良、李百药等都是两朝重臣；而魏徵、长孙无忌、马周、上官仪又是当朝新贵。这些文士有的是政治家，甚至居宰辅之尊，有的是皇帝的文学侍从。他们皆生活于宫廷，由于他们之中的绝大多数人生活视野狭窄，又接受了南朝诗风的影响，因而其诗作内容贫乏，缺乏强烈的感情，而在词采上华饰雕琢。他们写的大量应制应诏奉和之作，既没有真实感受，又缺乏真情实感。写诗似乎并不是他们自身抒情言志的需要，而是应帝王之需以显示自己的学问和技巧，从而博取帝王欢心的手段。如许敬宗今存诗27首，其中20首便是奉和之作。杨师道、上官仪等人的诗作，也有一半左右为应制奉和之作。唐太宗有一首《正日临朝》，奉和此诗的便有颜师古、魏徵、岑文本、杨师道、许敬宗、李百药等人。唐太宗的《春日望海》《秋日即目》等诗也多有和作。唐太宗的《过旧宅二首》，抒发了一种汉高祖成就帝业之后还乡的情怀，许敬宗、上官仪的《奉和过旧宅应制》二诗便将太宗比为汉高祖以颂美。二诗思路颇为一致，皆用典故，雕琢词藻，与梁陈的应诏奉和之作并无什么不同。这一代诗人普遍具有的这种御用品格与取悦帝王的心态，

---

①杜晓勤：《初盛唐诗歌的文化阐释》，北京：东方出版社1997年版，第148页。

就使得他们在写诗时很难有个性流露，没有风格的变化与差异，也没有自己的创作个性，更难唱出宏伟的声音或发出不平之鸣。他们的诗作看不出广阔的社会生活与作家个性上的差异，往往表现出趣味小巧而细腻，在创作技巧上雕琢，这自然不可能开拓出诗歌创作的新局面。

应制、奉和之作反映了这一阶段诗坛的南朝余风，而描写宴乐生活与闺阁情趣，也是这一阶段梁陈宫廷绮靡诗风的余波。

唐太宗及其重臣们大都写过宫体诗。据《新唐书·虞世南传》记载，有一次唐太宗写了宫体诗要朝臣赓和，虞世南谏阻道："恐此诗一传，天下风靡，不敢奉诏。"虞世南有这样的担心，这表现出他的政治眼光和忧患意识。但是，更多的文人则是随唐太宗马首是瞻。在唐太宗的影响下，当时许多文士都写过宫体诗。如长孙无忌的《新曲二首》、褚亮的《咏花烛》、杨师道的《初宵看婚》、阎立本的《巫山高》等。在这种风气影响下，许多北方文士在生活作风与心态方面也表现出柔弱绮靡的特点。王世贞在《艺苑卮言》中就说过："唐文皇手定中原，笼盖一世，而诗语殊无丈夫气，习使之也。"所谓"无丈夫气"，是说他的诗风、文化心态与其雄才大略、驰骋疆场的英雄豪气不相吻合。之所以如此，王氏以为"习使之也"，也就是自觉地向南朝齐梁文化认同与回归的结果。又如长孙无忌系关陇军事集团八大柱国后代，也是唐王朝的开国元老，唐太宗赞其"聪明鉴悟，雅有武略"①。然而，就是这样一个"雅有武略"的重臣，其文化心态却表现出十足的南朝绮靡特征，其诗作更少"丈夫气"。其《新曲二首》，格调与南朝吴歌殊无二致。字面冶艳，情思淫靡，诗境也更像齐梁宫体诗，秾丽而轻艳。郑世翼的《看新婚》也完全是一首庸俗的色情诗，其《见佳人负钱出路》趣味就更为低下了。李百药的《妾薄命》《火凤词二首》皆摭拾梁陈艳诗之余沥而成。萧德言，史称其"博涉经史"，"晚年尤笃志于学"，"每欲开五经，必束带盥濯，危坐对之"②。就是这样一个一本正经而有点迂腐气的文士，写起宫体诗来，丝毫不减当年的徐、庾。其《咏舞》诗轻艳、丽靡，置之梁陈宫体诗中，足可乱真。由此可见，这一时代文士们的文化心态普遍表现出向南朝绮靡轻艳文化的认同特征。

此外，这一阶段文人向南朝齐梁文化的认同心态，还表现在他们的一

①[后晋] 刘昫等撰：《旧唐书·长孙无忌传》，北京：中华书局 1975 年版，第 2448 页。
②[后晋] 刘昫等撰：《旧唐书·萧德言传》，北京：中华书局 1975 年版，第 4952 页。

些关于宫廷、台阁、山池的大量景物描写的宴乐诗中。尤袤《全唐诗话》卷一说："太宗尝谓唐俭：'酒杯流行，发言可喜。'是时，天下初定，君臣俱欲无为，酒杯善谑，理亦有之。"[①] 这不但为我们提供了唐太宗为宴饮之风推波助澜的证据，而且揭示了唐太宗之所以倡导宴饮诗的时代文化心理。在这种风气与心态作用下，当时许多重臣皆以宴饮诗酒为乐，创作了大量的具有齐梁诗风的宴饮诗。

贞观年间两次大规模的宴集，一次是在于庶子（于志宁）宅，一次是在杨师道的安德山池。在于庶子宅宴会上写诗的有：于志宁、令狐德棻、封行高、杜正伦、岑文本、刘孝孙、许敬宗等。在安德山池赋诗的有：褚遂良、杨续、刘洎、岑文本、许敬宗、上官仪、李百药等人。这些诗从取材到艺术表现皆因袭齐梁余风，崇尚雕饰，了无生气。封行高便明言自己的诗是"丽藻穷雕饰"。这里我们以杨师道为例来说明。贞观十年，他代魏徵为侍中后，每"退朝后，必引当时英俊，宴集园池，而文会之盛，当时莫比"[②]。刘洎《安德山池宴集》"平阳擅歌舞，金谷盛招携"，以石崇的金谷宴集比况这次宴会。刘诗又云"已均朝野致，还欣物我齐"，则又说明与会者的心态与齐梁宫廷诗人无异。而令狐德棻的《冬日宴于庶子宅各赋一字得趣》"放旷山水情，留连文酒趣"则典型地反映了这些文士普遍乐于宴饮酬唱、游赏山水的时代风尚。这种时代风尚自然是与唐太宗的提倡分不开的。《旧唐书·杨师道传》说："太宗每见师道所制，必吟讽嗟赏之。"

总之，由于唐太宗对南朝文化的钟爱与提倡，从而使得这些宫廷文人表现出明显的御用品格与取悦心态。他们虽然为朝廷重臣，甚至胸怀武略，曾驰骋疆场，但当唐建国后，其文化心态明显地表现出对南朝齐梁文化的认同。在这种潮流与心态的制约下，他们的诗作自然沿南朝余绪而很难有所突破了。

（二）创业精神与盛世情怀

尽管唐太宗及其重臣们极力学习仿效南朝齐梁文化，文风绮靡，但已经改造了南朝那种颓废的情思，而表现出某些新的文化内质。他们毕竟与南朝君臣苟安取乐的文化心态大为不同。他们是一些建功立业的人物，是

---

①[宋] 尤袤：《全唐诗话》，见［清］何文焕辑《历代诗话》上册，北京：中华书局1981年版，第65页。

②[后晋] 刘昫等撰：《旧唐书·杨师道传》，北京：中华书局1975年版，第2383页。

创业者，其胸襟与气概已非昔日的南朝君臣可比。他们的这种个人品质与文化心态反映到文学创作中，便使他们的作品中出现了南朝诗文中所缺乏的那种雄浑、刚健的气息与奋发自信的时代精神。

首先，贞观中一些具有经世致用精神、建功立业意识与强烈的儒家政治伦理观念的山东寒族文人，如魏徵、王珪、房玄龄、杜如晦等人，他们的文化心态、文学主张就烙上了浓厚的政治伦理色彩。他们对齐梁绮靡轻艳的诗风大加抨击，斥之为“亡国之音”，而对西魏、北周及隋初关陇文化保守派的“复古明道”观称颂不已。这是“世易时移”所出现的必然变化，也是初唐文人自信心的充分表现。

由于魏徵等人浓厚的儒家经世致用文化心态的作用，所以他们并不像其他御用文人那样一味地阿谀取悦，而是处处从唐王朝的政治利益着眼，甚至敢于犯颜直谏。据《资治通鉴》卷一九二载，武德九年，唐太宗对魏徵说：“向者朕以卿固执，疑卿不达政事。”[①]《旧唐书·魏徵传》曰：“或有言征阿党亲戚者，帝使御史大夫温彦博案验无状，彦博奏曰：‘徵为人臣，须存形迹，不能远避嫌疑，遂招此谤。虽情在无私，亦有可责。’帝令彦博让徵，且曰：‘自今后不得不存形迹。’他日，征入奏曰：‘臣闻君臣协契，义同一体。不存公道，唯事形迹，若君臣上下，同遵此路，则邦之兴丧或未可知。’帝瞿然改容曰：‘吾已悔之。’”[②] 又如贞观二年，太宗曾怀疑温颜博、王珪、祖孝孙等人结党营私，王珪对此气愤至极，以至不拜太宗并责之曰“是陛下负臣，臣不负陛下”，其磊落之志可见。贞观四年，太宗曾下诏发卒修洛阳乾元殿，以备巡狩。给事中张玄素上书进谏，列举十条理由谏唐太宗不可作此“逞嗜奔欲”之举[③]。贞观十一年魏徵连续上了论时政四疏，反复劝告唐太宗要慎终如始，不要居安忘危。同年，马周也在上疏中大声疾呼：“但如贞观之初，则天下幸甚。”[④] 贞观十二年，魏徵再度指出唐太宗听谏的态度与贞观之初不同，生活也更加奢侈，“虽忧人之言不绝于

---

①[宋] 司马光主编：《资治通鉴》卷一九二，北京：中华书局1956年版，第6027页。

②[后晋] 刘昫等撰：《旧唐书·魏徵传》，北京：中华书局1975年版，第2547页。

③[唐] 吴兢编著：《贞观政要·纳谏第五》，上海：上海古籍出版社1978年版，第55—75页。

④[唐] 吴兢编著：《贞观政要·纳谏第五》，上海：上海古籍出版社1978年版，第55—75页。

口，而乐身之事实切于心”[①]。

在这种儒家匡主谏上的文化精神作用下，唐太宗及其重臣们也曾创作过一些质朴无华、直抒胸臆的述怀言志诗，表现出一些南朝文化所未有的质实清新、雄浑刚健的文化气息。如唐太宗的《辽东山夜临秋》《经破薛举战地》《还陕述怀》等。又如长孙无忌的《灞桥待李将军》也写得质实清新：“飒飒风叶下，遥遥烟景曛。霸陵无醉尉，谁滞李将军。”似脱口而出，毫无南朝雕琢的弊病。魏徵的《述怀》也是如此：“中原初逐鹿，投笔事戎轩。纵横计不就，慷慨志犹存。杖策谒天子，驱马出关门。”接着写其南征北战的艰险，最后说：“季布无二诺，侯嬴重一言。人生感意气，功名谁复论。”在这首诗里，诗人将自己的人生意气与对朝廷无限忠诚的思想性格都表现出来了。其他如李百药的《途中抒怀》《郢城怀古》《谒汉高庙》《春眺》《秋晚登古城》，杜淹的《召拜御史大夫赠袁天纲》《寄赠齐公》，马周的《凌朝浮江旅思》等诗，都能突破南朝绮靡诗风余波的束缚，表现出一点新的雄浑刚健的文化精神。

此外，唐太宗所开创的大唐万世基业与贞观之治的太平盛世景象，无疑也会给文士以极大的鼓舞，使他们表现出一种南朝君臣所不具备的盛世情怀与歌功颂德的文化自觉。如唐太宗常对其重臣们提起汉高祖功业规模的弘远，“盖得贤臣所致”，又强调“惟君臣相遇，有同鱼水，则海内可安”。[②] 王珪便作《咏汉高祖》《咏淮阴侯》等诗，歌颂刘邦，赞美其“道契君臣合”，并以前代“弓藏狡兔尽”的教训提醒唐太宗不忘功臣。魏徵也曾以《赋西汉》约唐太宗以礼。虞世南的一些应诏诗，如《赋得慎罚》《发营逢雨应诏》等亦不无规讽之意。这类作品虽多政治说教，艺术成就不高，但毕竟反映了当时政治开明、言路畅通的风气与那种君臣同心协力开创太平基业的信心与决心，对整个唐代文化与文人心态产生了一定的积极影响。

（三）唐太宗——文人风范的历史新变

唐太宗以其文治武功与帝王之尊对初唐，乃至整个唐代的文化精神与文人心态，都无疑产生了巨大而深远的影响。唐初继承梁陈文学不仅是南

①[唐] 吴兢编著：《贞观政要·慎终第四十》，上海：上海古籍出版社 1978 年版，第 297 页。

②[唐] 吴兢编著：《贞观政要·求谏第四》，上海：上海古籍出版社 1978 年版，第 46—53页。

北朝文学的发展必然，而且与唐太宗的有意提倡直接相关。唐太宗喜爱徐陵、庾信的文风，甚至也亲自写过宫体诗，表现出向南朝文风认同的文化心态。这些皆为毋庸讳言的历史事实。但我们也应注意到，唐太宗对南朝文风的提倡，一方面顺应了当时社会上崇尚南朝文学的时代风气，另一方面也与其治国方略和用人之道有关。

唐太宗18岁随父起兵，东征西伐，荡平天下。虽然他对自己的文韬武略相当自负，但他也深知打江山和治理天下均需要大量人才。所以他很注意广纳人才，既要行军布阵的武将，更要文士。如他在做天策上将时，就于宫城西起文学馆以待四方之士，居其间称学士者十八人[①]。即位后更加重用文士，如房玄龄，其相业与唐太宗相终始，史称其"明达吏事，饰以文学，审定法令，意在宽平"[②]。尤为值得注意的是，太宗在招纳人才时很注意招纳山东、江南地区的人才。开国时李唐统治集团的骨干成员主要来自关陇地区，这对控制关陇固然很重要，但对山东、江南的控制力无疑就相对削弱了。故而在武将方面，太宗重用了代表山东的李勣等人。文士方面，他对来自江南的岑文本宠信有加，用为宰辅。另外，他招纳了大批来自山东、江南的文士。这些文士来自文化发达地区，原来都有很高的才名。如虞世南，史称"善属文，常祖述徐陵，陵亦言世南得己之意"[③]。又如褚亮在陈时得到徐陵、江总、陈后主等人的推崇[④]。还有来自山东的李百药，人称"才行相继，海内名流莫不宗仰"[⑤]。由此看来，与这些人交往，尤其是要使他们心悦诚服，为我所用，不懂得他们所擅长的文学艺术是不行的。因此，唐太宗喜爱徐、庾的文风，作文赋诗，就不单是一己之爱好，而是有着联络山东、江南地区文士的感情，进而使他们对儒雅风流的皇帝及大唐的统治折服的政治用意。

更为重要的是，唐太宗喜爱并提倡文学，还与他的偃武修文的国策有着密切的关系。唐太宗一生亲自指挥过很多战役，又深染北俗，武人习气很重。即位多年后在苑内射猛兽，雄豕冲马，他挺身搏杀之，并扬扬自得。

---

①［宋］欧阳修、宋祁撰：《新唐书·褚亮传》，北京：中华书局1975年版，第2582页。

②［后晋］刘昫等撰：《旧唐书·房玄龄传》，北京：中华书局1975年版，第2461页。

③［后晋］刘昫等撰：《旧唐书·虞世南传》，北京：中华书局1975年版，第2565页。

④［后晋］刘昫等撰：《旧唐书·褚亮传》，北京：中华书局1975年版，第2578页。

⑤［唐］刘肃撰，许德楠、李鼎霞点校：《大唐新语·文章》，北京：中华书局1984年版，第123页。

唐俭进谏道："汉祖以马上得之，不以马上治之。陛下以神武定四方，岂复逞雄心于一兽！"① 搏杀一兽乃是小事，不值得郑重其事，但倘若以狩猎杀兽演变成尚武好战，屡兴兵戈，开边不已，那就会影响到王朝的存亡。唐俭之谏，其用意盖因此。实际上魏徵多次进言，要太宗偃武修文，可致太平。唐太宗也深明此理，并实施了这一国策。《旧唐书·文苑传》载："文皇帝解戎衣而开学校。"同书《儒学传》也称："太宗数幸国学、小学。合祭酒、博士讲论。"开学校，重儒学，实行科举取士，开馆修史等等，均是偃武修文国策中的具体措施。这种偃武修文国策的实施，对唐代的长治久安是有深远影响的。

由此可知，唐太宗学习南朝文学，作文赋诗、与臣下唱和不绝，就不单单是他个人的爱好，而且也是其国策的重要组成部分。他深知"载舟""覆舟"之理，善于吸取历史教训。他没有将梁、陈文学视为梁、陈覆亡的罪魁祸首加以唾弃，而是在偃武修文国策的统领下，顺乎继承南朝文学的潮流，赢得天下文士的归心，既使政治稳定，又使文学发展。所以，《全唐诗》编者说："有唐三百年风雅之盛，帝实有以启之焉。"

唐太宗的诗现存共99首，大致可以分为登临抒怀、写景咏物两类。他在《帝京篇十首》（并序）中，对自己的诗歌主张阐述道：

> 予以万机之暇，游息艺文。观列代之皇王，考当时之行事……予追踪百王之末，驰心千载之下，慷慨怀古，想彼哲人……用咸英之曲，变烂熳之音……释实求华，以人从欲，乱于大道，君子耻之。故述《帝京篇》以明雅志云尔。

《帝京篇十首》描绘了关中山川的雄伟和宫殿的壮丽，也抒发了身为帝王的胸怀。所谓"秦川雄帝宅，函谷壮皇居。绮殿千寻起，离宫百雉余"。所谓"千钟合尧禹，百兽谐金石。得志重寸阴，忘怀轻尺璧"，"披卷览前踪，抚躬寻既往。望古茅茨约，瞻今兰殿广。人道恶高危，虚心戒盈荡。奉天竭诚敬，临民思惠养。纳善察忠谏，明科慎刑赏"。他的《辽东山夜临秋》："烟生遥岸隐，月落半崖阴。连山惊鸟乱，隔岫断猿吟。"诗人将军旅途中秋山夜宿的雄伟气象表现出来。夜月已落，夜雾已起，连绵喧腾的军营使

---

①[唐] 刘肃撰，许德楠、李鼎霞点校：《大唐新语·规谏》，北京：中华书局1984年版，第12—13页。

栖鸟惊飞，吟猿啼吟，一种开阔雄浑的情调弥漫诗中。这种情怀，没有经历过征战的人是表现不出来的。《经破薛举战地》也写得壮怀激烈："昔年怀壮气，提戈初仗节。心随朗日高，志与秋霜洁。移锋惊电起，转战长河决。营碎落星沉，阵卷横云裂。一挥氛沴静，再举鲸鲵灭。"接着诗人写到旧地重游，追思往事，有一种自适自得的心态。《还陕述怀》也有这种英雄气概："慨然抚长剑，济世岂邀名。星旗纷电举，日羽肃天行。遍野屯万骑，临原驻五营。登山麾武节，背水纵神兵。在昔戎戈动，今来宇宙平。"诗中表现的那种英雄怀抱与宏大的气魄，是南朝君臣无法比拟的。

唐太宗的写景咏物诗虽步齐梁后尘，但也有一定的新意。如《春日望海》以"披襟眺沧海"的阔大意象开篇，描画了熙和辽阔的天地、浩渺无际的沧海等壮阔的自然景象。接着转入抒怀："有形非易测，无源讵可量。洪涛经变野，翠岛屡成桑。"以沧海的博大与自然变迁的巨大力量隐喻自己驾御乾坤的壮志。最后怀念成就一代伟业的秦皇汉武，表示要建立强大帝国的决心。全诗宏大的气势、壮丽的自然景象与豪情壮怀相映生辉，表现出创业君王的非凡的胸襟与气魄。

总之，唐太宗的诗很难说取得了突出的成就，但已表现出一些历史的新变。从他的诗歌创作来看，他一方面继承了南朝文学传统，追求词藻华丽，讲究骈俪对仗，表现出向南朝文化认同的心态；另一方面，武人的气魄，北人的粗豪，帝王的壮怀，特别是励精图治、力求创建强大帝国的雄伟抱负与政治实践，使他的诗歌也表现出一种豪壮的气势。这不仅为唐代文学的发展做了有益的探索，而且对有唐一代文人风范的历史新变，也做出了积极的贡献。

（四）隐士心态与济世情怀——王绩：初唐文人心态的变例

在初唐诗坛与文化史上，另一位别具特色的诗人便是王绩。他的诗歌创作既与初唐宫廷御用文人柔媚婉顺的齐梁诗风不同，又与魏徵、王珪等以史为鉴的史臣之作异趣。他的诗境界高古而又风骨凛然。其人格超脱豪迈，与宫廷御用文人不可同日而语。他虽隐居而终，但终其一生，济世的情怀与用世的心态始终未泯。无论是其入仕时的散诞醉饮，还是归隐后的高蹈狂狷，都只不过是其内心苦闷的解脱方式而已。

王绩，字无功，绛州龙门（今山西河津）人。他从小接受的是北方士子经世致用、兼济天下的文化传统，又秉承了其深厚的家学文化渊源。河津王氏家族，属于“地实儒素，人多高烈”[①] 的高门显族，具有深厚的家学文化传统渊源。从其六世祖王玄则至其兄王通，代有著述。王通乃饱学之士，在向隋文帝献策未被重用后，退居河汾，讲经授徒，明王道之术，在其身边集结了当时一大批俊彦之士。这样，王绩不仅深受其兄以经术治天下、以仁政理国家的政治抱负的影响，而且其兄之门徒在隋末唐初的纷纷入仕，也激发起王绩跻身台辅、直取卿相的政治抱负。王绩在《答处士冯子华书》中说：“吾家三兄，生于隋末，伤世扰乱，有道无位。作《汾亭操》，盖孔子《龟山》之流也。吾尝亲受其调，颇谓曲尽。”[②] 在《答程道士书》中又说：“昔者，吾家三兄，命世特起，光宅一德，续明《六经》。吾尝好其遗书，以为匡世之要略尽矣！”[③] 薛收曾为王通的门生，后入唐为记室参军。在薛收回乡看望王绩时，诗人作《薛记室收过庄见寻率题古意以赠》，诗云：“伊昔逢丧乱，历数闰当余。豺狼塞衢路，桑梓成丘墟。余及尔皆亡，东西各异居。尔为培风鸟，我为涸辙鱼。”抒发其羡慕朋友而自己却未被任用的感慨。

在这种经世致用的地域文化与家族文化的双重影响下，王绩从小就希望经世致用，表现出兼济天下的抱负。吕才《王无功文集序》说，王绩“八岁读《春秋左氏》，日诵十纸”“阴阳历数之术，无不洞晓”，绝非溢美之辞。王绩在其《晚年叙志示翟处士》一诗中也说：“弱龄慕奇调，无事不兼修。望气登重阁，占星上小楼。明经思待诏，学剑觅封侯。”所以，他 15 岁便西游长安，干谒求进，便是这种“思待诏”“觅封侯”的进取之志与济世情怀的首次实践。然而，尽管他有“觅封侯”之志，朝廷却不用他，首次入仕隋朝，朝廷只不过给了他个秘书正字的小官，这与其理想相差太远。于是他索性以酒浇愁，自罢其职，解职归里。回到龙门，自非本意，又无由施展其怀抱，而他济世的情怀又终无法泯灭。这样，他便潜修其志，等待机遇，伺机而出。王绩在初唐武德中又一度出仕，但又因官职卑微，与其出将入相之志相去甚远而再次归隐田园。

随着贞观之治的出现，文人志士的情绪普遍高扬，王绩也受到这种时

---

①［唐］王绩：《游北山赋》，见《王无功文集》卷一，上海：上海古籍出版社 1987 年版，第 1 页。

②［唐］王绩：《王无功文集》卷四，上海：上海古籍出版社 1987 年版，第 149 页。

③［唐］王绩：《王无功文集》卷四，上海：上海古籍出版社 1987 年版，第 159 页。

代风气的感召，再一次燃起出仕的激情。他在《答处士冯子华书》中表述自己当时的心态道："乱极治至，王途渐亨。天灾不行，年谷丰熟。贤人充其朝，农夫满于野。吾徒江海之士，击壤鼓腹，输太平之税耳，帝何力于我哉！又知房、李诸贤，肆力廊庙，吾家魏学士，亦申其才。公卿勤勤，有志礼乐；元首明哲，股肱惟良：何庆如之也。夫思能独放，湖海之士；才堪济世，王者所须。所恨姚义不存，薛生已殁，使云罗天网，有所不该，以为叹恨耳！"[①] 在这种心态作用下，他又第三次求仕。然而，此次出仕的结果与前两次并没有太大的差别，置身台辅的愿望依然只是空想。残酷的现实让王绩再一次失望，于是，他再一次挂冠归隐，寄情诗酒，远离尘俗。

需要注意的是，王绩并不像王羲之、谢灵运等人那样淡漠功名、钟情山水，他的每一次归隐都是迫于政治上的不得意而做出的不得已的选择。王绩在归隐后的生活中常常饮酒无度，对世俗的礼节与法度不屑一顾，以一种放浪形骸的姿态展现自己的消极无为。但是，种种行为都只是他企图掩饰真实自我的表现，越是如此便越是苦闷，越是苦闷便越发说明他无法真正放下世俗的功业。他在第三次归隐后写的《春晚园林》中曾透露自己此时的心态说："不道嫌朝隐，无情受陆沉。忽逢今旦乐，还逐少时心。卷书藏箧笥，移榻就园林……兀然成一醉，谁知怀抱深?"诗中的牢骚、愤懑、失落与不平是显而易见的。其根本原因就在于对"少时心"无限执着，而这种寄寓深远的"怀抱"又无人能知。诗人在《赠薛学士方士》诗中也表达过类似的苦衷："昔岁寻周孔，今春访老庄……物情争逐鹿，人事各亡羊。月明看桂树，日下觅扶桑。寄语悠悠者，谁知此路长!"全诗充满了无奈、落寞与感伤的情绪。他在《自作墓志文序》中也曾说道："起家以禄仕，历数职而进一阶。才高位下，免责而已。天子不知，公卿不识，四十、五十而无闻焉。于是退归，以酒德游于乡里。"[②]

可以说，王绩的一生其实是在追逐"少时心"的过程中度过的。在官任上，他恣意饮酒，简慢狂傲；归隐之后，他弃绝礼俗，放浪形骸，所有的行为都表现出了对魏晋风度的认同与回归。但是，王绩并不具备魏晋名士那样的心态，而初唐的社会环境又与魏晋绝然不同。因此，他对魏晋风度的刻意模仿，只是形似而未具其神髓，更多地是想通过高标立异的行为引起世人

---

①[唐] 王绩：《王无功文集》卷四，上海：上海古籍出版社 1987 年版，第 149—150 页。

②[唐] 王绩：《王无功文集》卷五，上海：上海古籍出版社 1987 年版，第 184 页。

的注意，并进而实现自己的政治抱负，这与魏晋名士是截然不同的。

由于这种功业意识与归隐之趣的双重作用，就使得王绩的文学创作，多表现其济世之志、干进之心以及仕途受挫后的愤世嫉俗、啸傲山林的心态。如他的《在边三首》表现了强烈的功名意识，而《九月九日》及《登垅坂二首》等诗，则充满了功名难就、戍边无期的感伤和愁怨。值得注意的是，王绩在表现仕途不遇、人生意气时，多进行深刻的哲理思考，力求做到慷慨之气与言理思辨的结合。如《古意六首》《灵龟四首》《独坐》《泛船河上》《山园》《山中独坐》等诗，无不具有这一特点。由于他将对人生遭际、仕宦沉浮的慨叹与对人生、社会、历史变化的理性思考紧密地结合在一起，这样便形成了他既慷慨激越而又玄远高古的独特诗境，表现出独特的文化精神。此外，正由于这种独特的文化心态不仅仅是慨叹功名，又融进了理性思辨和批判精神，因此，也直接影响到四杰、陈子昂等初唐诗人，而且对盛唐文化精神的出现产生了直接的影响。

二　理想人格的艰难探索

从永徽元年前后到调露年间为初唐文化与诗歌发展的第二阶段。在这一阶段形成了两个文人群体：一个是以上官仪、许敬宗为代表的龙朔宫廷文人群体。他们因袭了贞观宫廷文人的御用品格，在人格上表现出尚文轻儒，汲汲于功名富贵、利欲熏心而无儒雅之态与骨鲠之气的特征。在诗歌表现上，依然承袭了南朝文化的特点，注重对诗歌的艺术形式美的追求，使诗歌在他们手上变得更加精细而缛丽。另一类是以“四杰”为代表的中下层寒士文人群体。他们继承了贞观直臣魏徵、王珪等人的人格精神，并以此来矫正龙朔宫廷文人普遍存在的“骨气都尽，刚健不闻”的人格缺陷，表现出积极进取、济世安民的功业心态。在诗歌表现上，他们创作了大量表达其人生怀抱、政治理想的言志抒怀诗，表现出矫厉不群、高标独立、奋发有为、追求建功立业的寒士文化心态。

（一）阿谀奉承的品格与谋求高位的心态——龙朔文人群体的心态特征

“任何时代一个文士群体的形成，都与当时的社会政治情势密切相关。”[①] 唐高宗即位之后，对文士们心态影响最大的现实政治事件，莫过于

①杜晓勤：《初盛唐诗歌的文化阐释》，北京：东方出版社 1997 年版，第 199 页。

宫中的所谓“废王立武”。这一事件，不只是一次简单的后宫易主的问题，更为重要的是，它直接导致了高宗时代政治格局的变动与朝臣结构的变化。而这一变化又对当时的政治、文化及文人心态产生了极其深远的影响。

永徽五年，当唐高宗欲废王皇后而立武则天为后时，朝中大臣便分成了态度各异的三派：以长孙无忌、褚遂良、来济、韩瑗等为代表的贞观重臣持反对意见；以许敬宗、李义府等人为代表的由科举入仕的新进寒士，则持赞成态度；而李勣、于志宁等人则持中立态度，伺机而动，见风使舵。在这三派当中，褚遂良、长孙无忌从儒家的伦理道德观念出发，坚决反对“废王立武”。而赞成的许敬宗、李义府则完全出于讨好、奉迎的目的，并不顾及什么伦理道德。许敬宗直言不讳地讨好说：“田舍翁多收十斛麦，尚欲易妇；况天子欲立后，何豫诸人事而妄生异议乎！”① 对这一政治事件的不同态度，显然已涉及文士们的人格、心态问题：是坚持道德原则、保持人的尊严与人格的独立呢，还是迎合人主、取悦逢迎、谋取个人利益？抑或见风使舵、伺机而动？然而，这只不过是表面现象。“废王立武”事件中文士的不同态度，不只是人格的差异，更为深层的内涵，则是新进寒士与贞观重臣的结构变化与政治利益之争，是朝中新生代与元老重臣之间的势力较量。

长孙无忌、褚遂良等人是贞观旧臣，又是唐太宗临终托付的顾命大臣。他们掌握着高宗朝的执宰大权，是政治利益的既得者。而许敬宗、李义府、上官仪等人，都是由科举入仕，以文学见用的中下层文士。他们在贞观年间虽已进入朝中，但由于受唐太宗“非勋即旧”的关陇贵族政治的限制和“以德行、学识为本”② 的用人政策的影响，一直未能显达，属于尚未完全掌握实权的新生代力量。为了改变自己的政治命运，迅速进入核心领导层，他们便利用了这次宫中事件，揣摩高宗武后之意，开始对贞观旧臣进行打击，企图从这些元老重臣手中分得一份权利之羹。

中书舍人李义府曾经为长孙无忌所厌恶，即将被左迁壁州司马，但因其密赞高宗“废王立武”而转祸为福，升为中书侍郎，甚得恩宠。李义府投机的成功，无疑成为一个“范例”，为当时其他急于干进的中下层文士指

①[宋] 司马光主编：《资治通鉴》卷一九九，北京：中华书局1956年版，第6292页。

②[唐] 吴兢编著：《贞观政要·崇儒》卷二十七，上海：上海古籍出版社1978年版，第219页。

出了一条捷径。“于是卫尉卿许敬宗、御史大夫崔义玄、中丞袁公瑜皆潜布腹心于武昭仪矣”[1]。紧接着，他们很快联合起来，有计划、有步骤地展开了对贞观旧臣的排挤打击。显庆二年（657）秋天，许敬宗、李义府秉承武后旨意，诬奏侍中韩瑗、中书令来济与褚遂良图谋不轨。八月，韩瑗便被贬为振州刺史，来济被贬为台州刺史，褚遂良被贬为爱州刺史，柳奭被贬为象州刺史。这次诬陷阴谋得逞后，显庆四年（659）四月，武则天又令许敬宗进一步诬陷长孙无忌谋反，唐高宗便诏削长孙无忌的太尉之职及封邑，贬为扬州都督，并于黔州安置。然而许敬宗等人并未因此而罢休，进一步密谋陷害，说长孙无忌的谋反是由褚遂良、柳奭、韩瑗构煽而成，并且于志宁也是长孙无忌的党羽。高宗于是又下诏削去褚遂良的官爵，并将柳奭、韩瑗除名，免去于志宁的官爵。七月，唐高宗接着又命李勣、许敬宗再次诬奏长孙无忌谋反。许敬宗乘机派中书舍人袁公瑜至黔州逼长孙无忌自缢。并下诏将柳奭、韩瑗在贬谪途中杀害。这年八月，因长孙无忌和柳奭而被贬降的长孙氏、柳氏共 13 人；因于志宁而被贬降的于氏共 9 人。至此，以关陇集团为核心的贞观重臣，或贬或杀，在高宗朝中便失去了政治垄断的地位。而靠阿附武则天、陷害贞观旧臣起家的新进文士逐渐控制了朝政。显庆三年（658）十一月，许敬宗被拜为中书令。显庆四年七月，李义府被拜吏部尚书，同中书门下三品。十一月许圉师被拜散骑常侍。这样，到龙朔元年（661）高宗归政武后时，朝廷上已形成了一个由新进寒士组成的核心领导层，加之这些人不断援引寒士入朝，互相利用，终于在龙朔年间形成了一个寒士御用文人群体。他们从关陇集团元老重臣们手中逐渐夺取了权利，把持朝政，对元老重臣们无情打击，残酷排挤与迫害。这显然是这些新进寒士们急于夺取政治权力的表现，是新生代强烈的从政欲望所导致的。但亦不难看出，这与唐高宗、武后欲借机打击元老重臣，从这些元老重臣们手中夺取政治权利密切相关。这实际上是新主与旧臣之间的权力角逐。

由上述可以看出，高宗龙朔初年形成的这一寒士御用文人群体，其人格、心态与贞观文士相较，具有如下新的特点：

首先，龙朔新进文士群体多由科举入仕，出身寒微。虽然他们中有的

---

①［宋］司马光主编：《资治通鉴》卷一九九，北京：中华书局 1956 年版，第 6289 页。

人以其文学才华在贞观中便已入仕朝中，但由于太宗时代由科举进身的中下层文士人数有限，并受到唐太宗的抑制，他们很难与“非勋即旧”的贞观重臣们分庭抗礼、平分秋色。但随着科举制度的发展和由科举进身人数的不断增加，到高宗初年新进寒士已逐渐成为朝廷上一支不可忽视的政治力量。他们不但几乎可以和贞观旧臣平起平坐了，而且迫切希望提高政治地位。这样，他们在揣摩高宗、武后的心理，分析朝中形势之后，便立即依附新主，利用高宗“废王立武”这一机遇，献媚于高宗、武后，得其欢心，然后便放心大胆地转而从曾经歧视、压抑他们的贞观旧臣们手中夺取权力，谋取利益。夺权成功后，他们又迫不及待地千方百计巩固自己的既得利益，希望人们承认其社会文化地位。

这种心理集中表现在显庆四年许敬宗等人的重修《姓氏录》上。此次所编《姓氏录》“以后族为第一等，其余悉以仕唐官品高下为准，凡九等”①。显然，这次重修姓氏录的主要用意便是一反太宗朝的《氏族志》，抬高他们这些已致身通显的寒族文士的政治文化地位。而要达到这一目的，又必须依附、阿谀同样非名门显族出身而已握有朝中最高权力的武后。由此可见，这群寒士御用文人群体，其政治品格与文化心态显然有别于贞观朝中魏徵、张玄素、褚遂良等文士。他们普遍表现出阿谀奉承、献媚求宠、见风使舵、以出卖人格来换取高官厚禄的卑俗人格与心态特征。

其次，龙朔寒士御用文人群体，虽具有一定的文学才能，却缺少道德观念与忠诚笃实的品行。封德彝曾说：“（虞）世基被诛，（虞）世南匍匐而请代；（许）善心之死，（许）敬宗舞蹈以求生。”由此可见，许敬宗等辈在隋末便具有如此卑污之品格。又据《旧唐书·许敬宗传》所载，许敬宗死后太常将定谥，博士袁思古便建议定为“缪”，其理由就是敬宗一生的所作所为，多与儒家道德观念不合：“敬宗位以才升，历居清级，然弃长子于荒徼，嫁少女于夷落。闻《诗》学《礼》，事绝于趋庭；纳采问名，唯闻于黩货。白圭斯玷，有累清尘。”李义府同样是才高而德薄之辈。《旧唐书》本传说：“义府本无藻鉴才，怙武后之势，专以卖官为事，铨序失次，人多怨讟。”显庆龙朔年间，经李义府、许敬宗选录任用的寒士，也同样具有重文才而薄德行的特点，以至于“礼部取士，专用文章为甲乙，故天下之士，

①[宋] 司马光主编：《资治通鉴》卷二百，北京：中华书局1956年版，第6315页。

皆舍德行而趋文艺，有朝登甲科而夕陷刑辟者”①。此语虽不免夸大，但非虚谈。可见，不但许敬宗、李义府等寒士群体才高而德薄，而且在他们的影响倡导下，造成了一代士人“舍德行而趋文艺”的不良现象，导致了文人群体人格的堕落与心态的卑俗。这与关陇文人集团的政治人格与文化人格形成了强烈的反差。

再次，许敬宗、李义府等御用文人群体薄德少行却能通达显贵，这自然与唐高宗及武则天的文化心理和用人政策密切相关。据《旧唐书·儒学传序》云：“高宗嗣位，政教渐衰，薄于儒术，尤重文吏。于时醇醲日去，华竞日彰，犹火销膏而莫之觉也。”高宗、武后都是喜人献媚、爱听谀词，好人奉承而又好大喜功的君主。这样，他们自然不喜欢那些“强项”式的、敢于犯颜直谏、具有骨鲠之气与独立人格的贞观旧臣，而喜欢这些只知阿谀奉承之辈。此外，由于武后出身也非名门显族，她要摄取高位，代王为后，自然要依靠许敬宗、李义府等同样出身寒门士人的支持，而这些寒门庶族文人也同样希望得到武后的青睐。这样，他们互相利用，互相吹捧，形成一种强大的政治势力，方能反击那些出身名门而瞧不起寒门之士的贞观重臣。这样，他们就不免表现出少德寡行，无骨鲠之气，无儒雅之态，专以谄媚邀宠、苟合取容、阿谀奉承为务的心态特征了。

最后，在这种卑俗人格与文化心态的制约影响下，他们的文学创作表现出“骨气都尽，刚健不闻”，绮错婉媚、镂金错彩的珠光宝气。无论是这一时期流行最广的“上官体”，还是许敬宗的“颂谀体”，都表现了龙朔诗人群体对诗歌艺术形式美的偏好。他们或歌功颂德，或吟咏自己安享富贵荣华的闲逸自足之情，皆缺乏远大志向、凛然怀抱与阔大气象的抒写，忽视了诗歌明道讽谏的社会功能。这种艺术缺陷自然与他们媚颜无骨的人格心态密切相关。而矫正龙朔文人群体人格与诗风的双重缺陷，则有待于人格更为独立、理想更为远大、精神更加自由的“初唐四杰”的出现。②

（二）四杰人格心态的重建与提升

高宗中后期，号称“初唐四杰”的王、杨、卢、骆崛起于诗坛，掀开了唐代诗歌史与文人心态史新的一页。与贞观诗人、龙朔宫廷诗人群体相

---

①［宋］司马光主编：《资治通鉴》卷二百二，北京：中华书局1956年版，第6374页。

②参见杜晓勤：《初盛唐诗歌的文化阐释》。杜著对此论述十分深刻，本节多所参考，特此说明。

比较，四杰的文化心态和艺术精神呈现出新的风貌。他们不仅具有“以道自任”、建功立业、奋发有为的进取意识与功业心态，追求矫厉不群、高标独立、刚健有为的人格精神；同时，在这种功业心态的指导下，他们提倡在作品中表现浓郁真挚的情志和壮大宏博的气势，鄙弃雕章琢句的繁综浅术，纷绘小才；倡言要“以兹伟鉴，取其雄伯，壮而不虚，刚而能润”“词林增峻”“反诸宏博”[①]，完成了唐诗“从宫廷走向市井”“从台阁移至江山与塞漠”[②] 的伟大转变。他们不仅开拓了诗歌题材的表现领域，恢复了对文学抒情功能的重视，而且形成了对雄壮刚健的宏大气势的美学追求。

1. 以道自任、兼济天下的功业心态

“四杰”是一群充满幻想、充满激情的青年志士。由于出身于寒门，略无荫庇，处于社会下层，这样，作为年少而才高、聪颖而早慧的诗人，他们心中便蕴聚了无限的功业志向与进取精神。受北方儒学的影响，王勃、杨炯从小便树立了以道自任、经世致用的人生理想。王勃在《滕王阁序》中说：“勃三尺微命，一介书生。无路请缨，等终军之弱冠；有怀投笔，慕宗悫之长风。”在这种急于用世心态的驱使下，他又以极高的政治热情，撰写《上刘右相书》，直陈政见，指斥时弊，希望能早日跻身台辅、决策中枢，“大论古今之利害，高谈帝王之纲纪”，实现兼济天下的宏愿。杨炯除了在《王勃集序》中表现他与王勃一样，也具有以道自任的济世心态之外，还在《浑天赋序》中以孔子、颜回等圣贤自况，陈述其“情希于执鞭”的用世意识。骆宾王弱冠之前，父亲卒于博昌任所。他丧服刚满，便亟望风云际会，以遂其安邦定国之志：“因仰长安而就日，赴帝乡以望云。”[③]“言谢垂钩隐，来参负鼎职”（骆宾王《夏日游德州赠高四》）。卢照邻在“得遗书于东鲁”[④]，由陈入卫从王义方受经史之后，自认为“立身则淹中不足言其礼，挥翰则江左莫敢论其诗”[⑤]，年甫及冠，便迫不及待地出为邓王府典

---

①[唐] 杨炯：《王勃集序》，北京：中华书局 1980 年版，第 36 页。

②闻一多：《唐诗杂论·四杰》，见《闻一多全集》卷三，上海：开明书店 1948 年版，第 28 页。

③[唐] 骆宾王：《夏日游德州赠高四诗序》，见《骆宾王集》卷二，北京：中国书店影印本 1988 年版，第 17 页。

④[唐] 卢照邻：《释疾文·粤若》，见《卢照邻集》，北京：中华书局 1980 年版，第 60 页。

⑤[唐] 卢照邻：《五悲·悲穷通》，见《卢照邻集》，北京：中华书局 1980 年版，第 53 页。

签，希望“明主以令仆相待，朝廷以黄散为经”①，干一番惊天动地的大事业。

“四杰”经世致用、兼济天下的进取精神是有着鲜明的个性特征的。他们一改南朝士族文人不涉事务的处世态度，也与同样务求进取的龙朔文人“才优德薄”、轻儒弃道、追逐名利的处世原则形成鲜明对照。王勃在《送劼赴太学序》中批评那些利禄之徒说：“今之游太学者多矣，咸一切欲速，百端进取。故夫肤受末学者，因利乘便；经明行修者，华存实爽。至于振骨鲠，立风标，服贤圣之言，怀远大之举。盖有之矣，未之见也，可以深慕哉！”② 杨炯之用世也是力图以“唐尧之德”“颜回之贤”“孔丘之圣”为人生鹄的。而骆宾王的用世态度则是“道在则尊，德成而上”，且他对时人“图侥幸于权重之交，养声誉于众多之口”③ 的做法极为反感。卢照邻也奉行的是“不背时而侥幸”“不违道以干非”④ 的行止原则。可见，四杰的人格与心态要远远超出于龙朔诗人。

2. 高瞻阔步、雄视一切的人生意气

“四杰”不仅在功业心态上以道自任，怀有兼济天下之志，而且在对自我的认识上具有高度的自信，表现出高瞻阔步、雄视一切的人生意气，对自己的未来充满信心。从他们的文字中我们可以体会到他们对自身才华的认可与自豪，同时也能感受到在盛唐时代才达到巅峰的“天生我材必有用”的豪迈高蹈。骆宾王在《浮槎》诗序中说自己之所以“能负凌云概日之姿，抱积雪封霜之骨”，就在于他“禀乾坤之秀气，含宇宙之淳精”而生。王勃在《秋日饯别序》中称赞杨炯“天璞自然，地灵无对。二十八宿，禀太微之一星；六十四爻，受乾坤之两卦”。说他自己“窃禀宇宙独用之心，受天地不平之气。虽弱植一介，穷途千里，未尝下情于公侯，屈色于流俗，凛然以金石自匹，犹不能忘情于春”⑤。卢照邻在《驯鸢赋》中，以“鸢”自况，表达了类似的观点：“孕天然之灵质，禀大块之奇工”“怀九围之远志，

①[唐] 卢照邻：《释疾文·粤若》，见《卢照邻集》，北京：中华书局1980年版，第60页。

②[清] 蒋清翊注：《王子安集注》卷八，上海：上海古籍出版社1995年版，第251页。

③[唐] 骆宾王：《答员半千书》，见《骆宾王集》卷七，北京：中国书店影印本1988年版，第82页。

④[唐] 卢照邻：《对蜀父老问》，见《卢照邻集》，北京：中华书局1980年版，第80页。

⑤[唐] 王勃：《春思赋序》，见[清] 蒋清翊注《王子安集注》，上海：上海古籍出版社1995年版，第2页。

托万里之长空”。他们认识到自己乃禀天地之灵秀、宇宙之淳精而生，是天地中的至尊和主体，所以他们天生就具有人格上的崇高感，普遍对人生前途充满了自信心，表现出雄视一切、高视阔步的人生意气。

然而，“四杰”虽然积极进取、务求干进，却并没有利欲熏心、唯利是图，也并不想为此而谄媚求荣、不择手段。他们始终保持着人格精神上的清高，矫厉不群、耿介独立。王勃在《秋晚入洛于毕构宅别道王宴序》中说：“进非干物，自疏朝市之机；退不邀荣，谁识王侯之贵。”在《江曲孤凫赋》中，也借“天性不违”的孤凫，表达了他纯任自然、矫厉不群的人格追求。卢照邻在《穷鱼赋》中说“有一巨鳞，东海波臣，洗净月浦，涵丹锦津。映红莲而得性，戏碧浪以全身”，反映了其优游自适的通脱心境。他在《赠益府群官》一诗中说：“不息恶木枝，不饮盗泉水。常思稻粱遇，愿栖梧桐树。智者不我邀，愚夫余不顾。所以成独立，耿耿岁云暮。”进一步表明了他高标自洁、不随流俗的人格。骆宾王的《萤火赋》，也借萤火虫表达了自己的人格追求。

总之，“初唐四杰”既表现了以道自任、兼济天下的人生抱负与进取精神，又保持了雄视一切、高瞻阔步的人生意气，同时表现出矫厉不群、耿介独立的人格精神。这就使他们的文化心态既不同于南北朝门阀士族与宫廷文人，又不同于高宗前期崛起的、汲汲于功名富贵而无独立人格的龙朔御用文人群体。而“初唐四杰”文化心态发生的这一质的变化，又对陈子昂及盛唐诗人的文化心态与艺术精神产生了巨大而深远的影响。

3. 失落后的苦闷与呐喊

“四杰”虽然以兼济天下为己任，表现出积极进取精神，然而，他们的仕途并不通达，都有被遣逐或贬谪的经历，抱负难伸，功业未就。王、卢、骆三人皆相继去官，且皆未能善终，唯杨炯老于官任，然官职亦不过一县令而已。基于这样的人生经历，他们的诗中更多地抒发了“天子未驱策，岁月几沉沦”（骆宾王《咏怀古意上裴侍郎》）的蹉跎悲慨。王勃《临高台》、卢照邻《长安古意》、骆宾王《帝京篇》，在对大唐蒸蒸日上的国运热烈赞颂之后，又不约而同地流露出与前半部迥异的悲凉情调。王勃伤怀吟咏：“娼家少妇不须颦，东园桃李片时春。君看旧日高台处，柏梁铜雀生黄尘。”（《临高台》）卢照邻慷慨悲歌：“节物风光不相待，桑田碧海须臾改。昔时金阶白玉堂，即今唯见青松在。”（《长安古意》）骆宾王也感慨：“当时一旦擅豪华，自言千载长骄奢。倏忽抟风生羽翼，须臾失浪委泥沙。”（《帝京篇》）这其中虽然含有“有时无命”①的哀叹，但由于具有“但愿尧年一百万，长作巢由也不辞”（卢照邻《行路难》），“愿得长如此”，“花舞大唐春”（卢照邻《元日抒怀》）那样的对“时”的信念与希望，这种悲慨实际上是不甘心“憔悴于圣明之代”②的不平之气的抒发。因此，他们在蹉跎之中却从不讥时抨政或消极颓废，而是表现为一种对时命的幻想与期待。唯其如此，“四杰”的诗歌风格才未流于轻浮，而是变得更为深刻，更具哲理意蕴，更具有真实性。

总之，“四杰”的诗歌创作从根本上完成了初唐诗表现对象的转变和表现范围的扩大，使之“从宫廷走到市井”，“从台阁移至江山与塞漠”，为唐诗的发展指示广阔的艺术天地，并由此改变了自六朝、特别是贞观以来的诗歌路线，重新确立了诗歌反映现实和抒情言志的康庄大道。反映社会生活的不同侧面和抒发自己的人生情感，是“四杰”诗歌的两大主题。他们诗中的浪漫理想和进取精神，仕途坎坷、颠沛流离的人生命运，怀才不遇、有志难酬的勃郁之气，构成了当时文人的心路历程。我们不必讳言，“四杰”诗歌强烈地表现自我而反映社会现实不够深广，但也应充分认识到，文士生活本身就是社会生活的反映。而表现诗人丰富的内心世界、创造诗人独特的自我形象，正是诗歌的艺术准的。“四杰”诗以表现社会化的人生情怀为主题，无疑已是盛唐之音的前奏。

三　忠义豪侠的人格精神与谄媚取荣的双重人格

从调露年间（679—680）陈子昂登上文坛到景云（710—711）中盛唐诗歌的到来，初唐诗歌发展进入了它最后一个30年。这一时期诗人众多，主要有陈子昂、张若虚、杜审言、苏味道、崔融、阎朝隐、李峤、宋之问、沈佺期、乔知之等人。这些诗人，以其经历身份和创作情况，可以分为两类来论述。

（一）陈子昂忠义豪侠的人格精神

在这一时期的诗人中，陈子昂的人格精神与诗歌创作具有与众不同的

①［唐］卢照邻：《释疾文》，见《卢照邻集》，北京：中华书局1980年版，第61页。

②［唐］王勃：《夏日诸公见寻访诗序》，见［清］蒋清翊注《王子安集注》，上海：上海古籍出版社1995年版，第225页。

特点。他以儒家的兼济天下、积极进取为自己的政治理想；以道家的饵食养生为人生归宿，又以纵横家出奇制胜、游说人主为其济世方式，因而表现出初唐诗人少有的忠义豪侠的人格精神。在诗歌创作风貌上，陈子昂近体诗豪迈俊逸、悲壮慷慨的艺术风格，古体诗幽观大运、考察天人的主题，也是初唐诗人作品中所没有过的。而陈子昂豪迈俊逸的人格精神、诗文创作上的突出成就以及他对齐梁诗风的革新勇气，都使他成为初唐文学中最杰出的诗人之一，为盛唐文学的健康发展做出了巨大的贡献。

卢藏用在《陈子昂别传》中对陈子昂的人品才学评价说：

> 子昂奇杰过人，姿状岳立，始以豪家子驰侠使气。至年十七八未知书。尝从博徒入乡学，慨然立志。因谢绝门客，专精坟典。数年之间，经史百家罔不该览。尤善属文，雅有相如子云之风骨……子昂有天下大名，而不以矜人；刚断强毅而未尝忤物；好施轻财而不求报。性不饮酒，至于契情会理，兀然而醉。工为文而不好作。其立言措意在王霸大略而已。时人不之知也。尤重交友之分，意气一合，虽白刃不可夺也。

陈子昂这种刚断强毅、轻财好施、重友情、讲义气的侠士品格，除与当时的社会环境、时代精神和文化心态密切相关之外，首先与其出身和家学渊源有关。

与“初唐四杰”相比，陈子昂的寒士本色更加明显。陈子昂出身于地方豪族，而且是当时比较偏僻的蜀中射洪。射洪陈氏代为乡里豪右，并曾产生过像西汉陈干、三国陈祗、梁时陈太平兄弟等高官显宦。这种家庭出身是陈子昂积极用世心态的重要来源。世为地方豪强的陈氏家族几代以来一直希望得到朝廷的任命。陈子昂的父亲陈元敬乡贡明经及第，拜文林郎。因为陈、隋以来，陈氏家族中便很少有人建大功、为高官，所以，陈元敬便将重振家声的希望寄托在子侄辈身上。他曾对侄子陈孜说：“吾家虽儒术传嗣，然豪英雄秀，济济不泯。常惧后来光烈，不像先风。每一见尔，慰吾家道。”[①] 陈元敬为何重侄儿陈孜而不重自己的儿子呢？这其中大概是子昂少时顽劣之故。

---

①[唐] 陈子昂：《堂弟孜墓志铭》，见《陈子昂集》卷六，北京：中华书局 1960 年版，第 132 页。

卢藏用《陈氏别传》说，子昂“始以豪家子，驰侠使气，至年十七八未知书。尝从博徒入乡学，慨然立志。因谢绝门客，专精坟典，数年之间，经史百家，罔不该览”。而促使陈子昂“慨然立志”“专精坟典”的原因，可能也与陈孜的夭折有关。陈孜亡后，家道中兴的希望就只能全部寄托在子昂身上了。于是他谢绝门客，折节读书，希望建功立业，重振家风。他在《谏政理书》中说：“臣子昂西蜀草茅贱臣也……臣每在山谷，有愿朝廷，常恐没代而不得见也。”其《感遇诗三十八首》三十五亦云：“本为贵公子，平生实爱才。感时思报国，拔剑起蒿莱。”由此可见，陈子昂的功业心态，是继承其不甘寂寞、乘时而动、建立功名的深厚的家学传统的。

其次，陈子昂出奇制胜、游说人主的用世方式，也是受其家学渊源的影响。

射洪陈氏家庭素有习纵横之术的风气。陈平为其远祖，《史记·陈丞相世家》曰：“陈丞相（陈平）少时，本好黄帝、老子之术……常出奇计，救纷纠之难，振国家之患。及吕后时，事多故矣，然平竟自脱，定宗庙，以荣名终，称贤相，岂不善始善终哉！非知谋孰能当此者乎?”在这种家学传统的影响下，子昂少时就已着意干禄之学、王霸大略。其《谏政理书》曾说：“窃少好三皇五帝霸王之经，历观丘坟，旁览代史，原其政理，察其兴亡。”《赠严仓曹乞推命录》也说：“少好纵横术，游楚复游燕。”受这种特殊家学文化的影响，子昂的求仕方式与唐初以来几代庶士都不同。他不重在文才，而是试图以纵横之术、奇诡之辩说动人主。而要达到说动人主的目的，就必须像战国纵横之士那样，在人格上与君主保持一定的距离，对形势的分析应有独到的见解，这样才能耸人视听。这就决定了子昂必须保持人格上的高度独立和极强的政治批判意识，而不能像许敬宗、李义府那些宫廷御用文人，阿谀奉承，柔弱无骨。而陈子昂的入仕，正是靠的这种纵横之士的气度。

《陈氏别传》说：“唐高宗大帝崩于洛阳宫，灵驾将西归。子昂乃献书阙下。时皇上以太后居摄，览其书而壮之，召见问状。子昂貌寝寡援，然言王霸大略，君臣之际，甚慷慨焉。上壮其言而未深知也，乃敕曰：‘梓州人陈子昂，地籍英灵，文称伟晔。’拜麟台正字。”此外，正是由于这种纵横之士的豪迈气度与功名进取心态，使他在写诗为文时，重视表达人生志向，较少艺术上的雕琢。对文学的要求也是兴寄风骨，反对绮靡浮华，无益于政教。对诗体形式美的追求也更讲究文势，而较少字面的缛丽。这不但比“四杰”更前进了一步，而且对盛唐诗的发展，产生了良好的影响。

再次，世为豪族、任侠使气的家学文化传统，也使得陈子昂天生具有豪侠的气质与心态。

从三国时的陈祗到梁代的陈太平兄弟，射洪陈氏世代为地方豪族。陈子昂的祖父陈辩，“以豪英刚烈著闻，是以名节为州国所服”①，为郡豪杰。陈子昂“父元敬，瑰玮倜傥……以豪侠闻。属乡人阻饥，一朝散万钟之粟而不求报”②。陈子昂生于这样具有豪侠之气的世家，自小便养成了这种“驰侠使气”“刚断强毅”“好施轻财”的侠义品质。武后时代，下邽人徐元庆为报父冤，手刃仇人，触法当诛。然而，时任谏臣的陈子昂却特为徐元庆写了一篇《复仇议》，赞扬徐元庆的侠义精神，并建议朝廷按法处罚的同时，法外施恩，旌表徐元庆的闾墓，褒扬其孝亲之义，获朝廷恩准。这本身就是陈子昂对任侠精神的肯定，也说明当时的社会风气，便具有崇尚任侠精神的一面。在建安王幕时，子昂虽然“体弱多疾”，然“感激忠义，常欲奋身以答国士”。他“自以官在近侍，又参预军谋，不可见危而惜身苟容”。③ 因此请求武攸宜分拨一万人马给他，乘时立功。正因为他英雄而不被人所知，有豪侠之气而无所用，所以，他的《蓟丘览古赠卢居士藏用》中有三首诗，对先秦游侠义士的高贵品质予以热烈的歌颂。陈子昂的这种任侠气质，大大激发了其功业意识与进取心态，帮助他在仕进时树立起强烈的功名事业心态。这样一种弘扬个性、推尊独立人格的观念，必然要给其文学创作打上深深的烙痕。其倡导风骨兴寄、崇尚宏大的气魄和刚健的笔力，抒写英雄怀抱，追求个性解放与人性的自由，便是他这种任侠精神的具体体现。

在功业心态上，陈子昂与龙朔文人形成鲜明对比，与“初唐四杰”也略有出入。他的目标不仅仅是在仕途上谋求高位，而是希望能够出将入相，文能治国，武能安邦。因此，他才能不安于富贵，始终踌躇满志，保持慷

①[唐] 陈子昂：《堂弟孜墓志铭》，见《陈子昂集》卷六，北京：中华书局1960年版，第131页。

②[唐] 卢藏用：《陈氏别传》，见《陈子昂集·附录》，北京：中华书局1960年版，第252页。

③[唐] 卢藏用：《陈氏别传》，见《陈子昂集·附录》，北京：中华书局1960年版，第254页。

慨激昂的情绪，从而创作了《感遇三十八首》和大量的述怀诗。他的诗感慨纵横、议论风生，充满了对人生命运的哲理思索。这种人生境界和艺术精神，远远超过了“四杰”及龙朔诗人，使他成为初唐最杰出的诗人之一。

（二）谄媚取荣与仕进心切的双重人格

武后中宗时代，随着大批寒士经由科举而进入仕途，庶族寒士便成为文坛的主要力量。这样，文士群体身份结构的变化，自然也带来了文化、心态的变化。龙朔诗人群体的阿谀取荣、追求利禄、聚敛财富的卑弱人格，只是他们初涉政坛，与旧士族直接抗争中政治品格与文化素质的外化，表现出明显的幼稚性。“初唐四杰”和陈子昂，他们看到了这些宫廷文人的弱点与缺失，通过自身的理性思考与人生实践，对龙朔诗人文化心态进行了修正，达到了新的境界。和陈子昂同时代的这些号称宫廷诗人的庶族寒士们的文化心态，从刘祎之、高智周、孟利贞、苗楚客、郭正一等“北门学士”到沈佺期、宋之问等“珠英学士”，较之龙朔诗人群体，都有显著的变化。

首先，与龙朔宫廷诗人普遍追求利禄财富不同，武后中宗时的宫廷诗人注重功名爵位，多希望能在政治上有所建树，而不是津津乐道于自身的荣华富贵。如刘祎之、韩楚宾、魏元忠、李峤、卢藏用、崔融等，无不表现出强烈的功名心态。而沈、宋等人更是志向远大、仕进心切，与陈子昂等有识之士相互游从，感慨怀抱。因此，这些宫廷诗人的诗歌创作也发生了明显的变化。

龙朔宫廷诗人多歌功颂德，安享富贵之作，较少述怀言志之作。而武后时代的宫廷诗人，则常在诗歌中直抒胸臆，表露宽阔的胸襟。如李峤《奉使筑朔方六州城率尔而作》感叹古今，抒发了诗人“奉诏受边服，总徒筑朔方”的使命感，诗情慷慨，诗境雄阔苍茫。杜审言《春日京中有怀》抒发了寓居京中怀才不遇的无限感慨，表达了期盼来年春风得意的愿望。崔融《西征军行遇风》说“夙龄慕忠义，雅尚存孤直。览史怀浸骄，读诗叹孔棘”，表达了愿为国事“倚马申微力”的忠勇之情。其《塞垣行》[①]同样表达了“岂要黄河誓，须勒燕山石”的豪情壮志。宋之问《登禅定寺阁》表现出磅礴的气势，有振奋人心的艺术力量。“开襟坐霄汉，挥手拂云烟”，

①一作崔湜诗。

这是何等的胸襟与气魄！这里没有一丝一毫的夸诞，而是诗人情感的自然流露。诗人的情绪如此昂扬，诗的境界那么开阔，已初露盛唐诗的雄伟气象。他的《过函谷关》《送朔方何侍郎》等诗的境界也很开阔。沈佺期《仙萼亭初成侍宴应制》也表现了诗人不凡的气魄与胸襟。他的《骢马》《塞北二首》《过蜀龙门》都是境界开阔、气势昂扬、感情豪迈之作，表露其建功立业的雄心。这些无疑都对盛唐之音的形成与盛唐诗人的功业心态产生了深远的影响。

其次，此时宫廷诗人由于仕宦的坎坷、遭贬的经历，促使一部分诗人对自身政治命运进行深入的反思。这不但表明庶族寒士人格意识的普遍觉醒，而且对盛唐时代文士们的理想人格的建立产生了深远的影响。

在武后中宗时代，诗人们大多有过遭贬的不幸经历。而且有的诗人竟数次被贬。在贬谪过程中，他们对自身命运以及不幸遭遇的反思，多是在其因所托非人而遭贬之时。在武后晚期，大多数诗人都曾入控鹤府、奉宸府与张易之兄弟交往。中宗复位后，这些曾与张易之兄弟交往的诗人都被贬了。然而，在贬谪之后，他们并未对自己的行为进行自责，反而认为自己是才高命薄，忠信见弃，并将自己的贬谪与历史上怀才不遇的名士的命运联系在一起，抒发愤懑与不平。如沈佺期曾因与张易之兄弟交往而遭贬，但在被贬之后，他始终认为自己是蒙冤被谴，他在《被弹》《枉系二首》《移禁司刑》等诗中皆认为自己是“平生守直道，遂为众所嫉”（《被弹》）。于是他将自己的被贬与历史上那些“忠而见疑、信而被谤”的名士的遭际命运联系起来，抒发不平之鸣。在《三日独坐驩州思忆旧游》《答魑魅代书寄家人》等诗中，他竟以屈原被贬自况，发其忠而见疑的牢骚。宋之问的遭际与心态也与沈佺期相同。尽管他们的这种心态与对人生遭际的思考比“四杰”、陈子昂要肤浅消沉得多，但由于他们有意识地将自己的遭际与那些怀才不遇的名士命运联系在一起，便使他们的诗文创作自觉地继承了屈宋以来的哀怨抒情文学传统，为盛唐诗歌风骨兴寄的形成做了一定的艺术铺垫。

再次，干谒谄媚、阿谀取荣、委曲求全虽然是此时宫廷文人的普遍心态与人格特征，但也有一些正直之士依然保持了自己的独立人格。如刘知己、裴炎、袁楚客等人都对当时宫廷文人阿谀取荣的心态进行了辛辣的讽刺。又如杨再思、苏味道身居相位，专以谄媚取荣，便被人比作“两脚狐”

与“苏模棱”，予以辛辣的嘲讽。对于那些正道直行、人格高尚的志士，人们也予以高度的赞扬。如对徐有功刚正不阿的品行，潘好礼便予以高度的赞扬。这些说明武后中宗时的文士并不全是阿谀取荣的心态，也有不少直道正行、刚正不阿的志士仁人，对于那些谄媚邀宠之风进行了反拨。这对盛唐时代诗人理想人格的形成，无疑产生了积极的影响。

第二章
任性与深情：理想人格的全面成熟

初唐文人对理想人格的探索，在思想理论层面和主观心理层面均已有了相当的深入。从“四杰”到陈子昂，新的时代理想人格已经呼之欲出。但是这一时期政治的、外部的条件并没有与文人的理论思考和心理素质获得同步的发展，尤其是在武、韦时期，多变的政局与残酷的政治迫害使一代文人往往成为政治集团的工具或政治斗争的牺牲品。曾在贞观君臣身上有所体现的那种新的人格风范受到了无情的扼杀、摧残与压制。一些特立独行之士不仅为政治集团所不容，也遭到社会舆论的攻击。“四杰”的受指责，陈子昂的不幸遭遇皆足以说明这一点。因此，新的理想人格还不可能成为时代共识，也不可能对一代士人产生普遍的影响。而进入盛唐之后，随着玄宗主政和重视文士的张说的入相，新的人格理想在初唐时期所缺失的外部条件渐次成熟。唐代文人心态，甚至可以说中国文人心态的发展终于进入了一个全新的阶段。从大的方面讲，仕隐对立的消解、群己关系的协调、玄儒精神的融合等几个方面是最基本的特征。唐人心态的这些特征绝不仅仅是唐代文人努力的结果，它同时也是自魏晋以来中国文人探索自我、把握人生、重新确立自我价值体系的阶段性结晶。从更高的层次上看，它们又都指向于“自然适意”这一新的人生理想。它既是盛唐文学的审美心理基础，也是盛唐精神的文化心理基础。盛唐精神超越魏晋风度的主观根基也正在于此。

一 价值观的更新与心灵的自由

出与处本是中国文化为文人士子设计的两种基本的生活方式。早在《易经》中就有“不事王侯，高尚其志”[①] 的说法，对“处”这一人生选择给予了高度的肯定。春秋战国时期，儒、道两家分别对出、处两种人生道路做了全面的总结和系统化、理论化的探讨。儒家虽力主入世，倡导“知不可为而为之”的进取精神，但孔子所谓“天下有道则见，无道则隐”[②]，孟子所谓“穷则独善其身，达则兼善天下”[③] 都为出与处的转换留下了充分的余地。至于道家，虽本着弃圣绝智、清静无为的立场对儒家的入世追求做了全面非难与否定，但是对于现实人生来说，老庄思想却无疑可看作是对儒家有关“处”的理论的极度发挥。这正是中国文化儒道互补的一大前提。因此，在早期文化中，不仅儒、道不是对立的，作为士人行为方式的仕与隐，亦即出与处也不是对立的。这在一定程度上为士人提供了更广阔的生存空间，也为他们带来了更多的精神自由。

但是，自汉末魏晋以来，社会的动荡、政局的多变以及由此引致的政治迫害的频繁，使得尚隐的风气愈来愈浓，以至于社会普遍接受了隐高于仕的价值观，将仕与隐截然划界，完全对立起来。这在客观上限制了士人的现实行为与主观思想的自由，人为地造成了实践层面和心灵层面的种种禁区，并由此引发出一系列主客之间的矛盾与主体内在的矛盾。从总体上来看，这些矛盾，均与当时儒学衰微、旧的价值体系瓦解而新的价值体系尚未确立的社会转型特征紧密相关，但在具体的实践环节上，则莫不与隐、

①《蛊卦》，见《十三经注疏》：《周易正义》卷三，北京：中华书局 1980 年版，第 35 页。

②《论语·泰伯》，见《十三经注疏》：《论语注疏》卷八，北京：中华书局 1980 年版，第 2487 页。

③《孟子·尽心上》，见《十三经注疏》：《孟子注疏》卷八，北京：中华书局 1980 年版，第 2765 页。

仕问题直接相连。因此，魏晋以来的文人士子要消解这些不得不面对的矛盾，便不可能绕开仕、隐问题，或者说，仕、隐问题实际上构成了他们解决诸多的现实、人生问题的一个关键性的纽结和前提。而仕、隐问题归根结底又是一个新的时代理想人格如何定位的问题，只有后者解决了，前者及与之相关的一系列问题才有可能解决。

从历史发展的实际来看，有识之士们对新的时代理想人格的探讨，早在魏晋时期就已开始，但这种理想人格从理论的阐述到实践的尝试，又经过几代文人士子的修正与完善，最后真正在全社会发生普遍的影响，却整整经历了近五百年的时间，直到盛唐时期才基本完成。其间对仕、隐问题的特别关注贯穿始终，故本节拟以仕隐问题为核心来考察盛唐文人心态的新变，并对此前文人在仕隐问题上所表现出的特定的心态稍作必要的交代。

（一）唐前文人的仕隐观

东汉中叶以后，朝政昏浊，国事日非。至党锢之祸，文人士大夫的仕进热情大大受挫，接踵而来的黄巾起义与董卓之乱，不仅彻底摧垮了大汉帝国，也使躬耕待时、曲避全身成为一大批文人士子共同的人生策略。此后数百年，从三国纷争至南北分裂，王朝更迭的频繁，政治迫害的严酷，烽烟战火的此起彼伏，使得尚隐的思想日渐深入人心，而崇尚老庄的玄学又从理论层面上对之做了充分的肯定。这样一来，本来只是避祸全身的消极行为的归隐，便成了在精神境界上高出于仕进的一种选择，隐士当然也就是高士，而仕进者则只能是俗人。由仕而隐，不仅有人生哲学上的理论支持，也为社会舆论所肯定；反之，外则为人讥责，内则愧疚于心。《世说新语·排调篇》所记谢安事最足以说明这种时风，“谢公始有东山之志，后严命屡臻，势不获已，始就桓公司马。于时人有饷桓公药草，中有‘远志’。公取以问谢：‘此药又名小草，何一物而有二称?’谢未即答。时郝隆在座，应声答曰：‘此甚易解：处则为远志，出则为小草。’谢甚有愧色”①。当时仕、隐之对立，由此可见一斑。

但是世俗社会，尤其是封建政治体制的运行却像春色一样永远需要遍地的“小草”来装点、实现，因此，在尚隐的社会风气日渐普遍化的同时，甚至在这之前就已有不少有识之士开始尝试着化解这一矛盾，这种努力至

①余嘉锡：《世说新语笺疏》下卷下《排调》第32条，北京：中华书局1983年版，第803－804页。

少可追溯到正始名士那里。一般人常常对正始名士的清谈产生误解，以为他们主要是以“有”“无”等抽象哲理进行论辩，实际上正始清谈在内容上上至宇宙哲学，下至礼乐刑政，几乎无所不包，它的中心议题是“怎样治理国家”，首要论题则是人才问题①。这也是东汉名教之治的治国模式和人才模式破产后统治阶层必须面对的问题。正始名士主要是从个性自由和封建礼法的矛盾入手来探讨新的理想人格的，即力图使这二者在社会个体上得到统一。这在深层上体现为调和儒、道，在实际生活层面，则是要把儒家政治哲学与道家人生哲学融为一体，以缓解个体自由与政治秩序之间自东汉中叶以来即已出现、经汉末与曹魏前期愈演愈烈的矛盾。正始名士的这种追求虽然不是专就消解仕、隐对立而发，因为当时仕、隐矛盾还远不像晋以后那么尖锐，但是在他们文化重建的理论探索中无疑包含着对仕、隐问题的新的思考。何晏、王弼弥合儒、道的老、孔一致论与后来调和仕、隐的“出处同归”说显然有着深层的联系。

但是，同历史的发展一样，思想史的发展也不是以直线的方式向前推进。在嘉平元年（249）的高平陵政变中，何晏等人被司马氏集团“同日斩戮”，以致“名士减半”②。正始名士的思想探索被这场屠杀强行中断，并逆转而下，在以嵇康、阮籍为代表的竹林名士那里发展为“越名教而任自然”，“非汤武而薄周孔”③，这种思想在以后的数十年里对时风产生了重大的影响，晋代那种自由放达、虚无浮诞的风尚，与之有着深层的联系，而晋代以来仕、隐的对立，以隐逸为高的价值观，亦与之紧密相关。一方面“进仕者以苟得为贵而鄙居正，当官者以望空为高而笑勤恪”④。如西晋元康年间，王衍、乐广均为显官，“皆善清谈，宅心事外，名重当世，朝野之人，争慕效之”⑤。这种“宅心事外”，为官而不以政事为务的做法一旦成为一代风尚，必然直接危及封建政治的正常运行。在此竹林名士批判现实、指斥名教、否定传统的锋芒与激愤已被消解，但他们“越名教而任自然”

---

①参见王晓毅：《中国文化的清流》，北京：中国社会科学出版社1991年版，第90页。

②《三国志·王凌传》注引《汉晋春秋》，北京：中华书局1982年版，第759页。

③［魏］嵇康：《与山巨源绝交书》，见《文选》，上海：上海古籍出版社1986年版，第1927页。

④［晋］干宝：《晋纪·总论》，引自《群书治要》卷二十九，见《四部丛刊初编》子部，《群书治要》二，上海：上海书店1989年版。

⑤［宋］司马光主编：《资治通鉴》卷八十二，北京：中华书局1956年版，第2618页。

的思想却以另一种面目体现在时人具体的行为方式中，在不知不觉中以更彻底、有效的方式颠覆着“名教”，换言之，他们是为任性而为的“任自然”而否定名教的。竹林名士因名教之虚伪而走向自然，以“任自然”来反抗名教的心路历程，在晋代名士身上正好倒了过来，“越名教”不再是目的，而成为任自然的必然结果。激烈的对抗消失了，但就“越名教”而言，他们与竹林名士却有点殊途同归。

另一方面，“任自然”既然成为目的，则隐逸在理论上就比仕进更接近或更符合这一崇高的目的。这样一来，隐逸不再仅仅是避祸全身的选择，而是本身就具备了一种理想、高尚的内在特征。隐高于仕、处优于出的思想也终于为社会所普遍接受。

然而正如前文所说的，社会的正常发展需要一大批人加入到仕进的行列，尚隐的风气，仕隐的对立显然有悖于这种发展需求，因此，在正始之后，随着仕、隐对立的日渐强化，消除这种对立的理论探索和实践尝试也越来越成为一种时代的呼声和理性的共识。在由晋至唐的数百年间，有识之士们对这一问题的思考是逐渐由理论向实践层面推进的。其中以下几个方面尤其值得注意：

首先是郭象的“内圣外王”说。郭象生活于西晋后期，针对竹林名士以来社会普遍存在的对自然与名教、个体与社会及出与处等一系列矛盾的困惑，他在《庄子注》一书中继承向秀《庄子注》的理论成果，并吸收了王衍、裴顾等各家的学说，提出了他自己对理想人格的新的认识，即“明内圣外王之道”①。所谓“内圣外王之道”，“就是将强调个体精神追求的道家学说（内圣）与强调社会规范秩序的儒家学说（外王）不分彼此地糅合在一起，组成一个新的理论体系；就是将个体与社会、自然与名教、内在精神的超越与外在功名的追求协调起来，有机地融为一体而消除相互之间的矛盾”②。而在郭象看来，“内圣”与“外王”不仅是一致的，而且也是互为前提、同时存在的。

夫圣人虽在庙堂之上，然其心无异于山林之中，世岂识之哉！徒

①[晋] 郭象注，[唐] 成玄英疏，曹础基、黄兰发点校：《南华真经注疏·南华真经序》，北京：中华书局1998年版，第1页。

②马良怀：《崩溃与重建中的困惑——魏晋风度研究》，北京：中国社会科学出版社1993年版，第125—126页。

见其戴黄屋，佩玉玺，便谓足以缨绋其心矣；见其历山川，同民事，便谓足以憔悴其神矣，岂知至至者之不亏哉！[①]

夫理有至极，外内相冥，未有极游外之致而不冥于内者也，未有能冥于内而不游于外也。故圣人常游外以弘内，无心以顺有。故虽终日挥形而神气无变，俯仰万机而淡然自若。[②]

不难看出，郭象的理论思考并不仅仅是针对仕隐问题而发，但调和仕隐矛盾却无疑是他努力的主要目标之一。依照他的理论，身在庙堂并不妨碍追求心灵的自由，即仍可以“其心无异于山林之中”，这显然是以仕而可兼具隐的情怀心境、精神境界来立论的，至于隐逸之士则恐怕只能以出仕来实现“游外”之目的。因此，郭象实质上是采取了将隐虚化或主观化，而用仕来统一隐的策略。

其次是孙绰、葛洪等人的“出处同归”“出处一情”说。郭象的“内圣外王”说虽为调和仕隐找到一条理论通道，但嵇、阮以来“越名教而任自然”的思想至晋代却演变为崇尚隐逸，追求个性的自由、放达以及玄学超世俗、重玄远的清淡。这种社会思潮势如决堤，使郭象调和仕隐的策略很难完全落实到现实中。因为在隐高于仕、处优于出的社会价值体系中，是不可能容纳以仕统一隐的做法的。郭象的理论需作进一步的调整，才有可能被时人接受。这一任务就落在了东晋文人的身上。

《晋书·谢万传》说，谢万“工言论，善属文，叙渔父、屈原、季主、贾谊、楚老、龚胜、孙登、嵇康四隐四显为《八贤论》，其旨以处者为优，出者为劣，以示孙绰。绰与往反，以体玄识远者则出处同归”[③]。孙绰之论与当时隐高于仕的主流论调显然不同，但“出处同归”的前提是能够“体玄识远”，即能保持玄远的心境。这看似与郭象的说法相去不远，实则二者有重大的差别。一是郭象实现仕隐统一的主体是“圣人”，用他同时代人皇

①[晋]郭象注，[唐]成玄英疏，曹础基、黄兰发点校：《南华真经注疏·逍遥游》“藐姑射之山，有神人居焉”注，北京：中华书局1998年版，第12页。

②[晋]郭象注，[唐]成玄英疏，曹础基、黄兰发点校：《南华真经注疏·大宗师》“彼游方之外者也，而丘游方之内者也”注，北京：中华书局1998年版，第155页。

③余嘉锡《世说新语笺疏》上卷下《文学》第91条注引，北京：中华书局1983年版，第270页。

甫谧的话说，即是“非圣人孰能兼存出处”[①]，孙绰则以是否具备玄学修养作为“出处同归”的内在前提；一是与郭象将隐虚化，以仕统一隐不同，孙绰则是在“体玄识远”的心理前提下同时肯定仕与隐。这就使“出处同归”说更易于为时人接受。

与孙绰相似，葛洪也采取了对仕、隐同时肯定的做法。他说：“古人多得道而匡世，修之于朝隐，盖有余力故也。何必修于山林，尽废生民之事，然后乃成乎？”[②] 又说：“君臣之大，次于天地。思乐有道，出处一情，隐显任时，言亦何系？大人君子，与事变通。”[③] 又说：“君子藏器以有待也，畜德以有为也……其静也，则为逸民之宗；其动也，则为元凯之表……殊途同归，其致一焉。”[④] 由于史料缺失，孙绰的“出处同归”说，语焉不详，葛洪的论述则更为详尽，他在肯定君臣、名教的同时，主张“出处一情”；在劝导世人不必“修于山林”“尽废生民之事”的同时，又称“得道”而“有余力”，应进而“匡世”，并对文人士子在动与静、出与处两极之间的自由流动，也完全持肯定态度。这与孙绰一方面倡“出处同归”说，一方面又严划仕、隐界线，鄙视山涛“吏非吏，隐非隐”[⑤] 的二重性相比，显然在仕隐问题上是更为成熟的见解。

但是，出与处在客观上本是有重大差别的两种生活方式，二者的统一实际上只能在心理或意识层次上进行，郭象以“仕”统一“隐”的尝试既然不被尚隐的时风所接受，那么，“出处同归’“出处一情”的理论在面对现实生活的时候势必被扭曲为以“隐”的价值观来统一“仕”，因此，在消除仕、隐对立的种种尝试中，值得特别注意的第三个方面即是“朝隐”说。与前两种探索仅仅停留在理论层面不同，“朝隐”说，不仅是在玄学“得意忘言”思维导向的滋养和护持下开出的奇葩，而且也成为晋以后相当长的时期里文人士子们立身的准则，被许多人身体力行。

“朝隐”一词，并非魏晋以来的新发明，“朝隐”的思想至迟在褚少孙

---

①[唐] 房玄龄：《晋书·皇甫谧传》，北京：中华书局1974年版，第140页。

②王明：《释滞》，见《抱朴子内篇校释》卷八，北京：中华书局1985年版，第148页。

③[晋] 葛洪：《应嘲》，见《抱朴子外篇校笺》卷四十二，北京：中华书局1991年版，第409页。

④[晋] 葛洪著，杨明照校笺：《抱朴子外篇校笺》卷十九，北京：中华书局1991年版，第480—481页。

⑤[唐] 房玄龄：《晋书·孙绰传》，北京：中华书局1974年版，第1544页。

补《史记·滑稽列传·东方朔传》中就已出现，《传》中东方朔自称是“避世于朝廷间者”，又说“宫殿中可以避世全身”[①]；其《诫子》中也有“首阳为拙，柱下为工。饱食安步，以仕代农”[②] 之论。但“朝隐”一词在此并未出现，到了扬雄《法言·渊骞》中，则明确地使用了这个词，“或问柳下惠非朝隐者欤？曰：君子谓之不恭。古者高饿显，下禄隐”[③]。可见扬雄是把东方朔、柳下惠视为“朝隐”的典范。《法言》李轨注以为扬雄否定“朝隐”是为“素飧”者而发[④]，而东方朔以“朝隐”自居，则是出于“以仕代农”“避世全身”的目的，这与晋以后在尚隐的时风中得到全面肯定的“朝隐”是有着本质的差别的，对此，王瑶先生曾有过极为精辟的论述：

> 以前东方朔的以仕为隐，是因为朝中也可以“形见神藏”“避世全身”；还坦白地承认希企隐逸仅只是为了明哲保身。经过了魏晋玄学的洗礼，由抗志尘表的高士又回到了朝隐，虽然也还是以仕为隐，但除避世全身的消极意义外，又加上了所谓“崇高怀道”“心神超越”的追求。所以如果他们的从仕都是“不营物务”的话，在东方朔还是“不敢”或“不愿”，恐怕“才尽者身危”，心里也许还有一点自惭；但在后来朝隐的人看来，却是“不屑”，心里正是“心安理得”的。[⑤]

这意味着魏晋之前为少数人奉行的朝隐在晋以后终于成为一种普遍的风尚。但另一方面，西晋的灭亡，也使更多的文人名士深切地意识到“不营物务”，一味追求个体自由将带来亡国灭族的灭顶之灾，最终个体的自由也将荡然无存，因此，自东晋以后的数百年间，朝隐的风尚与“戮力王室”[⑥]、治国安邦的有为精神在总体上并不相悖，如王导、谢安等人即是能够二者

---

①[汉] 司马迁：《史记·滑稽列传》，北京：中华书局 1992 年版，第 3205 页。

②[汉] 班固：《汉书·东方朔传赞》，北京：中华书局 1992 年版，第 2874 页。

③[汉] 扬雄：《法言》，见《诸子集成》第 7 册，上海：上海书店 1986 年影印本，第 36 页。

④[汉] 扬雄：《法言》，见《诸子集成》第 7 册，上海：上海书店 1986 年影印本，第 36 页。

⑤王瑶：《中古文学史论》，北京：北京大学出版社 1986 年版，第 195 页。本节对王先生《论希企隐逸之风》一文多有参考，特此说明。文亦见该书。关于“朝隐”在晋以后的盛行，读者可参考该文中的论述。

⑥余嘉锡：《世说新语笺疏》上卷上《言语》第 31 条记王导语，北京：中华书局 1983 年版，第 92 页。

得兼的代表性人物。余英时先生称此种现象为“礼玄双修”[①]。从另外的角度来说，这也正是郭象“内圣外王”说在现实生活中的落实。玄学对心性自由的追求与儒学对外在事功的追求开始趋向于融合，自竹林名士以来个体与社会的对抗也趋于缓和。这些既是魏晋以来理想人格探索的阶段性结晶，也构成了唐代文人心态发展的文化前提。由于有为精神自东晋以后为越来越多的人所重新认同，“内圣外王”之“内圣”又偏于精神境界，与具体行为选择存在一定距离，因此，进入唐代后，唐人在仕隐问题上普遍接受的是仕隐并重、具体可观的“出处同归”“出处一情”说。

（二）初盛唐文士对立身处世原则的新探索

唐代文人中最早将“出处同归”作为一种文化理想提出来的是“初唐四杰”。王勃称之为“出处之情一致”[②]，骆宾王称之为“廊庙与江湖齐致”[③]，而王勃《秋日宴季处士宅序》一文，对此做了更为清楚的表述：

> 若夫争名于朝廷者，则冠盖相趋；遁迹于邱园者，则林泉见托。虽语默非一，物我不同，而逍遥皆得性之场，动息匪自然之地。

以“得性”“自然”为皆归，抹平了出、处的界线。与此相应，卢照邻标举“适意”[④]，杨炯标举“适情”[⑤]，骆宾王也以“忘怀在真俗之中，得性出形骸之外”[⑥] 作为新的理想人格的一种内在品性。

表面看来，所谓“得性”“适意”不过是玄学“得意”的翻版，但实质上，“四杰”所向往的这种理想人格，与玄学“得意”的旗帜下所谓“朝隐”已有了根本的不同。在他们看来，因有了这“得性”“适意”的内在质

---

①参余英时《士与中国文化》中《名教思想与魏晋士风的演变》一文，上海：上海人民出版社 1987 年版，第 401—440 页。

②[唐] 王勃：《夏日宴张二林亭序》，见 [清] 蒋清翊注《王子安集注》，上海：上海古籍出版社 1995 年版，第 217 页。

③[唐] 骆宾王：《晦日楚国寺宴序》，见《骆宾王集》卷八，北京：中国书店 1988 年据上海文瑞楼本影印，第 87 页。

④[唐] 卢照邻：《驸马都尉乔君集序》，见《卢照邻集》，北京：中华书局 1980 年版，第 70 页。

⑤[唐] 杨炯：《晦日药园诗序》，见《杨炯集》，北京：中华书局 1980 年版，第 46 页。

⑥[唐] 骆宾王：《秋日于益州李长史宅宴序》，见《骆宾王集》卷八，北京：中国书店 1988 年据上海文瑞楼本影印，第 86 页。

素，一方面“羽翼未备，独居草泽之间；翅翮若齐，即在云霄之上”[①]，处而未出者，可以无忧；另一方面，“虽吾道之穷矣，夫何妨乎浩然”[②]，仕而不达者可以无愁。出与处已不再有明显的高下之分，而成为文人士子不可缺一的心灵需求。王勃对出与处的理解最能代表这种全新的仕隐观：

> 下官……早师周礼，偶爱儒宗。晚读老庄，动谐真性……朝游魏阙，见轩冕于南宫。暮宿灵台，闻弦歌于北里。交情独放，已厌人间。野性时违，少留都下。[③]

这实即是“形在江海，心游魏阙”[④]与“迹寓市朝，心游江湖”[⑤]的同时落实。与玄学时代的“朝隐”相比，这是一种更全面健康的仕隐观，所谓“审穷达者系于天”，“决行藏者定于己”[⑥]，或出或处，全在一己的感受是否“适情”，而不再受外在是非观的左右。这标志着唐代文人自我意识的强化。但是，由于武、韦时期政局多变的客观现实对这种独立、自由人格的形成极为不利，“四杰”所呼唤、向往的这种理想人格并没有为同代人所认同，相反当时的许多文人，如沈、宋等多为名利所拘，甚至成了政治斗争的牺牲品，“四杰”自身也未能将这种理想真正落实到行动中。只有到了盛唐时代，这一理想才真正在一代士人身上得到了普遍的体现。

盛唐开元时期，史称“开元盛世”，文学艺术的繁荣无疑是其标志之一。历来的论者多将后者出现的原因归结于政治的昌明和经济的发达。但从文人心态这个角度来看待开元盛世，我们发现，政治、经济等现实的、外在的因素和以往的文化传统都只有在进入文人心灵，内化为一代文人普遍的心理感受时，才有可能对一代文人的思想、行为乃至创作发生洵足可观的影响。那么，盛唐文人心态是以怎样的特征体现出盛唐之“盛”的文

---

①[唐] 王勃：《感兴奉送王少府序》，见［清］蒋清翊注《王子安集校注》，上海：上海古籍出版社1995年版，第245页。

②[唐] 卢照邻：《对蜀父老问》，见《卢照邻集》，北京：中华书局1980年版，第80页。

③[唐] 王勃：《秋晚入洛于毕公宅别道王宴序》，见《王子安集校注》，上海：上海古籍出版社1995年版，第255—256页。

④[唐] 杨炯：《群官寻杨隐居诗序》，见《杨炯集》，北京：中华书局1983年版，第46页。

⑤[唐] 卢照邻：《七日绵州泛舟诗序》，见《卢照邻集》，北京：中华书局1980年版，第77页。

⑥[唐] 王勃：《上刘右相书》，见［清］蒋清翊注《王子安集校注》，上海：上海古籍出版社1995年版，第150页。

化风貌的呢？对此，我们仍可以仕隐问题为核心，从以下几方面来加以论述。

首先应当指出的是，唐代政治大大激发了文人的仕进热情，使魏晋以来尚隐之风、朝隐之弊均得到了根本性的扭转。这在唐代初年的武德、贞观时期即已见成效。进入盛唐，文人仕进热情又空前高涨，出现了前所未有的崇仕盛况。对此，我们可以《唐书·文苑传》和《隐逸传》为例，作一考察，并以之与《晋书》同传加以比较[①]，以窥盛唐文人心态之一斑。

从仕、隐两方面来看，历代《文苑传》中的传主大多数都曾有过出仕的经历，有些官位不达又曾隐居的文人，则有可能被列入《隐逸传》中，如《新唐书·隐逸传》中的张志和；还有些曾为显官而后来退隐的文人，如贺知章，也被列入《隐逸传》。至于那些一生未仕的文人，一般应在《隐逸传》。但我们以这些原则来考察晋、唐正史的《文苑》《隐逸》二传，则不难发现二者有着重大的差别，其中有些特例尤能说明问题。

《晋书·文苑传》所载17位文人，都有过出仕经历，但其中左思晚年激流勇退，甚有隐者之风，张翰则“任心自适，不求当世”，自称“人生贵得适志，何能羁宦数千里以要名爵乎”。因此，为齐王冏大司马东曹掾时，因“思吴中菰菜、莼羹、鲈鱼脍”，遂辞官归乡。[②] 张翰此举，得到了后来文人普遍的称赞，作为《晋书·文苑传》中的特例，颇能说明当时士人洒脱的出世情怀；而新、旧《唐书·文苑传》中的100多位文人，除少数几例外，都曾出仕为官，且基本上找不到像张翰这样“不求当世”的例子。而孟浩然在这里也是一个特例，他虽终生未仕，却始终怀着“欲济无舟楫，端居耻圣明”[③] 的遗憾，他在《仲夏归汉南园寄京邑旧游》诗中说：“余复何为者，栖栖徒问津。中年废丘壑，上国旅风尘。忠欲事明主，孝思侍老亲。”更明确表白了自己希企现世功业的心迹。大概正因为这样，两《唐书》均未将一生不仕的孟浩然归入《隐逸传》。与张翰相比，孟浩然的思想、行为恰可从一个侧面反映出唐人崇仕心理的普遍性。

---

①汉以后，唐以前，以两晋享国时间最长，故此处以晋、唐人物作比较。此外，这样做，亦可见出魏晋风度与盛唐精神异趣之一斑。

②[唐] 房玄龄：《晋书·文苑传》，北京：中华书局1974年版，第2384页。

③孟浩然：《临洞庭》，见徐鹏校注《孟浩然集校注》，北京：人民文学出版社1998年版，第146页。

如果说，在《文苑传》中，我们还只能以特例来说明两个时代文人对仕进的态度，那么，在《隐逸传》中我们看到的则是晋人与唐人更具强烈反差的仕隐观。晋代享国 150 余年，《晋书·隐逸传》著录隐士 40 人；唐代享国近 300 年，《唐书·隐逸传》所载隐士不过 20 余人[①]。也就是说，晋代国祚为唐代的一半，隐士却是唐代的两倍。虽然，《隐逸传》所载人物与实际的隐士仍有一定出入，但是，它毕竟囊括了该朝代主要的隐士，从人数上足以反映出当时的仕隐观。而更为重要的是，当我们进一步考察这些传主们的实际生活、行为与思想时，两个朝代隐逸之士的殊途异趣更是显露无遗。

《晋书》中的隐逸之士，基本上都是无心于世事者，他们不慕荣名，不应朝廷征召，过着与世无争、清贫自足的生活，终生陶然自得，无怨愤之色。如孙登"于郡北山为土窟居之，夏则编草为裳，冬则被发自覆"[②]，朱冲"每闻征书至，辄逃入深山"[③]，任旭、伍朝、范乔等也是屡征不就[④]，郭文所谓"山草之人，安能佐世"[⑤]，代表了晋代隐士共同的心声。有些人也曾为官，但一旦去官归隐，则成世外之人，氾腾辞官后复被征召，以"门一杜，其可开乎"[⑥] 固辞，也颇能说明当时隐士的行为准则。

而《唐书·隐逸传》所载 20 余人，情况远非如此一律。中唐以下秦系、张志和、孔述睿、陆羽、崔觐、陆龟蒙等 6 人，除孔述睿曾供职朝中，其他几位均堪称世外高人，与晋代隐士有很多相似之处，在此可以不论。中唐以前隐士则大致集中在三个阶段。唐初高祖、太宗两朝有王绩、朱桃椎、孙思邈三人，均是从前代入唐的隐士，如孙思邈历周、隋二代，至太宗初，年已老。因此，他们属于过渡人物，作为隐士，更多地反映的是前代遗风。其间值得注意的是王绩，他曾在隋大业年间、唐武德、贞观时三度出仕，或"以醉失职"，或因"良酝可恋"而乐于在任，又因善酿者死而

---

①［后晋］刘昫等：《旧唐书·隐逸传》著录隐士 20 人，其中的王守慎、徐仁纪、孙处玄、阳城均在朝任职，王远知则本为梁代人，曾师事陶弘景，贞观九年卒，年 126 岁。故《新唐书·隐逸传》未列入此 5 人，但于《旧唐书》15 人外，又增 9 人，共 24 人。

②［唐］房玄龄：《晋书·隐逸传·孙登传》，北京：中华书局 1974 年版，第 2426 页。

③［唐］房玄龄：《晋书·隐逸传·朱冲传》，北京：中华书局 1974 年版，第 2430 页。

④见《晋书·隐逸传》各人本传。

⑤［唐］房玄龄：《晋书·隐逸传·郭文传》，北京：中华书局 1974 年版，第 2441 页。

⑥［唐］房玄龄：《晋书·隐逸传·氾腾传》，北京：中华书局 1974 年版，第 2438 页。

主动去官[①]。总之，他对隐与仕的选择均是出自内心，大有张翰“任心自适，不求当世”之遗风。但王绩已不再斤斤计较仕、隐之间不可逾越的界线，他根本不认为隐比仕高，而是随意之所适而仕、隐。这种以适意为去就之根本前提的作风则是唐人特有的精神，实开盛唐文人仕隐观之先河。

高宗，尤其是武、韦时期，虽然“访道山林，飞书岩穴，屡造幽人之宅，坚回隐士之车”[②]，但《唐书·隐逸传》中有近半数（共11人）的隐士均出现在这一时期，其中又以武、韦时期为主（有8人）。之所以如此，正如我们前文中所述，主要是因为武周革命和韦氏专权时期政局多变，文人士大夫多被杀戮之故。但即便如此，这一时期君主对隐士的种种优厚政策对于出处同归的理想在盛唐时期的落实却仍有着不可忽视的作用，简言之，它在激发文人仕进热情的同时，于不知不觉中消除了仕、隐之间由来已久的对立。

因此，新旧《唐书·隐逸传》所载活动于盛唐时期的隐士不过四人，但如以《晋书·隐逸传》的隐士标准来衡量，则无一人可算作真隐。卢鸿，隐于嵩山，玄宗三诏始至，“及谒见，不拜，但罄折而已”，“诏入赐宴……拜谏议大夫，赐以章服；并辞不受”[③]。玄宗只得“许还山，岁给米百斛、绢五十，府县为致其家，朝廷得失，其以状闻”。而卢鸿还山后，“广学庐，聚徒至五百人。及卒，帝赐万钱”[④]。可见卢鸿虽未出仕，但他以另外的方式发挥着有为的作用，并非“无心世事”者。另一位隐士吴筠，则是举进士不中，入嵩山为道士，而后名闻京师，得到了玄宗的征召，令待诏翰林，但“所陈，但名教世务而已”[⑤]。又有司马承祯，虽未仕于朝，但在武后、睿宗和玄宗三朝多次被征召，甚受敬重。尤其是玄宗，“遣使迎入京，亲受法箓，前后赏赐甚厚”，又为他在王屋山置坛室，“自题额，遣使送之”，司

---

①[宋]欧阳修、宋祁撰：《新唐书·隐逸传·王绩传》，北京：中华书局1975年版，第5595页。

②[后晋]刘昫等撰：《旧唐书·隐逸传》，北京：中华书局1975年版，第5116页。

③[唐]刘肃撰，许德楠、李鼎霞点校：《大唐新语》卷十，北京：中华书局1984年版，第160页。

④[宋]欧阳修、宋祁撰：《新唐书·卢鸿传》，北京：中华书局1975年版，第5604页。

⑤[后晋]刘昫等撰：《旧唐书·吴筠传》，北京：中华书局1975年版，第5128，5129页。

马承祯死后，又“为亲制碑文”[①]。这样的隐士，比出仕者的地位更尊贵，待遇也更优厚，与以往安贫乐道的高士是有天壤之别的。至于盛唐另一位隐士贺知章，史称“天宝初，病，梦游帝居，数日寤，乃请为道士，还乡里”[②]。但这只是表面的原因，实际上贺知章之所以晚年退隐，实与他在当时的尴尬处境有关。《新唐书》本传说：“肃宗为太子，知章迁宾客，授秘书监，而左补阙薛令之兼侍读。时东宫官积年不迁，令之书壁，望礼之薄。帝见，复题‘听自安者’。令之即弃官，徒步归乡里。”肃宗为太子在开元二十六年（738）。距天宝初不过数年，知章之退隐，当与薛令之出于同样的原因，所谓“梦游帝居”显然是漂亮的托词。《新唐书》本传载，知章退隐的请求获准后，“又求周宫湖数顷为放生池，有诏赐镜湖剡川一曲。既行，帝赐诗，皇太子百官饯送。擢其子曾子为会稽郡司马”，这与薛令之“徒步归乡里”适成对照，可见贺知章实在是吃准了玄宗的脾性，因此他晚年之退隐不过是一种生存策略而已。

综上，我们说盛唐无隐士也未尝不可。这正从反面说明了盛唐文人之仕进热情不仅高于唐前的晋代以及晋以后的历代，也远远高于唐代的其他时期。下面一些有趣的例证无疑会为我们更深入地理解这一问题提供帮助。

> （孟知俭病亡，冥司放还）吏问：“欲知官乎？”曰：“甚要。”[③]
>
> （高）尚，雍权人，本名不危，颇有辞学，薄游河朔，贫困不得志，常叹曰：“高不危当举大事而死，岂能啮草根求活邪！”[④]
>
> （道士）曰：“某行世间五百年，见郎君一人，已列仙籍，合白日升天；如不欲，则二十年宰相，重权在己。郎君且归熟思之……”李公（林甫）回，计之曰：“我是宗室，少豪侠，二十年宰相，重权在己，安可以白日升天易之乎？……”[⑤]

上述三例中，孟知俭死而复生仍要做官，李林甫不以宰相易仙，虽事属无

---

①[后晋] 刘昫等撰：《旧唐书·司马承祯传》，北京：中华书局1975年版，第5129页。

②[宋] 欧阳修、宋祁撰：《新唐书·贺知章传》，北京：中华书局1975年版，第5607页。

③[唐] 张鷟：《朝野佥载》卷三，北京：中华书局1997年版，第67—68页。

④[宋] 司马光主编：《资治通鉴》卷二百十六，北京：中华书局1956年版，第6906页。

⑤无名氏：《李林甫外传》，见丁如明辑校《开元天宝遗事十种》，上海：上海古籍出版社1985年版，第149页。

稽，却极为生动地反映出当时人对仕进的态度[1]。而高不危则不仅有“举大事而死”之言，后亦确实成了安禄山的心腹，将他的壮语落实到了行动中，可见当世功名在盛唐文人士子心目中的地位。与晋代隐士的清贫自足及晋唐之间尚隐的世风相比，文士的人生追求真可谓发生了天翻地覆的变化。

这种变化表现在唐诗中，一是盛唐文人多喜欢表现兼济的豪情，并将之作为人生的一种理想境界：

人生志气立，所贵功业昌。（陶瀚《赠郑员外》）

丈夫须兼济，岂能乐一身。（薛据《古兴》）

苟无济代心，独善亦何益。（李白《赠韦秘书子春》）

吾与二三子，平生结交深。俱怀鸿鹄志，共有鹡鸰心。（孟浩然《洗然弟竹亭》）

这样一种建功立业、称名当世的思想显然只有在尚隐与朝隐的传统被彻底清理之后，才能够发展成为一种时代的主流话语。

一是与热衷仕进相关，“不遇”的悲鸣也极为响亮。它从另一侧面反衬出盛唐文人“贵功业”、重“兼济”的群体心态。士不遇本是封建时代常见的现象，也是文学中永恒的主题之一。唐以前文人多在诗文中表达一己之不遇，盛唐文人则往往在感慨自我不遇的同时，进而为同侪的不遇鸣不平。这在诗歌中尤为普遍。

沧江一身客，献赋空十年。明主岂能好，今人谁举贤？（祖咏《送丘为下第》）

旧识无高位，新知尽固穷。（储光羲《华阳作贻祖三咏》）

……岂乏中林士，无人献至尊。郑公老泉石，霍子安丘樊……吾贱不及议，斯人竟谁论！（王维《济上四贤咏三首·郑霍二山人》）

常忝鲍叔义，所期王佐才。如何守苦节，独此无良媒。离别十年外，飘飖千里来。安知罢官后，唯见柴门开……（高适《宋中遇陈二》）

类似的诗句在盛唐诗人集中比比皆见，这除了反映出文士不遇的普遍性外，

---

①张鷟生活的年代约在高宗显庆年间至玄宗开元中期，其《朝野佥载》多载武周故事，书中的孟知俭，有可能是盛唐前之人。然一种观念的深入人心，原非一朝一夕所能完成，即使孟知俭不是盛唐人，这个例证对于说明我们的观点也是有价值的。

也体现了当时文人对仕进之渴求的一致性。因为不遇的悲哀与不平成为一种群体性的心理体验，首先是以仕进激情的普遍高涨为前提的。从某种意义上说，正是这种文人群体积极的参政意识，强烈的社会责任感，使盛唐文人具有了一种独特的豪迈之气与悲壮之情，使盛唐文人与魏晋以来的文人在文化心态上有了本质的区别。但是这还只是“出处同归”的文化理想得以实现的前提之一。要全面把握盛唐文人独特的仕隐观，我们还需对他们对隐逸的态度或者说他们的隐逸实践以及他们对仕、隐矛盾的处理方式做出进一步的分析。

（三）盛唐理想人格的成熟

事实上，盛唐文人的独特之处并不在于他们普遍的仕进激情。对于中国古代文人来说，他们在天下有道时总是乐于出来建一番功业的。因此在历史上的每一个太平时期，高卧山林、自得其乐都不可能成为士人群体的价值取向。但是，在被史家誉为盛世的时代，却只有盛唐的文人能够一面做着报国济世、“天生我材必有用”的美梦，并想尽一切办法，用尽各种手段去寻找能使自己从一介书生转换为那个时代政治文化主角和创造者的最佳途径，去实现“白衣卿相”的梦想；一面却决不放弃林下雅趣，决不以牺牲内在的精神需求，违背真实的自我为代价去换取外在的功业名利。这原本矛盾对立的两种人生选择在他们身上却被完美地统一了起来。

我们在前文中曾说过，按传统的隐士标准来衡量，可以说盛唐无隐士。但这并不等于说盛唐没有隐逸的行为和思想，而是盛唐的隐逸思想与前代相比发生了较大变化。细检盛唐文人的生平履历，我们不难发现，他们大多数都曾有过隐居生活的体验。隐居的时间或在早年未仕前，或在后来已仕之后，还有的则仕、隐并举，两不相妨，或者仕而隐，或者隐而再仕。总之，仕、隐之间森严的壁垒被完全拆除了。他们可以随意往来于二者之间而不受任何拘束。

为出仕做准备是盛唐文人隐逸的动机之一。如房琯“少好学，风度沈整。以荫补弘文生。与吕向偕隐陆浑山，十年不谐际人事。开元中，作《封禅书》，说宰相张说，说奇之，奏为校书郎”[①]。张谔“初隐少室下，闭门修肄，志甚勤苦，不及声利。后应举，官到刑部员外郎”[②]。高适“隐迹

①[宋] 欧阳修、宋祁撰：《新唐书·房琯传》，北京：中华书局1975年版，第4625页。
②傅璇琮主编：《唐才子传校笺》卷二，北京：中华书局1989年版，第359页。

博徒，才名便远。后举有道，授封丘尉”[1]。岑参“十五隐于嵩阳，二十献书阙下”[2]。这些文人隐居期间除了为应考而潜心读书外，广交世外名人以养声誉也是其重要活动之一。在此意义上，隐居实际上成了出仕的前奏曲。王昌龄《上李侍郎书》中有云：“昌龄岂不解置身青山，俯饮白水，饱于道义，然后谒王公大人以希大遇哉！每思力养不给，则不觉独坐流涕……”[3]则正说明隐于青山的目的在于“以希大遇”是当时人人皆知、人人都愿身体力行的，而前述卢鸿、吴筠以及同时的李白等人又正是躬行此道而大获成功的例子。如此一来，仕、隐之间自然如水乳般融合无间了。

还有的文人则是在出仕之后又选择了归隐。本来这种类型的文人在其他时代也不乏其人，但盛唐文人仕而后隐，并不仅仅像其他时代的文人一样是在政治黑暗时期迫于外力，而是出于真实的内在需求才选择隐居的。如元德秀，开元二十一年（733）进士，曾为邢州南和尉、龙武录事参军等，后迁鲁山令，均颇有政绩。但鲁山令任满后，“南游陆浑，见佳山水，杳然有长往之志，乃结庐山阿。岁属饥歉，庖厨不爨，而弹琴读书，怡然自得”[4]。薛据，开元十九年（731）进士，终水部郎中，但“初好栖遁，居高山炼药。晚岁置别业终南山下老焉”[5]。阎防，开元二十二年（732）进士，“放旷山水，高情独诣”，后来隐于终南山，“不务进取，以此自终”[6]。李颀，开元二十三年（734）进士，“性疏简，厌薄世务。慕神仙，服饵丹砂，期轻举之道，结好尘喧之外”[7]。这种现象看似与盛唐崇仕的世风相背，因为“放旷山水”，必然“不务进取”，二者一般来说是难以相兼的。但就盛唐文人来说，隐居并不是仕进的终结，放情山水，并不意味着完全放弃了安国济民之想、之行。隐居不过是一种暂时的休整、调节，一种仕宦的心理和精神补偿，所谓“少凭水木兴，暂令身心调”（綦毋潜《题鹤林寺》）

①傅璇琮主编：《唐才子传校笺》卷二，北京：中华书局1989年版，第416页。

②[唐] 岑参：《〈感旧赋〉序》，见陈铁民、侯忠义校注《岑参集校注》，上海：上海古籍出版社1981年版，第437页。

③[唐] 王昌龄：《上李侍郎书》，见胡问涛、罗琴校注《王昌龄集编年校注》，成都：巴蜀书社2000年版，第259页。

④[后晋] 刘昫等撰：《旧唐书·元德秀传》，北京：中华书局1975年版，第5051页。

⑤傅璇琮主编：《唐才子传校笺》卷二，北京：中华书局1989年版，第310页。

⑥傅璇琮主编：《唐才子传校笺》卷二，北京：中华书局1989年版，第347页。

⑦傅璇琮主编：《唐才子传校笺》卷二，北京：中华书局1989年版，第356页。

是也。当然，其中并不排除有些人一隐之后居然“怡然自得”，不想再出仕。重要的是这些人的举动皆出自自我心灵需求，并与那些隐而复仕，反复往来于仕、隐之间者的行为一样，都得到了社会和士林的首肯，二者并未被赋予高下不同的价值内涵，而是自然地出现，也自然地被视为正常形态。

因此，进而便有人随意之所适决定仕隐去留。储光羲集中有一首《刘先生闲居》，其小序曰：“先生及第后，为道士，居太清宫。又从戎而后归。”储氏对这位刘先生的行为极其赞赏，但着眼点并不在他“高第”之荣，也不在入道后的“逍遥人间世”以及“出门忽从戎”的报国豪举，而在于这位刘先生“进退既在我”的自主性。这种自作我主的精神品格和“赏心随去留”（李颀《题綦毋潜校书田居》）的审美仕隐观，与唐以前纯粹牵于名利而仕、迫于外力而隐的“自外作”的仕隐方式完全不同，而呈现为一种“由中出”的主体自觉，因而具有一种从容闲雅、舒卷自如的适意、自由之美。这种适意之美在另一种调和仕隐的行为方式，即半官半隐、亦官亦隐的处世之道中表现得最为突出。

从形式上讲，朝隐其实也是一种半官半隐，不过正如我们前面所说的朝隐是以“隐”的行为标准来统一“仕”，它与郭象所谓“内圣外王”之道有着本质的不同。《梁书·何敬容传》有云：“自晋、宋以来，宰相皆文义自逸，敬容独勤庶务，为世所嗤鄙。”[①] 朝隐之弊于此可见一斑。入唐以后，文人们在仕进热情日益高涨的同时，对“朝隐”之士对逸情的关注并未全然否定，而是把它自然纳入到了新的仕隐观中，在同时肯定仕、隐两种行为方式的前提下，将逸情作为一种自我心灵需求，与功业名位并置于一个崇高的位置上。

早在中宗年间，后来成为盛唐文宗的张说在《东山记》中就创造性地用“丘壑夔龙，衣冠巢许”来指称“虽翊亮廊庙，而缅怀林薮”[②] 的亦官亦隐者，而唐中宗则把被张说称为“衣冠巢许”的韦嗣立封为逍遥公。逍遥者，自在也，自如也，它是无所拘束的代名词，而能够达到逍遥境界的前提则是出处同归、仕隐兼致，也就是“初唐四杰”所说的“廊庙与江湖齐致”。有趣的是几十年前为下层寒士们所憧憬的文化理想，几十年后竟在

①［唐］姚思廉撰：《梁书》卷三十七，北京：中华书局1983年版，第532页。
②［清］董诰等编：《全唐文》卷二二六，北京：中华书局1983年版，第2277页。

朝廷显官[1]身上得到了落实，而且这种全新的人格理想竟得到了最高统治者——皇帝的赞赏。可以肯定地说，由晋人提出的“出处同归”的理想，经过数百年的发展，至此已由少数文人的一种思想观念扩展为更为普遍的社会意识，并进而影响到上层决策者的生活方式和价值观。上有所好，下必甚焉。当朝廷和上流社会以得之于文人阶层，并转化为现实行为的理想生活方式，反过来影响新一代文人时，“出处同归”的文化理想必然会深入人心，在一代文人心理世界的重新建构中产生不可低估的影响。盛唐文人正是全面接受了这种理想，同时又基本具备了实现这种理想的外部条件（详后）的一代人。由于这两方面的原因，相对而言，盛唐文人在仕与隐的选择上，大都能保持“适意”的心态。至少，他们在思想认识与情感体验上，都以此为最高境界。因为，在他们看来建功立业、立身扬名固然可贵，但以身殉名、因仕灭趣却实在不可取。他们把现实的功名与精神的自由看得同样重要，不可相互代替，而希望同时拥有。这种“鱼与熊掌兼得”的心理，并没能造成希望越大而失望越深的结果，相反，由于盛唐文人或者能二者得兼，或者至少也于二者中必得其一，他们的心态比以往任何时候都更加平和恬静。

也许是历史的巧合，在张说写下《东山记》28年以后，即唐玄宗开元二十四年（736），当时朝廷贤相良臣们又在韦氏逍遥谷举行过一次盛会，萧嵩、裴耀卿、张九龄、韩休、杜暹等人均参加了这次宴集。身为右拾遗的王维得与此会，并写下了《暮春太师左右丞相诸公于韦氏逍遥谷宴集序》，文中一则曰：“不废大伦，存乎小隐，迹崆峒而身拖朱绂，朝承明而暮宿青霭，故可尚也。”再则曰：“上客则冠冕巢由，主人则弟兄元恺。”[2]再一次重申了20多年前张说“衣冠巢许”的论调。如同张说《东山记》一样，王维此序也不仅仅是一篇普通的即兴之作，而是代表朝廷在发言，他在文中所表述的观点也可看作是当时与会的贤相名臣们的共识。对于中下层文人包括在野的文人们来说，这一原则也同样是有效的。王维在另一次文人宴会上就以同样的口吻再次表述了这一新的时代理想，“拂衣而放，则

---

①韦嗣立时为兵部尚书、同中书门下三品、修文馆大学士。据《旧唐书·韦嗣立传》，这一年为中宗景龙三年（709）。

②[唐] 王维：《暮春太师左右丞相诸公于韦氏逍遥谷宴集序》，见陈铁民校注《王维集校注》，北京：中华书局1997年版，第701，708页。

野人于小隐之中；束带而朝，则君子于大夫之后。何轨辙一境，是非外物哉”[①]。事实上，盛唐时期“出处同归”的确已成为普遍的共识被文人们所接受，所实践。前述盛唐文人隐逸或者说调和仕隐的不同方式正可看作是“出处同归”理想的几种不同形式。

“出处同归”的理想之所以能在盛唐变为现实，自有历史与现实、政治与文化等多方面的原因，但以下三方面的原因无疑是最为重要的。

一是唐代均田制使一大批中下层庶族地主出身的文人获得了可以相对从容地往来于仕隐之间的经济基础，具体而言，就是拥有了规模大小不等的田庄。本来田庄在东晋、南北朝时期就已存在，但当时拥有田庄的还主要是世族大家。唐代均田制虽以前代土地制度为基础，但其“基本精神却偏重在永业田的私有权力。永业田的比重相对地增大，永业田的买卖尺度更加放宽，甚至口分田在一定条件下也可以出卖”[②]。法令规定，丁男（18至60岁）受田一顷，其中80亩为口分田，20亩为永业田，永业田可传给子孙。朝中官员所受永业田则远远超过了百姓，其中亲王受田百顷，正一品职事官60顷，以下依次递减，直至八、九品官也能受永业田二顷，相当于百姓永业田的十倍[③]。这就使得凡在朝为官者私人占有的土地大大增加。田庄有各种别名，庄园、山庄、田园、别业、墅、别墅、园林、别庐等等。唐人诗文集中常常提到这些属于私人产业的田庄，其称谓名目极多，据李浩的研究，至少有30余种，而今天仍有据可查留下名称的唐人别业不下千余处[④]。而从唐人诗文集中可以知道，有相当一部分文人拥有大小不等的田庄或者说别业。这不仅为文人自由往来于仕、隐之间提供了经济后盾，也提供了一个自足的空间。

二是科举制的实行，使大批下层文人获得了相对平等的入仕机会，尤其是开元年间进士考试加试诗、赋的改革[⑤]，使得能文之士入仕的机会更

①[唐]王维：《洛阳郑少府与两省遗补宴韦司户南亭序》，见陈铁民校注《王维集校注》，北京：中华书局1997年版，第796页。

②胡寄窗：《中国经济思想史》（中），上海：上海人民出版社1963年版，第357页。

③参见《新唐书》及《旧唐书》中的《食货志》。

④李浩：《唐代园林别业考论》及其下编《唐代园林别业考》，西安：西北大学出版社1996年版，第29—34页。

⑤参见[清]徐松：《登科记考》卷二永隆二年条及傅璇琮《唐代科举与文学》，西安：陕西人民出版社1986年版，第407页。

多。社会上则形成了“士无贤不肖，耻不以文章达”[①]，以及“缙绅闻达之路惟文章先”[②]，“仕进者以文讲业，无他蹊径”[③] 的重文的价值观念和文化心理。这又为下层文人成为新的田庄主人敞开了大门。一、二两方面相互为用，遂造就了文人经济上的独立与精神上的自主，形成了一代文人自信乐观、能相对平静地面对仕隐、穷达的文化品格。

三是盛唐前期政治的清明，皇权与士大夫关系，或者说君臣关系的正常化，使盛唐文人对李唐王朝抱了太多的幻想。他们大多相信凭自己的才能“坐取公卿”并不是遥不可及的梦想。同时由皇帝主持的制举中也明确设置了诸如侔伊吕科、将帅科、识洞韬略堪任将相科等科目，而考中制举乃至进士、明经及第的文人，也多有数年之内位至显要者，因此唐代文人抱负都非常高。不过盛唐文人都不像武、韦时期的文人一样无条件地追逐功名富贵，他们希望能与王侯乃至帝王平等相处，希望自己的人格得到尊重，希望真正的仕途生涯符合自己的本性。如前述卢鸿见唐玄宗而不拜，明显是在有意抬高自我人格；李白待诏翰林后，初甚得“恩遇”，后来“格言不入，帝用疏之”，乃“浪迹纵酒，以自昏秽”[④]，“脱屣轩冕，释羁缰锁，因肆情性”[⑤]，决不留恋官爵；高适任封丘尉，“鞭挞黎庶令人悲”（《封丘作》），则辞官而去。从整体上来看，盛唐文人这种仕不适意，则挂冠归山的气派也同样是与科举制开辟的广阔的进身之路，以及别业提供的实在的生存空间无法截然分开的。如张子容、綦毋潜、祖咏、薛据等人弃官之后均有可归之别业[⑥]。

上述三个方面正是促使“出处同归”的传统文化理想在历经 400 余年的演进后，在盛唐文人身上得到普遍呈现的主要原因。由于盛唐中期以后，政局日昏，“出处同归”理想所造就的全新人格和所形成的独特心态，也在

---

①[唐] 杜佑：《选举三》，见《通典》卷十五，北京：中华书局 1984 年版，第 84 页。

②[唐] 独孤及：《唐故朝散大夫中书舍人秘书少监顿丘李公墓志》，见《全唐文》卷三百九十一，北京：中华书局 1983 年版，第 3980 页。

③[唐] 权德舆：《故尚书工部员外郎赠礼部尚书王公神道碑铭并序》，见《全唐文》卷五百，北京：中华书局 1983 年版，第 5096 页。

④[唐] 李阳冰：《草堂集序》，见 [清] 王琦注《李太白全集》，北京：中华书局 1985 年版，第 1446 页。

⑤[唐] 范传正：《唐左拾遗翰林学士李公新墓碑并序》，见 [清] 王琦注《李太白全集》，北京：中华书局 1985 年版，第 1464 页。

⑥参见《唐才子传》本传。

进入天宝年间后逐渐发生了较大的变化。但是，这一理想所带来的价值观念的新变与心灵的大解放，却使盛唐文人成为中国历史上独特的一种类型，使他们创造了中国这个诗的国度中最美的诗。而"盛唐气象"之所以被视为审美典范，之所以在盛唐以后不可复现，也正与这一理想的转瞬即逝，与盛唐文人心态的不可再得有关。

二　自我的再发现与美的沉迷

儒家文化是在人际关系网络中来确定自我的地位的。它重群体而轻个体、重礼而轻情的特点，极大地影响了文人士子们个性的发展。魏晋南北朝时期，由于儒学的衰微和儒家文化价值体系的崩塌，文人阶层获得了空前的舒张个性的机会，他们以率性而动的行为方式冲击、否定着传统的礼教；他们在艺文、清谈中挥洒着自己的才情；他们感受到了前人视而不见的人性之美和自然之美。王戎宣称："情之所钟，正在我辈。"[①] 王廞登上茅山，大声恸哭道："琅琊王伯舆，终当为情死。"[②] 而王羲之也因去官后得"游名山，泛沧海"而有"我率当以乐死"[③] 之叹。可以说魏晋文人正是在个性解放的欣喜中发现了才情、真情之美，发现了自然之美，换句话说，他们正是在冲决礼教、反叛传统中分别从社会和自然两方面发现了自我。这种在人性长期被禁锢之后的发现令他们狂喜不已，也使他们生出不顾一切享受这种狂喜的勇气，"称情而直往"，于是在名教与自然、群体与个性、秩序与自由的二难选择中，魏晋文人大都倒向了后者。但是"越名教而任自然"，任情而违礼，却造成了一系列的社会矛盾。因此，东晋以来越来越多的人认识到了儒家礼法对维护群体秩序的重要性，而主张"情礼兼到"[④]，致力于玄、儒精神的融合、调和，但这一历史使命也同样是在盛唐才完成的。如果说前述"出处同归"理想的落实偏重于解决长期难以化解的仕隐矛盾，那么此处玄儒精神的融合则偏重于调整和缓解自魏晋以来个体自由

①余嘉锡：《世说新语笺疏》下卷上《伤逝》第 4 条，北京：中华书局 1983 年版，第 638 页。

②余嘉锡：《世说新语笺疏》下卷上《任诞》第 54 条，北京：中华书局 1983 年版，第 764 页。

③[唐] 房玄龄：《晋书·王羲之传》，北京：中华书局 1974 年版，第 2101 页。

④见《晋书·文苑传·袁宏传》中《三国名臣颂》夏侯玄赞语，北京：中华书局 1974 年版，第 2396 页。

与群体秩序之冲突，或者说，重在协调群己关系。正是这两方面共同造就了作为历史发展结果的盛唐文人，使他们在魏晋之后，再一次发现了自我与自然之美。由于新旧文化价值的激烈冲突已经过去，也由于盛唐政治文化的特殊背景，盛唐文人已能够比魏晋文人更为从容地来品味更深刻丰厚的自我之美和更清幽宁静、雄奇壮阔的自然之美。魏晋文人对抗社会的愤激偏执，在这里化作个人与社会切近中不乏间离的和谐；魏晋文人面对自然的孤独与皈依，在这里变为人与自然的融合互化。一句话，盛唐文人是人格更为健全、成熟的一个群体。他们追求个性自由，却并不放弃社会责任感；他们追求脱俗却并不离俗；他们崇尚才情，也欣慕力量之美；他们向往功名富贵，也能够安贫乐道；他们也酷爱山水，但因消除了魏晋文人普遍具有的内在矛盾与紧张，因而审美的眼光就更加精细深微。这一切皆源于盛唐文人所特有的平和恬静的心态。

（一）豪迈不羁——盛唐文人的自我再发现

自我的表现与个性的显露，首先源于文人自我意识的觉醒。而在以压抑个性、消泯自我为特征的儒家文化背景下，它更是以狂言怪行体现出来，这是魏晋时代和盛唐时代乃至中国其他历史时期文人发抒个性的共同特点。但盛唐文人的自我再发现与魏晋文人的自我发现有很大的差别。因而两个时代文人个性的表露在范围、内涵与目的等方面均有重大差异。大致而言，魏晋文人是在摆脱儒家经世价值观与传统礼教的前提下发现了为礼束缚的情和经世治国之外的生活情趣与人性之美；而盛唐文人则是在魏晋文人矫枉过正的前提下，在对之继承、反思与超越的过程中完成了自我的再发现，与魏晋文人之自我发现相比，它明显具有如下两大特征：一是重新肯定了儒家经世价值观在自我理想人格建构中的作用和地位；二是并不因此而否定人情之美，抹杀人性之光。因此，盛唐文人的自我再发现是在否定之否定的历史制高点上完成的。这使盛唐文人同时兼具了任性的洒脱、深情的专贞和慷慨不群的豪气、一诺千金的勇力。

狂怪的言行是盛唐文人展露个性的一个重要方面，在具体的生活中，其表现形式、动机多种多样，或恃才傲物，或以狂求名，或放诞不羁，不护细行；或豪侈纵酒，恣意欢赏。如萧颖士，史称其“四岁属文，十岁补太学生。观书一览即诵”，开元二十三年进士及第，所与交游者皆一时名流，遂名播天下。“尹徵、王恒、卢异、卢士式、贾邕、赵匡、阎士和、柳并等皆执弟子礼，以次授业，号萧夫子”①。两《唐书》本传都有倭国和新罗遣使入朝，自陈国人皆愿得萧夫子为师的记载，可见他的名气之大。但史书中又多有关于萧颖士恃才傲物的记载，唐人郑处诲《明皇杂录》中说他“恃才傲物，曼无与比”，并记载了他在旅舍对一紫衣老人“颇肆陵侮”，后来才发现此人即是吏部尚书王丘②。此事虽不见于两《唐书》，但《旧唐书》本传说他“终以诞傲褊忿，困踬而卒”。《新唐书》本传也有“君子恨其褊”的评论。郑氏所记当不是无中生有。事实上，类似的情形在其他盛唐文人身上也时有所见，《明皇杂录》补遗中有云：“天宝中，刘希夷、王昌龄、祖咏、张若虚、孟浩然、常建、李白、杜甫，虽有文名，俱流落不偶，恃才浮诞而然也。”③ 再如那位自号“四明狂客”的贺知章，不也同样是“晚年尤加纵诞，无复规检”④ 吗？至于杜甫《饮中八仙歌》中所写的那八位盛唐名士，不仅“三斗始朝天”，酒酣之际“脱帽露顶王公前”，甚至于“天子呼来不上船”。这些文人的狂放举止⑤，足以表明一代文人个性舒张之普遍，从中也充分体现了他们对自我价值的高度肯定。

有些文人的狂放之举则明显带有不拘礼法、恣意放纵的享乐主义倾向。如崔颢，“有俊才，无士行，好蒱博饮酒。及游京师，娶妻择有貌者，稍不惬意，即去之，前后数四”⑥；王翰，“少豪荡不羁，登进士第，日以蒱酒为事”，居官后“枥多名马，家有妓乐”，“发言立意，自比王侯，颐指侪类，人多嫉之”⑦；李邕“性豪侈，不拘细行，所在纵求财货，驰猎自恣”，至“奸赃事发”，为李林甫所害⑧。这类在正统儒士看来有亏德行的行为，在当时却并未受到道德上的指责，并没有影响这些人作为名士的地位。李邕在开元年间也曾因“陈州赃污事发”，罪当死。许州人孔璋与之素不相识，只因仰慕其名，竟上书愿为代死。更有甚者，李邕虽屡被贬斥，却在“人间

①[宋] 欧阳修、宋祁撰：《新唐书·文艺传·萧颖士传》，北京：中华书局1975年版，第5768页。

②丁如明辑校：《开元天宝遗事十种》，上海：上海古籍出版社1985年版，第17—18页。

③丁如明辑校：《开元天宝遗事十种》，上海：上海古籍出版社1985年版，第43页。

④[后晋] 刘昫等撰：《旧唐书·贺知章传》，北京：中华书局1975年版，第5034页。

⑤“饮中八仙”中的李琎、李适之等虽不以文名，但都是能文之人。

⑥[后晋] 刘昫等撰：《旧唐书·崔颢传》，北京：中华书局1975年版，第5049—5050页。

⑦[后晋] 刘昫等撰：《旧唐书·王翰传》，北京：中华书局1975年版，第5039页。

⑧[后晋] 刘昫等撰：《旧唐书·李邕传》，北京：中华书局1975年版，第5043页。

素有声称，后进不识，京、洛阡陌聚观，以为古人”[①]。这尤能反映出当时文人和社会对文才的崇拜，对狂放之举的态度。说明盛唐文人的高自标格，并非一厢情愿的自誉，而是有广泛的社会基础的。

盛唐文人这种狂放之举，有时含有反抗现实的意味，如王翰将海内文士分为九等，将自己和张说、李邕列在最高一等，张榜于吏部东街[②]，便在高度的自我肯定中表现了对当时科举考试和吏部选官的不满，但这种情形在盛唐并不普遍。与魏晋文人的狂放之举多具有反叛传统、对抗礼教的特点不同，盛唐文人的狂行异举在显示自己的不同流俗外，又往往潜含着要名誉、为仕进着想的动机。李邕所谓“不愿不狂，其名不彰。若不如此，后代何以称也”[③] 的说法，实可视为盛唐相当一批狂怪之士的心理独白。

当然也不排除一些文人超乎常情的举动与仕进、名声根本无关。如孟浩然见赏于韩朝宗，相约同至京师，韩朝宗将荐之于朝。“会故人至，剧饮欢甚……卒不赴。朝宗怒，辞行，浩然不悔也”。[④] 韩朝宗是当时很有影响的官员，李白《与韩荆州书》称：“白闻天下谈士相聚而言曰：‘生不用封万户侯，但愿一识韩荆州。’何令人之景慕，一至于此耶!”[⑤] 而孟浩然为了朋友欢会，居然失信于这样一位名人，这也就等于主动放弃了难得的仕进机会。表面看来，这与狂怪要名、恣意享乐以及恃才傲物等奇行狂举似乎很不相同，实质上它们都体现了盛唐文人之行为以适情为底蕴、不掩饰内在欲望、不为外物所役的自主性特征。其心理基础则在于追求超越世俗，凸显“我”的独特魅力。对此种心态，盛唐文人们常常爱用“脱略”二字来加以表达：

> 少时方浩荡，遇物犹尘埃。脱略身外事，交游天下才。（高适《酬裴员外以诗代书》）
>
> 儒有轻王侯，脱略当世务（一作誉）。（王昌龄《郑县宿陶太公馆

---

①［后晋］刘昫等撰：《旧唐书·李邕传》，北京：中华书局 1975 年版，第 5042 页。

②［唐］封演：《诠曹》，见《封氏闻见记》卷三，北京：中华书局 1985 年版，第 27，31 页。

③［后晋］刘昫等撰：《旧唐书·李邕传》，北京：中华书局 1975 年版，第 5040 页。

④［宋］欧阳修、宋祁撰：《新唐书·孟浩然传》，北京：中华书局 1975 年版，第 5779 页。

⑤［唐］李白：《与韩荆州书》，见［清］王琦注《李太白全集》，北京：中华书局 1985 年版，第 1239 页。

中赠冯六元二》)

卷舒形性表，脱略贤哲议。(王昌龄《缑氏尉沈兴宗置酒南溪留赠》)

知我沧溟心，脱略腐儒辈。(王昌龄《宿灞上寄侍御玙弟》)

往昔十四五，出游翰墨场……脱略(一作落)小时辈，结交皆老苍。(杜甫《壮游》)

豪俊初未遇，其迹或脱略。(杜甫《过郭代公故宅》)

高才脱略名与利。(李颀《听董大弹胡笳声兼寄语弄房给事》)

“脱略”意为轻慢不拘，不以为意。上引诗句中的“脱略”，虽然其所针对的对象有不同，但总的意趣则都是要说明自己的与众不同，强调自我的独特性。这在盛唐文人崇尚侠义精神的价值追求和人生实践中，也有比较集中的表现。

自司马迁《游侠列传》问世以来，侠就与文人结下了不解之缘。但只有到了盛唐时代，侠才不仅被一代文人置于儒之上并给予衷心的赞美，而且任侠精神也渗透到了文人实际生活中，不少文人都曾有过任侠的实践。如王之涣“少有侠气，所从游皆五陵少年，击剑悲歌，从禽纵酒”①。李邕被时人与汉代大侠剧孟相提并论②。孟浩然“少好节义，喜振人患难”③。李白“少任侠，不事产业，名闻京师”④。李颀青年时代也曾“结交杜陵轻薄子”“倾财破产无所忧”(《缓歌行》)，有过轻财任侠的经历。王翰则被辛文房比为古之“布衣之侠”⑤。显然这并非偶然现象，王仁裕《开元天宝遗事》中说：“长安侠少，每至春时结朋联党，各置矮马，饰以锦鞯金辂，并辔于花树下往来，使仆从执酒皿而随之，遇好囿则驻马而饮。”⑥ 王谠《唐语林·自新》篇中也说：“天宝已前，多刺客报恩。”⑦ 可见，文人任侠不过是社会大风潮中的局部奇观罢了。由于更多的文人并不具备任侠的条件，

①傅璇琮主编：《唐才子传校笺》卷三，北京：中华书局1989年版，第446页。

②[后晋]刘昫等撰：《旧唐书·李邕传》，北京：中华书局1975年版，第5042页。

③[宋]欧阳修、宋祁撰：《新唐书·孟浩然传》，北京：中华书局1975年版，第5779页。

④[唐]刘全白：《唐故翰林学士李君碣记》，见[清]王琦注《李太白全集》，北京：中华书局1985年版，第1460页。

⑤傅璇琮主编：《唐才子传校笺》卷一，北京：中华书局1989年版，第147页。

⑥丁如明辑校：《开元天宝遗事十种》，上海：上海古籍出版社1985年版，第77页。

⑦[宋]王谠：《唐语林》卷四，上海：上海古籍出版社1985年版，第131页。

因此，对于考察盛唐文人心态来说，一代文人对侠义精神普遍的企慕赞美、顶礼膜拜和他们那种受侠义精神感召而表现出的宽泛的任侠行为，也许更能说明问题。

传统意义上的侠，主要活动于民间，其特点是讲信义，重然诺，轻财好施，以一己之武艺为人排难解纷而不顾个人生死，效功于当世，功成而弗居。由于侠的活动凌驾于官府之上，等于在封建王朝之外另立了一种权威，因此，自韩非指责“侠以武犯禁”，到汉代诛灭游侠，侠常与朝廷处于一种对立状态。但唐代文人的任侠实践似乎并未至于此种地步，相反，他们把侠义精神纳入到了报国济世的人生理想中，他们看重的是侠勇于行动、立功当世的主动性，以及脱略小节的豪气、自由独立不为名利富贵所拘的人格。如果说本节所述盛唐文人那种狂放言行的形成受到了侠义精神的滋润与催化，如果说上节所述盛唐文人“出处同归”的人生理想与侠在出处行藏间的来去自由有着深刻的一致性，那么，盛唐文人对他们所理解的侠义精神或者说对赋予时代新意的侠义精神的膜拜与实践，又主要是在对塞漠烽烟的关注与体验中得到集中表现的。可以说，从军塞漠是盛唐文人任侠实践的延伸，也是最高表现。他们正是在任侠与从军这两类豪迈的人生实践中重新发现了豪迈不羁、轻身赴难、立功济世的全新的自我。这与魏晋以来文人理想的自我是完全不同的。

诚然，正如更多的文人不具备任侠的条件一样，在盛唐多数文人也并没有从军入幕的经历①。但这并不影响一代文人对侠义人格与边塞生活的无限向往，相反，正因为大多数文人与任侠行为和边塞生活保持着相当的距离，所以他们始终能以审美的眼光来看待这两个有别于世俗生活的层面，也更容易在精神上、心理上将自己建功立业的壮志与理想中的侠义精神统一起来，甚至幻化为一。在实际生活中，他们常把少年游侠与边关勇士作为同一种理想人格来加以歌颂：

孰知不向边庭苦，纵死犹闻侠骨香。（王维《少年行四首》其二）

六博争雄好彩来，金盘一掷万人开。丈夫赌命报天子，当斩胡头

①据学者们研究，“开元初至天宝末约四十年间，七个边地重镇，其入幕文士仅二十余人”，参戴伟华《对文人入幕与盛唐高岑边塞诗几个问题的考察》，《唐代文学研究》第六辑，广西师范大学出版社1996年版。

衣锦回。（李白《送外甥郑灌从军三首》其一）

少年负胆气，好勇复知机。仗剑出门去，孤城逢合围。杀人辽水上，走马渔阳归……”（崔颢《古游侠呈军中诸将》）

西陵侠少年，送客短长亭……闻道羽书急，单于寇井陉。气高轻赴难，谁顾燕山铭。（王昌龄《少年行二首》其一）

浅才登一命，孤剑通万里。岂不思故乡，从来感知己。（高适《登陇》）

自逐定远侯，亦著短后衣；近来能走马，不弱并州儿。（岑参《北庭西郊候封大夫受降回军献上》）

这里所歌颂的是他们心目中理想的人格典范，或者就是他们自己。这种新的理想人格的确立，使盛唐文人具备了一种前人从未有过的英雄主义的豪情和魄力。这种独特的心态使盛唐文人的审美眼光从花草、女儿等对象上移至酷烈的战争、苍莽的沙漠、奇异的边地风情、无垠的草原等等更能显示力量之美、雄阔之气与激越之情的审美客体上。换句话说，盛唐文人在发现全新的自我的同时，也发现了作为自我“本质力量对象化”的自然和社会。为古今学者所重视的盛唐边塞诗正是盛唐文人这种独特心态的外发。对这个问题，我们在此不拟展开，只想指出，盛唐边塞诗除了反映乐观进取的时代思想外，它实际上凝结了盛唐文人发现新的自我与自然的痛快淋漓的审美快感。它的盛行与盛唐文人超越世俗、展示个性之美的普遍心理追求尤其是分不开的。因为文人、侠士（边关勇士）与将相的三位一体，使得盛唐文人新发现的“自我”不仅新奇，符合他们求奇求异的心理需求，而且也是那个时代最完美的理想人格。现实生活中，如前文所论，唐太宗即是这样一位典范人物。他对唐代文人的影响极为深远，盛唐时代官至兵部尚书的郭元振也是这样一位人物，他年轻时“任侠使气”，后多次为边关统帅，屡立战功，又擅诗文，“有文集二十卷”①；张说则不仅是开元文宗，而且曾三次为左、右丞相，三次任中书令②，又曾三次总戎临边，“耀武震遐荒”（卢从愿《奉和圣制送张说巡边》）。这对盛唐文人形成以边塞题材和

①［后晋］刘昫等撰：《旧唐书·郭元振传》，北京：中华书局1975年版，第3049页。

②［宋］欧阳修、宋祁撰：《新唐书·张说传》，北京：中华书局1987年版，第4404—4410页。

侠义主题表达自己建功立业、超越世俗思想的创作风气，尤有直接的影响。而从心态史的发展来说，边塞诗之所以在盛唐掀起第一次高潮，也正反过来说明了盛唐文人心态经过此前的积累，已显示出了其独特的品格。

盛唐文人超越世俗，凸显自我的心态，也体现在他们面临困境时，那些令后来文人不敢想象的豪情远志上。盛唐虽是仕途向文人全面开放的时代，但实际生活中，文士的境遇并未因此而改变许多，《旧唐书·高适传》谓"有唐以来，诗人之达者，惟适而已"[①]，正从一个侧面说明了这一事实。因此，一方面是文人们满怀希望奔走于仕途，一方面他们却不得不面对历代文人都无法避开的困顿、潦倒。但盛唐文人的独特之处正在于，他们在艰难困苦之际仍能豪情满怀，壮气干云，令人千载之下，犹能想见其昂奋、凛然的风采。

唐代科举考试中，朝中名公的推荐对士子及第常常起着决定性的作用。明人谢肇淛曾说"唐时举进士，自状头以下，皆以势力游扬得之"[②]。这基本上是与事实相符的。在科举之外，各种类型的荐举也始终存在[③]。或被荐后直接参加，或被荐至中央政府再参加由天子亲自主持的制举考试。这促使文人士子在未显之前必然以干谒为重要的求仕活动。而干谒本是有求于人，按常理应表现得格外卑谦才是，但盛唐文人的干谒之作却常常露出令人吃惊的狂态。如王泠然，开元五年（717）进士，《唐才子传》称其"气质豪爽""卓荦奇才"。今存《与御史高昌宇书》和《论荐书》均是干谒之作。前篇开首即曰"仆之怪君甚久矣"，原因是高御史当年任宋城县尉时，未将他推举至京参选，入朝为官后出使路过宋城，对门生故旧多有关注而不及他自己。这一年王泠然已进士及第，所谓"自河以北，惟仆而已"，因而文章中间又说："君须稍垂后恩，雪仆前耻。若不然，仆之方寸，别有所施。"而文末一段话更有意思："意者望御史今年为仆索一妇，明年为留心一官……傥也贵人多忘，国士难期，使仆一朝出其不意，与君并肩台阁，侧眼相视。公始悔而谢仆，仆安能有色于君乎？"[④] 后一篇是写给丞相张说

---

①[后晋] 刘昫等撰：《旧唐书·高适传》，北京：中华书局1975年版，第3331页。

②[明] 谢肇淛：《五杂俎》卷十四，上海：上海书店出版社2001年版，第287页。

③《唐大诏令集》"政事"类"举荐"部分，载有历代皇帝命京官及地方官举荐各类人才的诏书，可见荐举也是朝廷取士的重要方式。[宋] 宋敏求编：《唐大诏令集》，北京：商务印书馆1959年版，第518—524页。

④[唐] 王泠然：《与御史高昌宇书》，见《全唐文》卷二百九十四，北京：中华书局影印本1983年版，第2983—2984页。

的，其中也有“公以傲物而富贵骄人，为相以来，竟不能进一善，拔一贤”[①] 等无所顾忌的指责。如此干谒实近于批判与要挟，如果不是为了以激进的方式显示自己与众不同的才质，引起对方的重视，很难想象，这种带有明确实用目的的干谒之作会以如此的口吻写出。这种现象在初唐即已出现，如王勃《上刘右相书》《上李常伯启》均为此类干谒篇什的开先河之作。盛唐时代，则有不少文人写过类似的干谒之作，如王昌龄《上李侍郎书》、李白《与韩荆州书》等，都体现了盛唐文人在干进活动中豪气不衰的个性特征。这种求人而不屈己的作风，尤能见出盛唐文人强烈的自我意识和以“适情”为尚的心态特征。

贫穷是极难堪的一件事。常言道：人穷志短，但盛唐文人身处贫穷困苦的逆境也往往能锐气不減。史称高适“少濩落，不事生业，家贫，客于梁、宋，以求丐取给”[②]，近 30 年，可谓不遇潦倒之极。可他却能够“五十无产业，心轻百万资”“饮酒或垂钓，狂歌兼咏诗”（李颀《赠别高三十五》）。在这期间所作的《淇上酬薛三据兼寄郭少府微》一诗中，他也表述了自己的壮志：“北上登蓟门，茫茫见沙漠。倚剑对风尘，慨然思卫霍。”他后来之所以能成为“诗人之达者”，与此种开阔的胸怀显然很有关系。祖咏，开元十二年（724）进士及第后，长期未被授官[③]。友人卢象《送祖咏》诗有“胡为困樵采”的感叹，王维《赠祖三咏》也说“贫病子既深，契阔余不浅”，可见他这一时期生活非常艰难。《唐诗纪事》卷二十载：“开元中，进士唱第尚书省，落第者至省门散去。咏吟曰：‘落去他，两两三三戴帽子，日暮祖侯吟一声，长安竹柏皆枯死。’”[④] 此诗《全唐诗》未收，作年不可考。论者多以为是一首嘲落第举子的诗，从《纪事》所录的三句来看，重点似更在于对自我才情的自信。《唐诗纪事》同卷还记载了祖咏科举考试时写试帖诗《终南望余雪》只写“终南阴岭秀，积雪浮云端。林表明霁色，城中增暮寒”四句即交了卷。按规定试帖诗当写六韵十二句，但祖咏的理

---

①［唐］王泠然：《论荐书》，见《全唐文》卷二百九十四，北京：中华书局影印本 1983 年版，第 2981 页。

②［后晋］刘昫等撰：《旧唐书・高适传》，北京：中华书局 1975 年版，第 3328 页。

③天宝三载芮挺章编《国秀集》仍称祖咏为进士，如芮氏所记可信，则祖咏至此时尚未得一官。

④［宋］计有功《唐诗纪事》卷二十，上海：上海古籍出版社 1987 年版，第 285 页。

由是“意尽”了。[1] 可见他同样也是一个以“适意”“适情”为行事准则的人。又他在《长乐驿留别卢象裴总》中也有“……谪宦我难任。直道皆如此，谁能泪满襟”，表明他后来入仕，曾因“直道”遭贬。因此前述“长安竹柏皆枯死”的诗句即使不是作于诗人困顿之际，我们从他穷困数十年，正式入仕后仍不免因“直道”被贬也可看出，贫病交加的生活并没有使这位“祖侯”变得世故起来。祖咏后来隐于“汝坟间别业，以渔樵自终”[2]，他与高适在结局上虽有穷达之别，但他们都没有被贫困所击垮，都在长期的困顿中保持了真实的本质。

在诗人李颀的笔下，则为我们留下了一批久于贫困却卓然不群的文人群像。“生事如浮萍”，却“微禄心不屑，放神于八纮”的草圣张旭（《赠张旭》）；罢官在“故林”，却“心轻万事如鸿毛”的陈章甫（《送陈章甫》）；尤其是那位“四十无禄位”“举家无担石”的“落魄”书生梁锽，更是以“狂歌”痛饮的骇世之举显示出“途穷气盖长安儿”（《别梁锽》）的大丈夫本色。这是在为朋友写真，也表达了一代文人心目中的人格理想。李颀的另一位朋友王昌龄，一生数次谪宦，先至岭南，再移江宁，后又贬龙标。新、旧《唐书》都说是因“不护细行”所致，从诗人“脱略贤哲议”“脱略腐儒辈”的自述来看，当是可信的。面对如此“谤议”，诗人在贬所依然能怡然自得，一方面坚信自己，“一片冰心在玉壶”（《芙蓉楼送辛渐二首》之一），不因受挫而改变自己不羁的本性；一方面决不怨天尤人，“莫道弦歌愁远谪，青山明月不曾空”（《龙标野宴》），丝毫没有因为贬谪而改变自己对自然、对生活的热爱。更为可贵的是他始终坚信“天生贤才，必有圣代用之”[3]，并未像其他人一样因仕不得意便归隐旧山。

盛唐文人这种不以穷困而减其豪迈，不以失意而失其本真的品格，与他们对边关的神往、对侠义的倾心，与他们不受世俗拘束的狂放言行，共同体现了超越世俗、任性深情的文化个性，构成了盛唐文人自我再发现的一个重要的方面，也是他们发现美、创造美的重要的心理前提之一。

---

①[宋] 计有功《唐诗纪事》卷二十，上海：上海古籍出版社 1987 年版，第 284 页。

②傅璇琮主编：《唐才子传校笺》卷一，北京：中华书局 1989 年版，第 209 页。

③[唐] 王昌龄：《上李侍郎书》，见胡问涛、罗琴校注《王昌龄集编年校注》，成都：巴蜀书社 2000 年版，第 258 页。

（二）美的沉迷——自由洒脱的“盛唐气象”

我们说“出处同归”理想的落实，使盛唐文人不再为仕、隐而瞻前顾后。仕与隐的矛盾由此得到化解；说玄儒精神的合流又使他们在标榜自我、高扬士气的同时并不危及群体秩序，尤其不放弃报国济民的社会责任和现世功业，群与己的对立亦即个人与社会的对立也由此得以协调，但并不意味着“出处同归”与玄儒合流二者之间互不关涉，事实上“出处同归”正是玄儒精神合流的一个重要方面，而玄儒合流的其他方面亦在很大程度上有赖于“出处同归”理想的支撑，因此二者是互为前提、互相促进的。在此前提下，盛唐文人主动进取、当仁不让固然是在突显自我，他们归心自然、怡然自得也未尝不是在以另一种方式突显自我，沉静自安者内心是平和的，人格是统一的，而飞扬跋扈者内心虽然激荡不已，人格也同样是统一的；尤其值得注意的是，在这个时代，多数文人并不仅仅以一种面目出现，从他们的作品中，我们常常发现乐志渔樵者并非不食人间烟火，而是常常不乏狂纵之气；而豪情跌宕者也同样醉心于逍遥宁静的境界。后世将盛唐诗人分为边塞、田园山水两大派，其实这只是解释者为说诗方便而采取的权宜之计。因为从两派代表诗人来看，王维、孟浩然虽以田园山水诗为主，但歌颂豪侠、表现边塞从军生活也是他们集中极为重要的一部分。即使一生隐逸的孟浩然也对侠义精神表现了时人共有的钦敬和向往，“四海重然诺，吾尝闻白眉。秦城游侠客，相得半酣时”（《醉后赠马四》），“游人武陵去，宝剑值千金。分手脱相赠，平生一片心”（《送朱大入秦》），足以见出这位“红颜弃轩冕，白首卧松云”（李白《赠孟浩然》）的孟夫子心中也同样不乏侠气豪情。前人称孟诗“冲淡中有壮逸之气”[①]，也正可与此相互说明。至于边塞诗派的代表作家高适、岑参，其集中更是不乏刻画山水之作，尤其是“好奇”的岑参，山水景物诗在他作品中所占比例极大，甚至他的边塞诗也往往以描写塞外奇景见长。这恐怕主要还得归因于出处同归和玄儒合流的文化新变对士人生活视野与心理体验的拓宽，也就是说两派诗人都受到了这两种文化新变的影响。那么，我们需要继续追问的是：盛唐这两个主要诗派的创作实践是受怎样的文人心态的影响才为我们展现了空前的诗歌艺术美的？或者说，上面两种文化新变是怎样深入文人心灵

①［明］胡震亨：《唐音癸签》引《吟谱》语，上海：上海古籍出版社1981年版，第47页。

深处的？

历来的诗人和评论家都对盛唐诗歌给予了极高的评价。盛唐诗论家殷璠从诗歌意象的角度以“兴象”来说明其特点，宋人严羽则以“盛唐诸人，惟在兴趣”“盛唐诸公，透彻之悟也”[①] 来说明盛唐诗之所以独特的原因。当代学者又在前人基础上直接以“盛唐气象”来概括盛唐诗之特点[②]。但历来的研究恰恰忽略了对盛唐诗产生的主观心理前提的探讨。从殷璠和严羽对盛唐诗歌特点的概括来看，两人都用到了“兴”，不过严羽之“兴趣”当指诗人创作中心物交感的审美感受，殷璠“兴象”则重在指这种审美感受在诗歌意象中的凝结。因此二者并不矛盾。而据我们的研究，殷璠诗论的基本体系远比严羽以及唐以后诗论家的诗学体系要全面，它可简单表示为如下图式[③]：

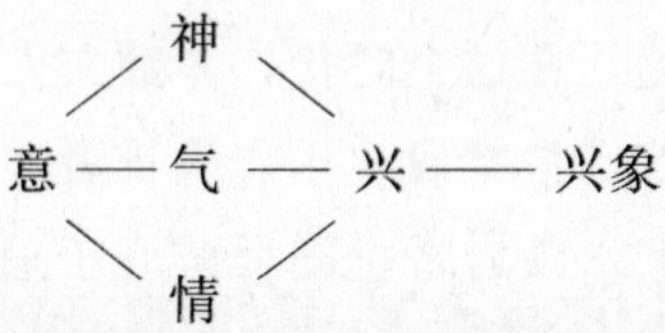

由于殷璠诗论主要是对盛唐边塞和山水田园两大诗派创作实践的理论总结，因此，我们这里拟从“出处同归”与“玄儒合流”的文化前提入手，结合殷璠诗论来对盛唐诗产生的文化审美心理基础做出分析。

如前所述，盛唐文人以功业为贵，以兼济为高，将人生的价值与社会、生民紧紧联系起来。而由此产生的建功立业的慷慨之志与报国无门的不平之气即是殷璠所谓“气”的主要内涵。至于“情”，殷璠诗论中是用“幽”“深”二字来加以限定的，说明“情”这个概念并非指一般的情感[④]。其中的“深情”是用于评储光羲诗的。从《河岳英灵集》所选储诗看，当指一种富于仁义、由人及物的至情，如《射雉词》云：“仁心贵勇义，岂能复伤此。”[⑤]《田家即事》写春耕时看到田乌、群鸽“嗷嗷如道饥”，结果“我心

①[宋] 严羽：《沧浪诗话·诗辨》，北京：人民文学出版社1961年版，第12，26页。

②关于“盛唐气象”的理论概念及今人对它的提炼总结，请参考刘怀荣《论盛唐气象的理论渊源》一文中的论述，《山西师大学报》1994年第4期。

③请参考刘怀荣《论殷璠“兴象”说》，《中国人民大学学报》1997年第4期。

④请参考刘怀荣《论殷璠“兴象”说》，《中国人民大学学报》1997年第4期。

⑤李珍华、傅璇琮：《河岳英灵集研究·河岳英灵集校点》，北京：中华书局1992年版，第216页。

多恻隐，顾此两伤悲。拨食与田乌，日暮空筐归”。[①] 因此，这里的“深情”实际也包含了人与人之间的至情，至于“幽情”，本是评刘昚虚诗的术语，而刘氏诗多写山水景物，《河岳英灵集》所选的虽以送别赠寄诗为主，但每首诗也是均以山水景物为主要描写对象，如《暮秋扬子江寄孟浩然》《送东林廉上人归庐山》《海上诗送薛文学归海东》等无不如此。

殷璠认为文之产生有三种途径，即所谓“神来”“气来”“情来”，而由上殷氏诗论图式可知，神、气、情又均可统一于意，是意的不同的表现形式。如果说边塞诗派诗人的创作偏于“气来”；山水田园诗派诗人的创作偏于“情来”；“率皆纵逸”“奇之又奇”[②] 的李白诗和“意新理惬”“皆出常境”[③] 的王维诗或能当得起“神来”之称。那么居于“神”“气”“情”三者之上的“意”基本上近于我们所说的文人心态。

由于盛唐文人不是仅仅在兼济的宏愿受挫后才终于想到林下之趣、山水之美，而是“廊庙与江湖齐致”，把同时享有两种全然不同的人生体验视为最高的理想。“箕山别来久，魏阙谁不恋。独有江海心，悠悠未尝倦”（高适《酬岑二十主簿秋夜见赠之作》），“尚想文王化，犹思巢父贤”（薛据《初去郡斋书怀》），对魏阙的依恋与对江海的向往、建不世的功业与获洒脱的自由，同时都是他们心灵需求的一部分。他们在庙堂上固然致力于“殷勤拯黎庶”（卢象《赠程秘书》），然而也不排除“逍遥自得意”（岑参《南溪别业》），“兴来恣佳游”（岑参《终南山双峰草堂作》）的精神企慕，甚至于在世内的桃源中闲适自得，优游于清荫花鸟，斋心于杯酒诗文，将这种企慕落实到行动上。而当时别业的兴盛则为此提供了独特的空间。祖咏《清明宴司勋刘郎中别业》所谓“田家复近臣，行乐不违亲……何必桃源里，深居作隐沦”，就是对此种现象最典型的概括。

另一方面，山野草泽之士，在自足于“野童扶醉舞，山鸟助酣歌”（孟浩然《夏日浮舟过陈大水亭》）的幽赏之趣时，同时也在渴望着“风期暗与文王亲”（李白《梁甫吟》）的奇遇，向往着“东山高卧时起来”

①李珍华、傅璇琮：《河岳英灵集研究·河岳英灵集校点》，北京：中华书局 1992 年版，第 217 页。

②[唐] 殷璠：《河岳英灵集》李白诗评语，见李珍华、傅璇琮校点《河岳英灵集研究 河岳英灵集校点》，北京：中华书局 1992 年版，第 138 页。

③[唐] 殷璠：《河岳英灵集》王维诗评语，见李珍华、傅璇琮校点《河岳英灵集研究 河岳英灵集校点》，北京：中华书局 1992 年版，第 148 页。

（李白《梁园吟》），时刻有着以身许国、为国忘己的思想准备。因此，在流连物态春光的风情雅兴里实际上深蕴着“报国行赴难”（崔颢《赠王威古》）的豪情。

当然，无论是在庙堂而望江湖，还是在江湖而思庙堂，他们的最高准则是“适意”，岑参《渔父》所谓“世人那得解深意，此翁取适非取鱼”，反映的正是盛唐文人这种独特的人生价值观。它是盛唐文人将出与处、豪情与逸兴、现世功业与山林幽趣等多种矛盾的二重要素给予完美的统一与协调的根本的心理基础。而这一切又使盛唐文人对人生的感受更真切，对人生的觉悟更深刻，因而心灵格外地充实自足。因可以“出处暂为耳”，便有“沉浮安系哉”（卢象《送綦毋潜》）的心胸，在野或失意者便能虽失望而不至于绝望，虽怨伤而不至于愤世嫉俗，在位者也可以于别业、田园中借湖山之趣排遣仕宦生涯中的紧张与压抑。因此，与其他时代的文人相比，盛唐文人的心境要平和得多。这使他们自然地能够以一种审美的眼光来看待万事万物，来观照自我心灵，从而能够更深入地体验到人情物态之美，从一草一木之中体悟到无尽的生生之意，在离别、登临之际感受到深刻的人生哲理，在日常琐事中获得美的享受。那种水清花艳、生机盎然、万物同流、无不自然的诗境是从此中而来，即使是奇志跌宕、风骨凛然，写尽人世渴想、兼济衷肠的诗歌，又何尝与此无关。可以说，正是由于这种出处同归、豪逸兼融所带来的审美静观，才使盛唐文人能够执着功业而超越功利，能够深爱自然而不弃人世，才使他们的理想光彩与深情雅趣能不为世俗名利所障蔽，不因沉迷山林而变质，而终能或激荡于“气”，或勃发于“情”，在任性、适情的自由与自足中观照自我新奇之“意”与幽微之“心”。用黑格尔的话说“诗不仅使心灵从情感中解放出来，而且就在情感本身里获得解放”，不仅“从主体和内容（对象）的一团混沌中把内容拆开抛开，而且把内容转化为一种清洗过的脱净一切偶然因素的对象，在这种对象中获得解放的内心就回到它本身而处于自由独立、心满意足的自觉状态”[①]。也就是说诗的审美观照使主体心灵借助于诗情或者说在诗情中获得了解放、净化和提升，从而达到了“自由独立，心满意足”的理想的自觉

①[德] 黑格尔著，朱光潜译：《美学》第三卷下册，北京：商务印书馆 1995 年版，第188—189 页。

状态。从本书的立场来看，盛唐文人恬静平和的心态既是他们进行审美静观的主观心理前提，又在审美静观中的以“情来”“气来”乃至“神来”的不同方式和途径得到了理想化的提升，从而转化为诗中的奇情、逸志、英风、神气与真趣，凝结为“翩翩然佚气在目”[①]“震荡心神”[②]的诗歌兴象。因此，由盛唐诗歌入手逆推，我们所感受到、追踪到的盛唐文人之心态、之“意”，是比实际生活中更为理想化的。而所谓“盛唐气象”在很大程度上正是这种文化心态、这种“意”的一种诗化表达。

再回到前面提到的边塞与山水田园两大诗派和“神来”“气来”“情来”的问题上，我们不难发现，偏于“气来”的边塞诗在意象上往往具有雄奇、开阔、壮伟的特点，往往以腾跃、飞驰、刚健的动态显示出生命的力度美；在生命情调上则体现为昂奋、悲壮、慷慨与独立不屈的刚性特征；在心态特征上则明显具有与“出”密切相关的英雄主义和理想主义色彩。而偏于“情来”的山水田园诗，其意象往往是恬静、优雅、和谐的，往往在静态的画图中蕴含了盎然生机与活力；在生命情调上则呈现出闲雅、自在、自足的趣味。其所体现的心态则具有与“处”无法分开的自由主义与自然主义的本质。这样一种粗线条的考察当然只能是就其主导倾向而言，但仅此也能说明盛唐诗歌中分别与出、处相关的这两大诗派对盛唐文人心态的呈现，就其中的任何一派来说都是不完整、不全面的。虽然其中有相当一部分诗人在一定程度上有所突破，但就各人主导特征和诗派整体风貌而言，只有把他们放在一个整体背景下，作为相互补充的不同侧面来看待，我们对盛唐文人心态才能有更深刻、完整的理解。

需要特别指出的是，李白、王维乃至杜甫等人在立身行事上是超越于上述诸家之上的。王维齐出处，等仕隐，在半官半隐中度过了一生，对出与处均有他人不曾深察的体验，他的诗歌之“意”的实现途径用“气来”“情来”都是无法概括的；杜甫虽一生执着，穷饿困乏而不忘君国，但他悲天悯人的心胸使他能在忧国忧民的同时，对江河山川、一草一木均倾注深挚的仁爱之情，因而从审美心态上说，杜诗也同样是“气来”“情来”所不

---

①[唐] 殷璠：《河岳英灵集》评李嶷诗语，见李珍华、傅璇琮校点《河岳英灵集研究·河岳英灵集校点》，北京：中华书局1992年版，第244页。

②[唐] 殷璠：《河岳英灵集》评李颀诗语，见李珍华、傅璇琮校点《河岳英灵集研究·河岳英灵集校点》，北京：中华书局1992年版，第173页。

能牢笼的。虽然殷璠编选的《河岳英灵集》未选杜甫诗，但杜甫与王维在诗歌创作上无疑都可归入“神来”一路。他们的诗歌也都非常典型地体现了盛唐文人心态的基本特征。但由于王维生活的后期过于沉静，已失去了盛唐文人心态中任性的气骨风力；杜甫生活的后期过于执着，过于悲壮，也已改变了盛唐文人心态特有的适情与洒脱；相比之下，唯有李白最为集中、最为典型地体现了盛唐文人心态的主要精神。他恣情任侠，“结发未识事，所交尽豪雄……脱身白刃里，杀人红尘中”（《赠从兄襄阳少府皓》）；他喜好纵横之术，“十五好剑术，遍干诸侯；三十成文章，历抵卿相”①。年轻时曾多次从事过干谒活动，并终于获得成功，得到玄宗亲自召见；他酷爱山水，“五岳寻仙不辞远，一生好入名山游”（《庐山谣寄卢侍御虚舟》），一生之中，足迹几遍天下；他也隐居、学道，早年与东岩子隐于岷山，后又与孔巢父等五人同隐徂徕山，号“竹溪六逸”，与吴筠同隐郯中，最后甚至出家为道士；晚年他还想北上从军，从李光弼参加平乱的战斗；他“奋其智能，愿为辅弼，使寰区大定，海县清一”② 的政治理想，他功成身退的人生设计，以及他的好酒等等，都使他集中地体现了盛唐文人高扬自我、超越世俗的追求和突破出与处、方内与方外、有为与无为等矛盾而表现出来的心灵需求的多样性，以及自然适意的人生准则。前人称赞李白也多爱用一个“适”字或爱从“适意”立论。

作诗非事于文律，取其吟以自适。

偶乘扁舟，一日千里，或遇胜境，终年不移。长江远山，一泉一石，无往而不自得也。

但贵乎适其所适，不知夫所以然而然。③

范传正可谓是李白的知音。他所概括的一个“适”字既是李白心态的最高

①[唐] 李白：《与韩荆州书》，见 [清] 王琦注《李太白全集》，北京：中华书局 1985 年版，第 1240 页。

②李白：《代寿山答孟少府移文书》，见 [清] 王琦注《李太白全集》卷二十六，北京：中华书局 1985 年版，第 1225 页。

③[唐] 范传正：《唐左拾遗翰林学士李公新墓碑并序》，见 [清] 王琦注《李太白全集》，北京：中华书局 1985 年版，第 1464，1465，1468 页。

境界，也是出处同归与玄儒合流的文化理想作用于盛唐文人所能达致的最高最美的心灵境界。在此意义上，“奇之又奇”的李白诗，乃至被尊为千古典范的所有盛唐诗，之所以具有空前绝后的艺术魅力，从根本上说，还应从盛唐文人心态的独特性方面给予新的解释。

第三章
奋发与逃遁：理想人格的时代转换

在文学史分期上一般以代宗大历元年（766）至文宗大和九年（835）为中唐。天宝十四年（755）至宝应元年（762）的安史之乱不仅彻底改变了大唐帝国的命运，也成为整个中国封建社会的分水岭。安史之乱动摇了唐王朝的统治根基，受此影响，这一时期的文人心态也出现了明显的动荡。成型于盛唐时代的理想人格受到质疑与冲击，面对全新的社会环境，生活于这一时代的文人不得不进行新的探索与思考，以期建构起能够适应时代要求和自身需求的新的价值体系。

中唐时期的许多文人都经历过开元、天宝年间的盛世，对唐王朝的繁荣有着深刻的记忆，盛唐文人的济世热情和积极向上的人生态度对他们的人格塑造产生了重要影响。因此，他们关注社会现实，积极干预政治，希望通过自身的努力实现唐王朝的中兴。盛唐文人的豪迈气质在他们的诗文中得到了一定的继承与延续。但是，残酷的现实并没有使这种继承与延续得到持续的发展。一方面，政治上的风云变幻远远超出了他们的预期，“八司马”事件不仅改变了锐意进取的改革派们的政治命运，由此带来的中兴无望的幻灭感更是使他们积极用世的心态遭受毁灭性的摧残。另一方面，安史之乱的平息并没有从根源上解决唐王朝的社会矛盾，日益壮大的藩镇割据势力使复兴唐王朝的愿望沦为空想。因此，一些清醒的文人甚至主动放弃了积极入世的尝试，关注的视角逐渐内倾。

他们由关注社会人生转向关注自我内心，由兼济天下之志转向独善其身之求，由不断地外观转向持续地内视。这种心理上的转变既是面对残酷现实的不得已，也是文人心态发展的必然。盛唐是中国封建王朝的巅峰，盛唐文人在心态上的昂扬气势也达到了后世难以企及的高度。中唐时期的唐王朝无法复制盛唐的辉煌，而中唐文人同样无法在那个充满奋发激昂的艺术世界里开辟属于自己的文学疆域。因此，中唐文人在心态上的转变，既是时代发展的要求，又包含了艺术自觉的因素。他们把关注的焦点转向盛唐文人很少触及甚至尚未开发的艺术角落，在自然山水和心灵世界上留下了别具特色的时代烙印。

可以说中唐文人和初唐文人在心态结构上有一定的相似性，都表现出明显的过渡性和多元化的倾向；但是，二者在本质上又表现出迥然的差别，一个充满了奋发向上、开创盛世的豪迈；一个流露出回天乏术、彷徨无助的伤感。

一　关注自我与归心自然

安史之乱使盛唐一夜之间出现了分崩离析、兵连祸结的惨景。曾经历过开元盛世的大历诗人们好像从一场恶梦中醒来，表现出了惊魂甫定、不知所措的心绪。现实迫使他们的目光向内凝缩，他们以敏感的诗心，直接把握与体验时代的心理节奏和情绪特点，将诗的触角伸向审美主体的心灵深处，通过诗人复杂深微的心态，实现其对社会、历史、人生的体悟。他们心理的天平瞬间倾斜，精神上出现了刹那的空白，希望落空了，自信心崩溃了。深沉的时代衰落感自然滋生出历史与理想的幻灭感。这种心态正如耿湋《许下书情寄张韩二舍人》所云："银杯乍灭心中火，金镊唯多鬓上丝。"崔峒《宿江西窦主簿厅》也感叹道："前事成金石，凄然泪欲垂。"面对突如其来的灾难，他们的生命似乎一下子失去了依托，找不到原有的内心平衡了。因此，幻灭后的悲哀惶惑，失落后的迷惘惆怅，无时不在侵袭着他们那淌着鲜血的心灵，使他们表现出茫然不知所措和无限的悲凉、伤怨。

环境与心态的变化使大历诗人诗歌创作，自然地产生了与盛唐迥异的特征。盛唐诗人虽也各有自己的艺术追求，但他们有一个共同的特点，那便是感情基调的昂扬、奋发、壮大与明朗。无论是山水田园诗，还是边塞诗，抑或是揭露社会矛盾、表现个人情感的诗，就盛唐诗歌总的风貌来看，都表现出奋发昂扬的时代精神。追求秀丽与雄浑之美，并由此而创造了兴象玲珑的诗境，表现出清水出芙蓉的自然天成之美。安史之乱后，社会政治以及文化特质都发生了巨大的变化。盛唐诗人那种浪漫豪爽的气质，已经成为辉煌的过去，那博大宽阔的胸襟已不复存在，那积极的、浪漫的、高涨的政治热情与生活激情也已渐渐地退潮。严峻、冷酷的现实使大历以后诗人陷入极度的苦闷、彷徨之中。他们由对社会政治的关心，转变为描写身边琐事，抒发内心苦闷与伤怨；由对大自然风光的赞美，转变为在其中寄托空虚的精神；由对火热的战斗场面的颂赞，转变为一曲曲哀歌。这种差别的产生，当然与社会、环境、时代的变化密切相关，但与之直接相关的仍是诗人们的心态。

（一）一代士人的茫然与伤怨

1. 盛唐的回响——大历诗人的功业意识与伤怨心态

大历诗人大都经历过盛唐时代，他们对于开元、天宝时的太平盛世还存留着不少美好的记忆，也曾受过盛唐文化的深刻影响。因此，他们也曾有过盛唐诗人那样的功业理想与人生追求，也曾写过一些具有唐盛气象的作品。如大历诗人的代表之一——韦应物，他的不少诗歌就不乏盛唐诗歌的风味。《饯雍聿之潞州谒李中丞》曰：

> 郁郁两相遇，出门草青青。酒酣拔剑舞，慷慨送子行。驱马涉大河，日暮怀洛京。前登太行路，志士亦未平。薄游五府都，高步振英声……

又如《答刘西曹》云：“长啸举清觞，志气谁与俦！”《寄畅当》云：“丈夫当为国，破敌如摧山。何必事州府，坐使鬓毛斑。”这些诗完全表现了盛唐诗人那种驰骋边塞、建功立业，而不屑于皓首穷经、屈从人下的精神风貌。如果说韦应物这些表现盛唐精神风貌的诗作与他青少年时期在玄宗宫廷中的那段生活不无关系的话，那么，这种充满盛唐那种自信心与昂扬精神的诗作，在同时的其他一些诗人的创作中也有所反映。如戎昱《上湖南崔中丞》："千金未必能移性，一诺从来许杀身。莫道书生无感激，寸心还是报恩人。"写得神采飞扬，颇有豪迈的气势与昂扬奋发的精神。又如韩翃《寄哥舒仆射》"万里长城家，一生唯报国"；李端《赠故将军》"谁道廉颇老，犹能报远雠"；严维《余姚祗役奉简鲍参军》"童年献赋在皇州，方寸思量君与侯"；司空曙《送卢彻之太原谒马尚书》"榆落雕飞关塞秋，黄云画角见并州。翩翩羽骑双旌后，上客亲随郭细侯"等等，都表现出建立功业，愿为辅弼，取公卿于朝夕的豪情与雄心。

然而，这样具有盛唐气象的诗作，在大历诗人的诗歌创作中并不占主导倾向。它们只不过是片羽吉光，是大历诗人对盛唐气象的一种美好的回忆。这种回味是昙花一现，十分短暂的。面对满目疮痍的现实和务求干进的社会风气，他们要想获得进身之阶，就不能不采取与盛唐不同的人生态度与谋生手段。这样便形成了大历诗人的猥琐人格与伤怨心态。如司空曙依附于元载之门，卢纶先后受元载、王缙的推荐而入仕。而刘长卿、张继则依附于刘晏的幕府，严维也因为有崔涣的提携而得职。在权贵面前，崔峒表示"岂能裨栋宇，且贵出门阑"（《咏门下画小松上元王杜三相公》，一作钱起诗），不求为国梁栋，但愿依附权门的心态昭然可见。钱起表示"鹪鹩无羽翼，愿假宪乌翔"（《清泥驿迎献王侍御》），则完全表现了一副奴颜婢膝式的干谒心态。虽然干谒求进为历代文士所不免，如"初唐四杰"，盛唐诗人孟浩然、李白、杜甫等，都有过干谒的经历，但关键在于大历诗人不但没有初盛唐诗人的干谒求进活动中的自负与自信，而且没有李白"安能摧眉折腰事权贵，使我不得开心颜"那样蔑视权贵的傲骨，更缺乏杜甫那种"麻鞋见天子，衣袖露两肘"的激烈忠贞。他们甚至把自己比作"柔而成性""浊而徐清"的"潢污"，以"其明若昧，其蹇若退"[①] 的处世方式而自得。

当然，这并非大历诗人生而卑俗，而是由于他们处于动乱的社会、黑暗的政治条件下。除个别特殊情况之外，他们的干谒求进并未能满足他们对功名利禄的追求与希望。在时代阴影所造成的暗淡的人生道路上，希望失落，理想破灭，意志沉沦，心情忧郁，由此而滋生出一种浓重的幻灭感

①［唐］钱起：《潢污赋》，见《全唐文》卷三百七十九，北京：中华书局 1983 年版，第 3854 页。

与空虚感。卢纶的《春江夕望》便典型地表现了这种悲凉落寞的心态：

洞庭芳草遍，楚客莫思归。经难人空老，逢春雁自飞。东西兄弟远，存没友朋稀。独立还垂泪，天南一布衣。

面对时代的巨变，现实的颓残，大历诗人的心态不仅仅是凄凉感伤，而且更多的是无法理解这一夜而来的时代巨变，难以接受这对比悬殊的现实以及由此而产生的迷惘与困惑，如张继《重经巴丘》一诗写道：

昔年高接李膺欢，日泛仙舟醉碧澜。诗句乱随青草落，酒肠俱逐洞庭宽。浮生聚散云相似，往事冥微梦一般。今日片帆城下去，秋风回首泪阑干。

在这首诗中，诗人有意将昔年纵酒欢歌的豪情与当时秋风泪落的悲慨聚合在一起，形成强烈的反差，从而表现出视人生如云雾聚散、世事如冥微之梦的心理体验。另一方面，面对自身的艰难生活与流离处境，大历诗人们大多“贫病期相惜，艰难又忆归”（李端《将之泽潞留别王郎中》），“贫病催年齿，风尘掩姓名”（耿湋《华州客舍奉和崔端公春城晓望》）。耿湋《常州留别》亦云：

万里南天外，求书禹穴间。往来成白首，旦暮见青山。夜浦凉云过，秋塘好月闲。殷勤阳羡桂，别此几时攀？

一种人生无常之感，于时光流逝、转成白首的时间感中流露出来。其实，诗人此时仕途并未失意，而冷落寂寞的心境却已油然而生。他写于周至尉任上的《周至客舍》，就已表现了这种人生无奈的情绪：

寥寂荒垒下，客舍雨微微。门见苔生满，心惭吏到稀。篱花看未发，海燕欲先归。无限堪惆怅，谁家复捣衣。

眼前的“寥寂”之境，更引发出诗人无限的惆怅之感。而司空曙《咏古寺花》“迟迟欲去犹回望，覆地无人满寺风”，其冷落、萧索的意境与刘长卿、耿湋诗作并无二致。大历诗人在羁旅途中往往有“流荡飘摇此何极”（皇甫冉《临平道赠同舟人》），“江汉路长身不定”（张继《九日巴丘杨公台上宴集》，一作李群玉诗）的飘泊不定之感，而在端居怅坐时又有“独坐不堪朝与夕，高风萧索乱蝉悲”（韩翃《寄雍丘窦明府》），“愁人待晓鸡，秋雨暗凄凄”（钱起《宿新里馆》）的孤寂凄凉心态。因此，可以说，无论是其仕与不仕，无论是羁旅或安居，他们无时无刻不体现出茫然与伤怨的心态。而这种心态主要是大乱之后的严酷的社会现实所形成的心理孤独与精神苦闷的表现。

2. 战乱余波——大历诗人的灰暗冷寞心态

大历诗人大都亲身经历过安史之乱，亲眼目睹了安史之乱前盛唐经济的繁华富庶与蓬勃向上的时代精神，同时也目睹了战乱所带来的满目疮痍、衰败萧索的景象。所以，尽管他们不乐意正视眼前的巨变，但这种巨变毕竟在他们的心灵中投下了深深的阴影。这种战乱的阴影，会时不时地在他们的诗作中显示出来。如卢纶的《逢病军人》，写了一个从战场上下来的既伤且病的士兵的悲惨情状；戴叔伦的《女耕田行》写了战乱中山村的艰辛生活——丁壮从军，弱女耕田，写得十分深刻感人；李端的《宿石涧店闻妇人哭》“山店门前一妇人，哀哀夜哭向秋云。自说夫因征战死，朝来逢着旧将军”，也表现了战争给人们带来的家破人亡的巨大灾难。耿湋的《宋中》如实地反映了安史之乱给宋中人民所带来的严重灾难。他的《路旁老人》等诗也从不同的侧面，写出了战乱中最底层的劳动人民的悲惨遭遇。尽管他们没有像杜甫那样，以广阔的视野与深沉激愤的笔调，对战乱作全面的“诗史”般的记录，但同样能使人们感到战争的残酷以及给百姓带来的巨大灾难和痛苦。

大历诗人由于亲身经历了这场战乱，加之他们社会地位的低下，使得他们对战乱造成的民生疾苦有着较为深入的体察。如钱起的《观村人牧山田》：

> 六府且未盈，三农争务作。贫民乏井税，塉土皆垦凿。禾黍入寒云，茫茫半山郭。秋来积霖雨，霜降方铚获。中田聚黎甿，反景空村落。顾惭不耕者，微禄同卫鹤。庶追周任言，敢负谢生诺。

诗歌以客观写实的手法，记叙了当时贫苦农民为了交纳租税不得不辛苦开垦贫瘠山地的情形，表达出“顾惭不耕者，微禄同卫鹤”的忧民情怀。《左传·闵公二年》：“冬十二月，狄人伐卫。卫懿公好鹤，鹤有乘轩者。将战，国人受甲者皆曰：‘使鹤，鹤实有禄位，余焉能战！’”后因以“卫鹤”指滥封爵禄者。这里诗人是说，像他这样的“不耕者”，尸禄素食，有类于“卫鹤”，表现出对农夫的体恤。从内容上看，这首诗较韦应物的“身多疾病思田里，邑有流亡愧俸钱”（《寄李儋元锡》）要深刻、尖锐得多。它表现了诗人对统治者过分聚敛的不满以及对自己不耕而食的惭愧心情。他们的一些诗作，则从另一个角度揭露了社会的黑暗与吏治的腐败。司空曙《送郑明府贬岭南》写于诗人贬官长林时。“猜嫌成谪宦，正直不防身”，表现了诗人对是非颠倒、奸佞当道的强烈愤慨。钱起在《送李明府去官》中对当时直道难行、政治腐败的现象进行了愤怒的批判：“谤言三至后，直道叹何如？今日蓝溪水，无人不夜渔。”他的《秋霖曲》在描写了一幅秋雨成灾、生灵陷溺的阴惨画面后，以“公卿红粒爨丹桂，黔首白骨封青苔”的强烈对比，揭示了一面貂裘玉食、炮炙熏天，一面饿殍遍地、白骨蔽野的社会现实。在鲜明爱憎中构成了对贫富不均现象的有力鞭挞，富有深刻的现实内容，与杜甫的名句“朱门酒肉臭，路有冻死骨”有异曲同工之妙。李端的《杂歌》也是一首思想内涵颇深的佳作。诗以水有清浊，物有刚柔起兴，讽刺了美人见疑，蛾眉被妒，贤愚莫辨，是非颠倒的现象。全诗一气贯注，倾泻无滞，与李白《梁甫吟》《行路难》等诗格调颇近。

然而，像这样直抒胸臆、淋漓尽致地表现诗人感情的诗，在大历诗人的诗作中不仅为数不多，而且大都未能正面剖析重大政治问题与社会现象。他们的诗歌更多地是从侧面落笔，抒写个人身世之叹，或注目于战乱之后残败的现实环境中的风云月露的描写。这样的构思特点与表现方式，呈现出“哀而不伤”的面貌。如耿湋《春日即事》抒发的感慨与杜甫“儒冠多误身”（《奉赠韦左丞丈二十二韵》）相同，语虽讽刺，但较杜诗却要温和、平静得多。卢纶因“祸近防难及”而深深感到“愁长事未分”（《罪所送苗员外上都》）；李端埋怨“贵者已朝餐，岂能敦宿诺”（《长安书事寄薛戴》），感叹“贷布怜宁与，无金命未通”（《长安感事呈卢纶》），语气、情调都相当温和平静。再如司空曙《贼平后送人北归》：

> 世乱同南去，时清独北还。他乡生白发，旧国见青山。晓月过残垒，繁星宿故关。寒禽与衰草，处处伴愁颜。

对于战乱留下的创伤，诗人并未直接去描写，而是通过个人身世之感叹以及“旧国故关”“寒禽衰草”的意象，构成一种低沉暗淡的情调氛围，来加以曲折地反映。而卢纶的《送万巨》：

> 把酒留君听琴，难堪岁暮离心。霜叶无风自落，秋云不雨空阴。

人愁荒村路细，马怯寒溪水深。望断青山独立，更知何处相寻。

在荒芜破落的乡村环境背景下，抒写深深的悲秋离别之情，虽然可以从中看到战争创伤与民生的凋敝情景，但整首诗构造出一幅把酒弹琴、霜风落叶、马涉寒溪、青山隐映的生动图景。在这样的诗境中，社会现实问题，显然仅仅表现为诗人主观感受中的一缕暗淡的情思而已。钱起即使在逃难的途中，注目的也只是"日昃石门里，松声山寺寒""清钟扬虚谷，微月深重峦"（《东城初陷，与薛员外、王补阙暝投南山佛寺》）的空灵景致。即使是面对战争创伤所带来的故垒废墟、断壁残垣，甚至土地荒芜、家破人亡，他们也往往从旁观者的角度，以冷静的心态，将之作为自然景象加以观照、描写，但诗人内心深处的思想感情以及看到这种残破景象后，主体的心理感受却被深深地隐去，从而使其表现动乱现实以及描写残破景象的这些富有现实意义的诗作，也表现出一种荒凉、冷落的意境与主体心态。在这些诗作中，他们并没有表现出入世的热情与救治世乱的抱负，没有那种积极的参与意识。面对山河破损、满目疮痍的社会，只是勾起他们低回感伤的身世之叹，表现出茫然与伤怨的情绪，以及逃避现世，借自然山水以体悟内省的心态。

3. 流连山水——大历诗人的苟安心态

(1) 鹤唳静寒渚，猿啼深夜洲——大历诗人的空寂、凄清心态

从审美趣味的角度来看，大历诗人对于山水景物的审美情趣，发生了明显的变化，即由雄奇险怪转向清新幽隽，由名山大川转向寻常的泉石林潭。而盛唐山水田园诗所表现的那种高扬明朗的情调，也逐渐让位于冷落与寂寞的境界。胡应麟说："诗至钱、刘，遂露中唐面目。"[①] 大历诗人远承谢朓诗风而近师王维，如钱起《蓝田溪杂咏二十二首》，刘长卿《湘中纪行十首》《龙门八咏》，皇甫冉《山中五咏》都清楚地显示出它们与王维《辋川集》的渊源关系。

然而，值得注意的是，他们的诗作中再也没有王维诗中那种蕴含于静谧中的蓬勃生机了，缺乏王维、孟浩然那种对于生活的自信心与乐观情绪。如同是写山中景色，王维写来常常清新、明秀而韵味无穷。写终南山是"白云回望合，青霭入看无"（《终南山》）。在亲切的体验之中，流露着一种

---

①［明］胡应麟撰：《诗薮》内编卷五，上海：上海古籍出版社1979年版，第84页。

对于山居生活的满足感，闲适、宁静的美中，有一种舒适与逸乐的情趣。写山雨“山中一半雨，树杪百重泉”（《送梓州李使君》），写的是山中雨后，而洋溢的是一种清新气息，一种对于山间清新明净美的浓重的爱恋之情。然而，刘长卿写山行所见，却是“乱鸦投落日，疲马向空山”（《恩敕重推，使牒追赴苏州，次前溪馆作》）。所见已衰飒，所感复萧条。他写江亭眺望是“寒渚一孤雁，夕阳千万山”（《秋杪江亭有作》），虽是景色如画，其中却有一种难以排遣的寂寞之感。再如他的《秋日登吴公台上寺远眺》：

古台摇落后，秋日望乡心。野寺来人少，云峰水隔深。夕阳依旧垒，寒磬满空林。惆怅南朝事，长江独至今。

同样是写一种沧海桑田之感，但盛唐诗人写来充满着对于人生哲理的深切体味，充满着对于人世的执着，壮大慷慨，气势不凡。而刘长卿此诗，则于沧海桑田的感喟之中，寓人生凄凉之感。虽然景物依旧，而业已残败荒芜，诗歌意境充满了浓重的冷落与寂寞的情思。因此，胡应麟说：“降而钱、刘，神情未远，气骨顿衰。”[1]

不唯刘长卿如此，大历诗人的山水之作大都表现出同样的冷落寂寞之感。如皇甫冉的《山中五咏》之五《山馆》一首，简直就是王维《鹿柴》的翻版。《鹿柴》曰：

空山不见人，但闻人语响。返景入深林，复照青苔上。

皇甫冉《山馆》曰：

山馆长寂寂，闲云朝夕来。空庭复何有，落日照青苔。

从两相比较中可以明显看出，王诗深得禅意，清静中透出空寂。但这种空寂并非一片死寂，而是体悟到一种空旷和超脱。空旷中显现盎然意趣以及生命光辉的宁静甜美和灵秀淡雅，有一种蓬勃的生机和昂扬奋发的精神。它以层次丰富的描绘创造了一个静中有动、动中有静，具有内在的灵动与和谐圆满，并透出某种哲理意味的境界。皇甫冉的《山馆》则不然，它的寂寞更多的却是一种静止的呈示，而缺乏灵动的味道和流动之感。即使“闲云朝夕来”也无法给画面增添什么生机，整首诗给人的感受是空寂中带

---

①［明］胡应麟撰：《诗薮》内编卷三，上海：上海古籍出版社1979年版，第50页。

有浓厚的萧飒。

这不是体现在一两首诗中，或一两个作家身上的偶然现象。在大历诗人笔下，自然景物带有冷落暗淡的色调是非常普遍的。动乱之后的北方，四野凋残，满目疮痍，“牢落千余里，山空水复清”（戴叔伦《过申州》）自不必细说，就是未经兵燹、相对稳定的南方亦复如此。皇甫冉《同温丹徒登万岁楼》写望中景色是“丹阳古渡寒烟积，瓜步空洲远树稀”。张继《登丹阳楼》则写道：“迢递高楼上，萧疏凉野间。暮晴依远水，秋兴属连山。”不同的人，在不同的时间，描绘出的景象却大体一致，都是那么萧瑟、荒寒，都表现出凄清冷落的心态。这便是大历诗人山水田园诗所表现出的共同的艺术特征，也是大历诗人的共同心理特征。

（2）别君秋日晚，回首夕阳空——大历诗人的黄昏心态

在大历诗人的诗作中，描写凄凉萧疏之秋景的诗作占了绝大的比重。将秋作为主要的审美对象，一方面表现出他们对秋天的热爱，另一方面也隐约地反映了他们的某种心态。对于大历诗人的这种特殊的爱好与心态，我们这里姑且不论，仅从其对夕阳、黄昏的偏爱上，从这些描写夕阳、黄昏的诗作中，来考察他们的心态。

大历诗人的写景之作，除了大量的描写秋景之外，便是对夕阳的偏爱。似乎他们的生活都集中到了黄昏一样，出游在黄昏，饮宴在黄昏，送行还是在黄昏。这种特异的时间选择不能不使我们对它加以思考。且看下列诗句：

> 徘徊暮郊别，惆怅秋风时。（刘长卿《别陈留诸官》）
>
> 流水蒹葭外，诸山睥睨中。别君秋日晚，回首夕阳空。（李嘉祐《送李中丞杨判官》）
>
> 潇潇清秋暮，袅袅凉风发。湖色淡不流，沙鸥远还灭。（刘长卿《石梁湖有寄》）
>
> 秋草独寻人去后，寒林空见日斜时。（刘长卿《长沙过贾谊宅》），
>
> 日斜江上孤帆影，草绿湖南万里情。（刘长卿《别严士元》）
>
> 独立荒亭上，萧萧对晚风。天高吴塞阔，日落楚山空。（戴叔伦《次下牢韵》）

无论是送人怀人，还是怀古写景；无论境界平远，还是高旷，几乎都选择了黄昏与夕阳，而“空”“潇潇”“萧萧”等写景状物词，与“徘徊”“惆

怅”“独”等描写士人行动与心情的词语，与落日余晖的背景，共同营造出一种萧条空漠、孤独凄怆的氛围，使诗歌也蒙上了一层迷蒙的暝色。

偏爱黄昏，便离不开对夕阳的刻画。因此，夕阳在大历诗人的诗作中是最为醒目的。如钱起诗中的夕阳便有：“丹凤城头噪晚鸦，行人马首夕阳斜”（《送崔十三东游》），“愁云破斜照，别酌劝行子”（《送张少府》），“一声邻笛残阳里，酹酒空堂泪满衣”（《哭曹钧》），“黄云压城阙，斜照移烽垒”（《广德初銮驾出关后登高愁望二首》），“返照乱流明，寒空千嶂净”（《杪秋南山西峰题准上人兰若》），“山中人不见，云去夕阳过”（《蓝上茅茨期王维补阙》），“炎氛临水尽，夕照傍林多”（《奉陪使君十四叔晚憩大云门寺》），“破镜催归客，残阳见旧山”（《送复侯审校书东归》），“竹怜新雨后，山爱夕阳时”（《谷口书斋寄杨补阙》）。由此可见，“夕阳”已经成为诗人特殊的审美对象了。

大历诗人不仅爱写实景的夕阳，甚至连悬想的景象也多半是黄昏时分、夕阳依微。如李嘉祐《送裴宣城上元所居》“想到金陵渚，酣歌对落晖”；《晚春送吉校书归楚州》“定向渔家醉，残阳卧钓矶”；韩翃《送客还江东》“遥怜内舍著新衣，复向邻家醉落晖”；耿湋《送郭正字归郢上》“大堤逢落日，广汉望通津”；郎士元《赠强山人》“草堂竹径在何处，落日孤烟寒渚西”；卢纶《送卫司法河中觐省》“晓山临野渡，落日照军营”；李端《送友人游江东》“返景斜连草，回潮暗动萍”等等。夕阳作为黄昏的象征物屡屡被大历诗人镶嵌在诗中，这并非偶然的现象，而是体现了大历诗人的一种审美趣味，一种审美心理，一种不同于盛唐山水田园诗人的欣赏平静、恬淡、冷落、萧散的审美趣味，曲折地折射出他们空寂、凄凉的心态。

（3）惆怅烟郊晚，依然此送君——大历诗人的迷惘心态

大历诗人笔下的物象除山林泉石、水月松竹之外，还有烟岚雾霭，烟气笼罩缭绕的景物经常出现在他们的笔端。树是烟树，水是烟水，山是山岚，竹是竹烟。如钱起《玉山东溪题李叟屋壁》“霞景已斜照，烟溪方暝投”；皇甫冉《送萧献士》“惆怅烟郊晚，依然此送君”；韩翃《送齐明府赴东阳》“别后心期如在眼，猿声烟色树苍苍”等等。烟在这些诗中所产生的直接效果是视觉上的模糊感。本来清晰的树木、水流、云雾，笼上一个“烟”字，则给人一种如梦似幻、迷离惆怅的色调。

烟岚雾气本是飘浮于空气中的小水珠，弥漫于空中呈显出空蒙迷离的

浮游状态。它缺少质感，也没有一定的凝聚力，表现为一种游移散漫的结构。这种物象的虚浮游移、缺乏质感的特征，正好与大历诗人那失去生活激情、百无聊赖的心境，那浮生若梦、迷茫惆怅的失重感，那波动不定、惊遽不安的心态相吻合。因此，大历诗人能在群峦绕岚、翠竹浮烟中领受到一种空蒙迷离的美，一种似实似幻的感受，所以他们对烟岚雾霭才有着特别的痴迷。他们能在"摇烟拂水积翠间"（戴叔伦《柳花歌送客往桂阳》）的柳枝上，感受到一种离别的惆怅意趣，能在"孤烟出深竹，道侣正焚香"（《夕游覆釜山道士观因登玄元庙》）的时刻，品味出一层寂寥虚空的气氛。而在司空曙《云阳馆与韩绅宿别》一诗中，烟则最成功地烘托了作者与友人相会的情境和心境。在"乍见翻疑梦，相悲各问年"的心理刻画后，诗人将环境作了补充性的描写："孤灯寒照雨，湿竹暗浮烟。"在凄凉的雨夜，一盏孤灯也似乎充满了寒意，而雨中的竹更浮漫着一片雾气，显得迷蒙恍惚，与诗人那惘然的、似梦似幻的心态正好形成相似的比照，有意无意中对情境起了恰当的渲染润色作用。因此，大历诗人对烟岚雾霭的感受和描绘，并不是偶然的，而是他们迷惘自失的心灵状态的一种外化，通过对烟岚雾霭的审美观照与刻画，诗人的心态得到了恰当的表现。

（二）感伤的刘长卿与思隐的韦应物

刘长卿与韦应物是中唐前期最重要、也是成就最高的具有代表性的作家。他们都生长于开元、天宝盛世，对盛唐的阔大气象与美好生活有着深刻的眷恋与记忆。同时，又受到过盛唐建功立业、奋发昂扬、蓬勃向上的时代精神的熏陶，受过盛唐诗歌那慷慨激昂、气势充沛、淋漓尽致的壮阔境界的深刻影响。因此，他们的诗作之中尚不乏盛唐气象，表现出建功立业的政治抱负与人生理想。如"丈夫当为国，破敌如摧山"（韦应物《寄畅当》），"谁怜弃置久，却与驽骀亲。犹恋长城外，青青寒草春"（刘长卿《杂咏八首上礼部李侍郎》其三《疲马》），其积极用世的精神不减盛唐。因此，沈德潜在《唐诗别裁集》中说："刘文房工于铸意，巧不伤雅，犹有前辈体段。"①

然而，揭地而来的渔阳鼙鼓不仅将大唐帝国震动得地动山摇，而且也惊醒了他们的美梦。战乱的社会与满目疮痍的现实，使他们建功立业的理

①［清］沈德潜：《唐诗别裁集》，北京：中华书局1975年版，第157页。

想一夜之间变成了无法实现的幻想。面对断壁颓垣、残山剩水，他们无限悲哀，无限伤感，怀念昔日的繁华富庶，感叹今日的苍凉寂寞。但他们又必须面对这残破的社会，要在这旧村乔木、废井莓苔的现实中活下去。因此，他们的作品，都程度不同地对安史之乱所造成的动乱现实与满目萧条疮痍的现象有所反映，同时，对广大劳动人民的悲惨遭遇寄寓了一定的同情，从而使他们的诗歌作品明显地带有战乱的时代烙印与纪实的创作倾向。

当然，刘长卿、韦应物毕竟与以杜甫、元结乃至后来的白居易等人为代表的写实主义的诗人又有所不同。表现动乱的社会现实，描写、揭露社会重大问题与人民苦难生活的作品，并不是他们创作的主流。他们更多地表现出一种面对残破的社会现实而无可奈何的情绪，并由此而引起深沉的个人的身世、遭遇之叹，从而表现出一种有意识地逃避现实世界，借自然性以体悟内省的悲凉、寂寞的共同心态。但从他们的具体诗风来看，在共同性的基础上，他们又有明显的个性差异。为便于叙述，我们分别来探讨。

1. 感伤的刘长卿

刘长卿是大历时期最重要的，也是成就最高的作家之一，后人往往视之为大历之翘楚，评价甚高。如翁方纲说："盛唐之后，中唐之初，一时雄俊，无过钱刘。"① 清代卢文弨在《抱经堂文集·刘随州文集题辞》中更为推崇地说："随州诗固不及浣花翁之博大精深，牢笼众美，然其含情悱恻，吐辞委宛，绪缠绵而不断，味涵咏而愈旨，子美之后定当推为巨擘。众体皆工，不独五言为长城也。"他的诗歌，比较完整、充分地呈现了诗歌风尚由盛唐向中唐过渡的痕迹，所以，许多诗论家又视之为中唐之先鞭。如胡应麟说："诗至钱刘，遂露中唐面目。钱才远不及刘，然其诗尚有盛唐遗响，刘即自成中唐与盛唐分道矣！"又说："盛之降之中也，二子实首倡之。"② 刘长卿生活经历复杂，他的创作也呈现出纷繁多样的特征。

(1) 功业意识与关注现实

刘长卿开元二十一年（733）中进士，由于经历了开元盛世，因而也曾有过盛唐诗人那样的功业理想与人生意气。如他的《杂咏八首上礼部李侍郎》第一首说："古调虽自爱。今人多不弹。向君投此曲，所贵知音难。"第三首说："谁怜弃置久，却与驽骀亲。犹恋长城外，青青寒草春。"第六

①[清] 翁方纲：《石洲诗话》卷二，北京：中华书局 1985 年版，第 19 页。

②[明] 胡应麟：《诗薮》，上海：上海古籍出版社 1979 年版，第 79，84 页。

首说："素绠久未垂，清凉尚含洁。岂能无汲引，长讶君恩绝。"写的虽是幽琴、疲马、旧井，不像盛唐诗人那样自比为大鹏、飞瀑，但希望得到李侍郎的任用，积极用世、奋发进取的精神却是十分明显的。这类作品在刘长卿的诗集中虽然为数不多，却是不容忽视的一个重要方面，体现了他性格和心态的一个重要侧面。

刘长卿早期的诗作对于安史之乱前唐代的社会弊端也有所反映，从中可以看出，他是一个很有主见和深刻洞察力的文士。他早年曾写有反对安禄山征讨契丹、轻开边衅的《疲兵篇》，其中写道：

> 元戎日夕且歌舞，不念关山久辛苦。自矜倚剑气凌云，却笑闻笳泪如雨。万里飘飖空此身，十年征战老胡尘。赤心报国无片赏，白首还家有几人……只恨汉家多苦战，徒遗金镞满长城。

诗中对将士不均的现象不但有所暴露，同时对朝廷的赏罚不明也有深刻的揭露，从中可以看出唐代社会的严重弊端。这一现象在他的《送李中丞归汉阳别业》中也有所反映，诗云：

> 流落征南将，曾驱十万师。罢归无旧业，老去恋明时。独立三边静，轻生一剑知。茫茫江汉上，日暮欲何之？

诗人以深切的同情，写了一位征战疆场的将军，因年老而遭遗弃的命运，从而反映了封建统治者的愚昧和昏庸。

与大历其他诗人一样，刘长卿的诗歌中，除了带有盛唐余韵、表现出建功立业的雄心以外，另外一个重要的方面便是对安史之乱以后残破的社会现实的反映，并由此表现出对人民的不幸遭遇的深切同情。乾元初年他摄海盐令时，有《寄上浙西节度李侍郎中丞行营五十韵》，写战乱与收复两京后的兴奋心情，诗风略近于杜甫。又有《穆陵关北逢人归渔阳》诗，写乱后情况尤为感人：

> 逢君穆陵路，匹马向桑乾。楚国苍山古，幽州白日寒。城池百战后，耆旧几家残？处处蓬蒿遍，归人掩泪看。

全诗不仅对战后的荒凉现实予以淋漓尽致的形象描写，而且寄托了诗人忧国忧民的无限感慨。《送李录事兄归襄邓》对身经的乱离非常感慨：

十年多难与君同，几处移家逐转蓬。白首相逢征战后，青春已过乱离中。行人杳杳看西月，归马萧萧向北风。汉水楚云千万里，天涯此别恨无穷。

诗人通过对十余年中李录事与自己在动乱的社会现实中的共同遭遇的追忆，抒发了天涯别离的悲苦情怀，在追述当中，流露出人世沧桑的慨叹，反映了动乱现实中人们的痛苦，具有一定的典型意义。

（2）忧患与感伤的心态趋向

尽管刘长卿具有建功立业的政治抱负，尽管他关心朝政，具有爱国爱民、同情劳动人民不幸的品质，然而，他所生活的时代是一个动乱的时代，政治黑暗腐朽的时代。一方面朝廷“时艰方用武，儒者任浮沉”（刘长卿《寄万州崔使君》），另一方面由于他个性耿直，敢于犯上，竟两次遭到贬谪。仕途坎坷，人生不幸，生不逢时，对他的心理上造成的打击无疑是巨大的。他的内心是痛苦的，充满了压抑、苦闷与不平之气。他的不少诗篇对自己的遭诬而被贬予以自辩，并直言不讳地表明了自己对皇帝的不满。如他在《恩敕重推使牒追赴苏州次前溪馆作》一诗中说：“且喜怜非罪，何必恋末班?”在《重推后却赴岭外待进止寄元侍郎》一诗中说：“大造功何薄，长年气尚冤。”《将赴南巴至余干别李十二》诗说：“谁怜此别悲欢异，万里青山送逐臣。”又说，“独醒空取笑，直道不容身”（《负谪后登干越亭作》），“青阳振蛰初颁历，白首衔冤欲问天……若道平分四时气，南枝为底发春偏”（《岁日见新历因寄都官裴郎中》），“冶长空得罪，夷甫岂言钱？直道天何在，愁容镜亦怜”（《罪所留系寄张十四》）。唐肃宗至德三年（758）春天，诗人由苏州长洲县被贬为潘州南巴①县尉。上元二年（761），他从岭南潘州南巴贬所北归时途经余干②写有《登余干古县城》：

孤城上与白云齐，万古荒凉楚水西。官舍已空秋草绿，女墙犹在夜乌啼。平沙渺渺来人远，落日亭亭向客低。沙鸟不知陵谷变，朝飞暮去弋阳溪。

全诗缅怀历史，吊古伤今，沉思感伤，寂寥悲凉，深沉迷茫，情在景中，

①今广东茂名南。

②今江西余干。

兴在象外，令人感叹不已。

在南巴这段贬官的岁月里，诗人的生活心态，于落寞悲哀之中，更有一种人生凄凉之感。其《感怀》云：

秋风落叶正堪悲，黄菊残花欲待谁？水近偏逢寒气早，山深常见日光迟。愁中卜命看《周易》，梦里招魂读楚词。自笑不如湘浦雁，飞来即是北归时。

诗人被贬南巴时，于《江州重别薛六柳八二员外》一诗，更充满了悲愤不平之气：

生涯岂料承优诏，世事空知学醉歌。江上月明胡雁过，淮南木落楚山多。寄身且喜沧洲近，顾影无如白发何？今日龙钟人共弃，愧君犹遣慎风波！

刘长卿大约于代宗大历八年（773）至十二年（777）间的一个深秋，因被诬陷，由淮西鄂岳转运留后又一次被贬为睦州[①]司马。在途经长沙时，他写了著名的《长沙过贾谊宅》：

三年谪宦此栖迟，万古惟留楚客悲。秋草独寻人去后，寒林空见日斜时。汉文有道恩犹薄，湘水无情吊岂知？寂寂江山摇落处，怜君何事到天涯？

诗中通过咏叹贾谊怀才不遇、被贬远荒，寄寓自己的哀伤和愤懑。首联借贾谊的不幸遭遇，寄寓了诗人自己屡被迁谪的悲苦命运，给人以抑郁沉重的悲凉之感。颔联渲染出故宅一片萧条冷落的景色。而在这样的氛围中，诗人还要去“独寻”，一种景仰向慕、寂寞兴叹的心情油然而生。寒林日斜，不仅是眼前所见，也是贾谊当时的实际处境，又是李唐王朝危殆形势的写照。而“空见”二字，更进一层地将哲人其萎、回天乏术、无可奈何的痛苦和惆怅淋漓尽致地表达了出来，更增加了黯然伤神的气氛。颈联从贾谊的见疏，暗喻自己的被贬远荒，将讽刺的矛头直指当今的“圣上”唐代宗。同时诗人追怀贾谊凭吊屈原，但“湘水无情”，屈原岂能知道！如今自己来探寻贾谊故宅，贾谊又怎能晓得！诗人由衷地在寻求知音，那种抑

①今浙江建德。

郁无诉、徒呼负负的心境，刻画得如此真切、动情。尾联由景生叹，诗人在宅前徘徊，暮色更浓了，江山更趋寂静，一阵秋风掠过，黄叶纷纷飘落，在枯草上乱舞。这幅荒村日暮图，正象征着当时国家的衰败局势。“怜君”表面是写贾谊，实是自怜。诗人对强加于贾谊和自己身上的无罪而遭贬的不合理现实予以强烈的控诉。读到此处，我们仿佛看到了诗人抑制不住的泪水，听到诗人一声声伤心哀惋的喟叹！

（3）寂寞与悲凉的心态

尽管刘长卿经历过开元盛世，对那盛世的繁华富庶有着美好的记忆，尽管他也不乏盛唐诗人那样的建功立业的抱负与政治热情，尽管他对人民的苦难有着较多的了解和深切的同情，但由于现实的残破、政治的黑暗、时局的动荡以及个人仕途的失意、命运的坎坷，他的心态充满了悲凉孤寂，落寞与感伤。因此，他的诗歌创作的主要方面并不在于上述几个方面，而更多地体现出一种冷落与寂寞的情思，一种悲凉与感伤的心绪。因此，胡应麟说：“降而钱、刘，神情未远，气骨顿衰。”[①] 我们不妨先看他的《逢雪宿芙蓉山主人》，诗云：

日暮苍山远，天寒白屋贫。柴门闻犬吠，风雪夜归人。

诗用极其凝练的笔墨，描画出一幅旅客暮夜投宿、山家风雪人归的寒山夜宿图，从中透出山居的荒寒与心境的孤寂。再如《听弹琴》一诗云：

泠泠七弦上，静听松风寒。古调虽自爱，今人多不弹。

诗借弹琴以寄个人失意感慨，寄托一种孤芳自赏的情操。再如《送灵澈上人》云：

苍苍竹林寺，杳杳钟声晚。荷笠带夕阳，青山独归远。

诗人写在傍晚时分送灵澈返竹林寺时的心情。开头两句，既点明了送别的时间和地点，也写出了深山静寂的气氛。苍苍山林中的灵澈归宿处，远远传来寺院报时的钟声，那晚钟在苍茫的暮色中，轻悠悠地回荡着。这是多么空远、寂静的境界啊！后两句一写灵澈身背斗笠，披带夕阳的余晖，独自向青山的深处远去；一写自己伫立目送，依依不舍，令人有不胜惆怅之

①［明］胡应麟撰：《诗薮》内编卷三，上海：上海古籍出版社1979年版，第50页。

感。再如其《余干旅舍》《饯别王十一南游》《重送裴郎中贬吉州》《秋日登吴公台上寺远眺》《寻南溪常道士》等诗都表现出一种孤独与感伤的心态。

刘长卿在《首夏干越亭奉饯韦卿使君公赴婺州》中，曾对自己的创作心理与创作兴趣表白道："白云芳草，尽入诗兴。"在这样的创作心理指导下，与自己的感伤心态相适应，刘长卿的诗作风格主要表现出一种冷落与寂寞的境界，萧疏、淡泊、空寂与冷漠的意境。他的诗风虽然与王维、孟浩然相近，但已没有王、孟诗中那种蕴含于静谧中的蓬勃生机了。试看下面一组诗：

八月湖水平，涵虚混太清。气蒸云梦泽，波撼岳阳城。欲济无舟楫，端居耻圣明。坐观垂钓者，徒有羡鱼情。（孟浩然《望洞庭湖赠张丞相》）

昔闻洞庭水，今上岳阳楼。吴楚东南坼，乾坤日夜浮。亲朋无一字，老病有孤舟。戎马关山北，凭轩涕泗流。（杜甫《登岳阳楼》）

万古巴丘戍，平湖此望长。问人何淼淼，愁暮更苍苍。叠浪浮元气，中流没太阳。孤舟有归客，早晚达潇湘。（刘长卿《岳阳馆中望洞庭湖》）

从这三首诗的比较可以看出，孟、杜之诗着力从宏大处去描绘洞庭湖吞吐天地、包容宇宙的雄伟气势，景象壮阔飞动，表现了他们对国家命运的热切关注，抒发了自己开阔的胸襟和积极出仕之志。用笔凝练雄健，气魄雄伟，气势雄浑。刘诗则不然。他的诗情只在抒发个人的怀古而不及国家，只在哀叹自己的不遇，而没有积极进取之意。"叠浪浮元气，中流没太阳"二句，虽然境界不为不开阔，但侧重和摄入诗境的是浮动于汹涌波涛之上的浑蒙轻盈的"元气"，而不是充分表现急浪排空，"波撼岳阳"那充满力量的物象；是吞没几无辉光的太阳的波浪，而不是摇撼岳阳、坼裂吴楚的飞湍疾流。较之杜甫的"吴楚东南坼，乾坤日夜浮"与孟浩然的"气蒸云梦泽，波撼岳阳城"，刘诗不仅在力度和强度上显得缓弱，而且形象也不够劲健凝重而显轻飘，不够充实而显空灵。所以，沈德潜说："五六犹有气焰，然视襄阳、少陵二篇，如江黄之敌荆楚矣。"①

刘长卿的不少诗作虽然不乏盛唐的痕迹，境界也相当的阔大，但阔大

①［清］沈德潜：《唐诗别裁集》，北京：中华书局1975年版，第157页。

的境界中失去了盛唐那种混沌的气象、充实的内容、奋发的精神，而给人以单薄、空疏、冷落之感。如他大历六年（771）秋由淮南幕府转任鄂岳转运判官，行至乌江和州一带所作的《移使鄂州次岘阳馆怀旧居》：

多惭恩未报，敢问路何长！万里通秋雁，千峰共夕阳。旧游成远道，此去更违乡。草露深山里，朝朝落客裳。

“万里通秋雁，千峰共夕阳”极为辽阔壮观，写尽了秋天黄昏时分澄澈、清空、高爽的景象，饱含着作者对亲人的眷念之情。两句从想象的、心灵的高度概括描写了天上地下的辽阔景象，具有超越物表的雄伟气势。尽管它具有一种直接呈现于我们眼前的特殊画境，耐人寻味，但是，这种阔大的境界不仅缺乏充沛的力量，而且显得松疏萧散，比起盛唐诗人那种热情弥漫的阔大境界来，确实逊色多了。刘诗中的千山万峰，已没有盛唐诗人笔下那种“太乙近天都，连山接海隅”的雄伟壮丽与奔走之势，更没有“天姥连天向天横，势拔五岳掩赤城。天台四万八千丈，对此欲倒东南倾”的气势，而只侧重于不足以表现山的精神与体魄的峰峦；他笔下的“落日千山空鸟飞”，已缺乏盛唐诗人笔下的轻捷、欢快，更没有那种“大鹏飞兮振八裔”的奋发精神与雄伟气魄，而只是仿佛携带着无限思虑，十分感伤孤独地缓缓移动。这些诗歌虽然明显地残存着盛唐诗境的痕迹，保留沿袭了盛唐诗歌那种阔大的外形，然而遗憾的是遗神取貌，抽掉了盛唐诗中那种热情感人的意绪，生机勃勃、奋发有为的自信心与昂扬精神，以及诚恳执着的人生态度，而代之以冷落、寂寞、忧郁与苦闷。但值得注意的是，诗人的那几乎抽空的萧疏的阔大境界中，却也溶入了动乱时代的人生实感和个人意绪，从而形成其独特的足以代表那个时代风格和审美追求的诗歌风格与意境。因此，刘长卿的诗作典型地反映了盛唐向中唐的过渡，标志着一种新的审美追求、新的审美趣味的出现，也预示了一个不同于盛唐的，有着独特的审美追求与诗歌风格的创作高潮的即将来临。

（4）绮丽空灵的意境所体现的隔膜感与孤寂心态

刘长卿诗除具有盛唐余韵与萧疏阔大的意境之外，他的另一部分诗作则表现出绮丽空灵的意境以及社会隔膜感与孤寂心态。这种隔膜感是诗人对于社会环境的隔膜心理与人生遭际的孤独心理在力求与自然冥合、与造化同体时的一种自然流露。因此，这类诗歌意境中所蕴藏的感情，总染上一丝莫名的惆怅与淡淡的哀愁，不像盛唐诗那样爽朗，那样富有生活情趣，那样真正发自内心的宁静。如《登思禅寺上方题修竹茂松》：

上方幽且暮，台殿隐蒙笼。远磬秋山里，清猿古木中。众溪连竹路，诸岭共松风。傥许栖林下，甘成白首翁。

诗境不是阔大而是趋于内敛，所以不如上类诗境那样清空；不是超于物表，而仿佛是置身物中对禅寺周围环境做比较细致的观察与体验。颔联虽较为开阔，磬声因远而弱，又在秋山间缭绕不绝；猿声似清而细，在曲虬盘杂的深林中回环往复。这种开阔，不是天连秋水、平芜万里般直视无碍的开阔，而是一种随着声音在深山密林中飘动而扩展的开阔。它诉诸人们的想象，唤起人们的经验，去捕捉那由声音和山气构成的虚灵动荡、轻盈飘忽的氤氲之气，走向幽林深处。如果说诗的首联中的“幽”“蒙笼”正好表明了其意境的特点，那么尾联恰又正好说明诗人对此境界的欣赏、赞美、留恋与向往之情。诗中极力描摹、追求的乃是大自然中较为细致而又能充分表现大自然灵气和生命节奏的物象，它不像盛唐诗人们那样以热爱人生为出发点，去品味大自然的宁静，而是以大自然为主体去体验、追逐它，以期臻于体同大化的妙境。所以，诗人对外物的把握也就更加深入、细致、精切。又如他作于大历年间任鄂岳转运判官出使湖南时的《湘中纪行十首》之一《斑竹岩》：

苍梧在何处，斑竹自成林。点点留残泪，枝枝寄此心。寒山响易满，秋水影偏深。欲觅樵人路，蒙笼不可寻。

前四句抒发怀古之感慨，后四句则写现实处境与自己心愿相违背而无由实现的无奈。充斥于五六句呈现的艺术空间之中的，不是盛唐人奋发昂扬的热情和欣欣向荣的生意，而是山水内在意蕴、流动的氤氲之气。又如“野寺来人少，云峰隔水深。夕阳依旧垒，寒磬满空林”（《秋日登吴公台上寺远眺》），整个境界中尽是不可视见的声音，不可捉摸、流动不息的气氛和明灭闪烁的光泽，浑然一体，倏忽往还，既透明又不见底，既虚灵又实在。“朝气和楚云，夕阳映江树”（《晚次湖口有怀》），是他喜爱的湖山之趣。“波上生微霭”（《严子濑东送马处直归苏》）、“烟水乘湖阔”（《无锡东廓送友人游越》）、“积霭寒塘暮”（《赴楚州次自田途中阻浅问张南史》）等等则是他爱好清闲悠远、氤氲缭绕的境界。唯其如此，他大量运用水、烟、云、光、声、色、山、鸟等作为其诗歌的主要意象，并赋予这些意象一种清空、幽隽、寂静的气质，一种相对静止的状态。如其《步登夏口古城作》：

平芜连古堞，远客此沾衣。高树潮光上，空城秋气归。微明汉水极，摇落楚人稀。但见荒郊外，寒鸦暮暮飞。

诗中对“潮光”的捕捉明显地表现出一种寂静的审美追求。在这一点上，刘长卿诗与王维诗有着相同之处。不过，王维的诗，如“泉声咽危石，日色冷青松”（《过香积寺》），虽都是着意刻画静态的美，但即使在这样的静中仍含有动，就不要说像“渡头余落日，墟里上孤烟”（《辋川闲居赠裴秀才迪》）、“郡邑浮前浦，波澜动远空”（《汉江临眺》）那样动静相兼的诗句了。又如王维“日落江湖白，潮来天地青”（《送邢桂州》）也写潮光，但气象雄阔，涵盖一切，而刘长卿上引诗中所写的，晚潮波光不是映在天空，不是映在岸边，而是折射到树梢，从树梢上明灭闪烁的白光来表现江潮的起落。它不是把人们带到反映潮光的阔大天地，而是把我们引向那业已凋零殆尽的树尖，诗境轻灵幽远，同时也显然染上了一层诗人主观的心理感受。不是么？无论季节物候，还是林木花鸟，在自然界中本都是自然自在的，没有意志没有感情的。它们对周围他物的存在没有心理感应，因此也就不存在深浅远近动静冷热孤众等等的感受。只有呈现在人的面前，在主体的观照中，它们才区分出空间存在的距离感和各种情态。“深”“远”“幽”“空”“静”“孤”“冷”“清”，这些刘长卿诗中最常见的形容词，应该说都是诗人内心感受的外化形式，而同时，诗人专注于这些引起上述种种感受的景物则又是一种定向的选择，是其幽闲淡泊的审美趣味和孤寂悲凉的心态所决定的。

2. 思隐的韦应物

韦应物生于唐帝国空前繁荣和安定的开元盛世，其家庭又是世代显宦，曾祖韦待价曾为武后朝宰相，祖父亦为达官显宦。吕温曾言韦氏是“大名大德，大节大勋，悬诸日月，倬在图史，族姓之盛，莫之与京”[①]。因此，他 15 岁便由于门荫[②]做了玄宗皇帝的亲信侍卫，成为一个特殊的“小人物”。这时的韦应物可谓享尽荣华富贵，趾高气扬，倨傲至极，甚至无赖骄

---

①[唐] 吕温撰：《唐故银青光禄大夫京兆尹兼御史大夫上柱国赠吏部尚书京兆韦公神道碑铭》，见《吕衡州集》卷六，上海：上海古籍出版社 1985 年版，第 71 页。

②他后来入仕，也是由于门荫，而非像大多盛唐诗人那样是通过应进士试而步入仕途的。

横。在他后来写的《逢杨开府》一诗中回忆那段生活时说：

少事武皇帝，无赖恃恩私。身作里中横，家藏亡命儿。朝持樗蒲局，暮窃东邻姬。司隶不敢捕，立在白玉墀。骊山风雪夜，长杨羽猎时。一字都不识，饮酒肆顽痴。

他经历了开元盛世，对盛唐气象有着直接的体验。同时，出身高贵，曾深得唐明皇的宠爱，加之他个性的豪侠，所以，他也浸染了盛世的恢弘、自信和激情，曾有过建功立业的抱负和志向，表现出昂扬奋发的精神。如他听说畅当被召募从军时写的一首《寄畅当》说：

寇贼起东山，英俊方未闲。闻君新应募，籍籍动京关。出身文翰场，高步不可攀。青袍未及解，白羽插腰间……丈夫当为国，破敌如摧山。

全诗气势壮阔，境界高远，气派宏大，不乏盛唐奋发昂扬的时代精神。再如他的《长安道》曰：

……宝马横来下建章，香车却转避驰道。贵游谁最贵，卫霍世难比。何能蒙主恩，幸遇边尘起。归来甲第拱皇居，朱门峨峨临九衢。

诗人将自己与卫青、霍去病相较，表达了渴望建功立业、出将入相的豪情。又如《答刘西曹》："长啸举清觞，志气谁与俦！"这些诗虽然都写于安史之乱后，但完全是盛唐诗人那种立功边塞，建立不世功业，而不屑于皓首穷经、屈从人下的精神气魄。

韦应物曾受过盛唐精神的熏陶，有奋发昂扬的进取心，又受过正统的儒学教育，因此在他的人生态度中，有着鲜明的积极用世的儒家思想倾向，有着勤政爱民、关心人民命运的思想。我们考察韦应物的一生，自 26 岁入仕，至 50 多岁"眼暗文字废"（《寓居永定精舍》）时罢苏州守，其中还有几次短暂的退隐，但那只是人生道路上的几次"调整"，是几次缓冲。在地方官任上，不管"得志"与否，不管心情是否舒畅，他都兢兢业业，励精图治，努力做些有益于百姓的事情，因而颇有政声。当他刚到江州刺史任上时，看到州民因水灾而逃荒，不禁发出浩叹："斯民本乐生，逃逝竟何为？"于是，他不辞劳苦，努力处理政务："旱岁属荒歉，旧逋积如坻。到郡方逾月，终朝理乱丝。宾朋未及宴，简牍已云疲。昔贤播高风，得守愧无施。岂待干戈戢，且愿抚茕嫠!”（《始至郡》）他要努力继承前代清官的优良传统，不等干戈停息，就从眼下做起，切实抚慰安置孤独无依的灾民。基于这样的爱民意识，他常常因搞不好政务，人民仍在受苦受难，自己却无功受禄而深感惭愧：“自惭居处崇，未睹斯民康”（《郡斋雨中与诸文士燕集》），“身多疾病思田里，邑有流亡愧俸钱”（《寄李儋元锡》）。对于韦应物的这种思想态度，胡震亨称之为“仁者之言”[①]。黄彻也赞道：“余谓有官君子当切切作此语，彼有一意供租，专事土木，而视民如仇者，得无愧此诗乎。”[②] 这种同情心，不仅使韦应物自己身体力行，减轻对人民的剥削，而且还常常勉励朋友，要推行善政：“和风被草木，江水日夜清。从来知善政，离别慰友生。”（《送令狐岫宰恩阳》）

正因为有这样的同情心，也使韦应物和人民有了一些共同的语言。他为农业的丰收而喜悦：“是时粳稻熟，西望尽田畴。仰恩惭政拙，念劳喜岁收。”（《襄武馆游眺》）他为农民深受兵徭凶赋的灾害而担心：“兵凶久相践，徭赋岂得闲。”（《高陵书情寄三原卢少府》）他明知同情人民会给自己带来极大的麻烦，甚至灾难，“宽政身致患”（同上），但他宁愿承受上司的责备甚至被免官归田，也不愿苛虐地敲剥人民：“氓税况重迭，公门极熬煎。责逋甘首免，岁晏当归田!”（《答崔都水》）正因为诗人积极用世，所以他生活之途的坎坷就必然会更多，世俗杂务的困扰必然更甚。加之同僚的排挤，上司的训斥，现实的黑暗，使“刚直为政”的诗人救时济世的满腔热情，很快被无情的现实所毁灭。他深深地体味着理想毁灭的巨大痛楚。在《任洛阳丞请告一首》中，他十分愤激地说：“方凿不受圆，直木不为轮。揆材各有用，反性生苦辛。折腰非吾事，饮水非吾贫。休告卧空馆，养病绝嚣尘……著书复何为，当去东皋耘。”同时，拜迎长官的屈辱，使倨傲自负的韦应物也感到主体意志的被压抑，被扭曲：“自叹犹为折腰吏，可怜骢马路傍行。”（《赠王侍御》）在以后几十年的宦海沉浮里，他更深切地体味了个中滋味。官场的险恶，仕途的坎坷，人际关系的尔虞我诈，案牍的劳累，使诗人心力交瘁。他看到生民的疾苦，了解与同情百姓的不幸，但又无能为力，只有深深地愧疚：“仓廪无宿储，徭役犹未已。方惭不耕

---

①[明] 胡震亨：《唐音癸签》卷二十五，上海：上海古籍出版社1981年版，第267页。

②[宋] 黄彻：《䂬溪诗话》卷二，见丁福保辑《历代诗话续编》，北京：中华书局1983年版，第356页。

者，禄食出闾里。”（《观田家》）他对仕途是热衷的，但又忧畏它的险恶。这样理想与现实的矛盾，用世与退隐的冲突，救民与扰民的痛苦，交织在一起，时时煎熬着诗人的心灵。在这种骚动不安中，自然之神召唤的声音，时时在他的耳畔响起。山林泉水的形象在他的面前格外清新可爱，于是，诗人情不自禁地投向了大自然的优美、淳真的怀抱，去捕捉大自然中各式各样的生机盎然的澹远、恬静之美。

但是，值得注意的是，韦应物的山水田园诗并非像大历其他诗人那样纯客观地吟咏田园山水风光，而是在田园山水之中，寄寓了自己的复杂感情。他的田园山水诗，是他各种复杂矛盾的心态的形象表述。因此，他的山水诗以其积极进取的精神风貌，易换了大历诗人逃避现实、嘲风弄月的生活态度。同样的山水田园，却蕴含着不同的精神内质。他往往把幽静的境界与沉郁的感情结合在一起，表达一种复杂的心态。他的诗，意境超远而不枯寂，情趣雅洁而不做作，物象鲜明而不柔媚，笔致细腻而不琐碎，弃大历避世求隐藻饰空虚之玄远，走风雅真淳之道而风骨内蕴，在大历诗坛上别树一帜，独辟蹊径，形成了所谓“韦苏州体”。如《夏至避暑北池》：

> 昼晷已云极，宵漏自此长。未及施政教，所忧变炎凉。公门日多暇，是月农稍忙。高居念田里，苦热安可当。亭午息群物，独游爱方塘。门闭阴寂寂，城高树苍苍。绿筠尚含粉，圆荷始散芳。于焉洒烦抱，可以对华觞。

日月流逝，政教未敷；农事稍忙，苦热难当。种种忧闷将诗人引向山水，而山水之趣也就在“于焉洒烦抱”了。由此可见山水对韦应物来说，只是暂时的身心养息地，并不曾消磨掉他作为一个正直官吏的积极精神。

再如他的《东郊》一诗写道：

> 吏舍局终年，出郊旷清曙。杨柳散和风，青山澹吾虑。依丛适自憩，缘涧还复去。微雨霭芳原，春鸠鸣何处？乐幽心屡止，遵事迹犹遽。终罢期结庐，慕陶真可庶。

诗人笔下的青山杨柳等自然物是作为吏舍的拘牵烦扰生活的对照物而出现的，其功用主要是“澹吾虑”。他羡慕陶渊明无牵无挂的隐居生活，但又认为现在归隐太匆遽，因为其思想的主导方面是积极入世的。诗人常常告诫自己：“不应朝夕游，良为蹉跎客。”（《游南斋》）因此，每当他“于焉洒烦抱，可以对华觞”时，便又有“逍遥池馆华，益愧专城宠”（《春游南亭》）之感。这种感受正是诗人复杂心态的真切反映。恬淡的山水自然之美，只是作为诗人释忧闷、托灵兴的一个临时的精神栖息所，而其淡美诗风则是其积极用世思想在其坎坷生活中的一种折射和显影。

因此，韦诗中有着与其淡美诗风并存的相当数量的或沉郁，或豪瞻，或婉劲的不同风格的诗作。刘熙载就曾指出：“韦苏州忧民之意如元道州，试观《高陵书情》云：‘兵凶久相践，徭赋岂得闲。促戚下可哀，宽政身致患。日夕思自退，出门望故山。’此可与《春陵行》《贼退示官吏作》并读，但气别婉劲耳。”[①] 这一方面指出韦诗“婉劲”的一面，同时也指出作者“思自退”的根源正在于其“忧民之意”不能得以施展的苦恼。正是在这种心态下，韦应物创作了大量的山水田园诗，寄托自己的忧闷孤愤，并表现出企慕自然、隐退田园的情趣。历来认为韦应物与陶渊明、王维、孟浩然等人诗风相类，同属“清远”派作家，而陶、韦风格最似。周紫芝就曾说他们“非唯语似，而意亦太似。盖意到而语随之也”。[②] 这种说法自然是不错的。韦应物清淡高远的山水田园诗风确实与陶谢王孟诗派相近，所以沈德潜才说：“人谓左司学陶，而风格时近小谢”[③]，“真朴处最近陶公”。[④] 如其《夕次盱眙县》：

落帆逗淮镇，停舫临孤驿。浩浩风起波，冥冥日沉夕。人归山郭暗，雁下芦洲白。独夜忆秦关，听钟未眠客。

全诗就这样淡淡地涂抹，又淡淡地了结，确实与陶诗平淡自然的风格相近，因而翁方纲称韦诗“其奇妙全在淡处，实无迹可求”[⑤]。再如其《寄全椒山中道士》：

今朝郡斋冷，忽念山中客。涧底束荆薪，归来煮白石。欲持一瓢酒，远慰风雨夕。落叶满空山，何处寻行迹。

---

①［清］刘熙载撰：《艺概》卷二，上海：上海古籍出版社 1978 年版，第 62 页。

②［宋］周紫芝：《竹坡诗话》，见［清］何文焕辑《历代诗话》上册，北京：中华书局 1981 年版，第 356 页。

③［清］沈德潜选注：《唐诗别裁集》，上海：上海古籍出版社 1979 年版，第 102 页。

④［清］沈德潜选注：《唐诗别裁集》，北京：中华书局 1981 年版，第 95 页。

⑤［清］翁方纲：《石洲诗话》卷二，北京：中华书局 1985 年版，第 19 页。

高步瀛称赞这首诗“一片神行”“化工笔”[①]，写得高雅闲淡。首联抒写诗人在郡斋中的寂寞。“束荆薪”“煮白石”是一种形象，这里面有山中道人的种种活动。“欲持”和“远慰”又是一种感情抒写。“落叶空山”却是另一种形象了，是秋气萧森、满山落叶、空无人迹的深山。这些形象和情感串联起来，便构成了情韵深长的意境，耐人寻味。诗看来像是一片萧疏淡远的景，启人想象的却是表面平淡而实则深挚的情。在萧疏中见出空阔，在平淡中见出深挚，与陶孟诗风相类。

然而，由于韦应物的生活道路及情感心态与陶、王、孟的不尽相同，因而他的山水田园诗在风格上和陶谢王孟就有着一定的差异。王、孟多偏重于意境的创造，诗风淡泊秀朗；韦诗着重于意绪的抒发，诗风高雅清远。王、孟之诗流露出内心的恬淡、悠然之情；而韦诗则多了一份寂寞、幽独。王、孟诗注重兴象玲珑，气象浑成，追求“诗中有画”；而韦诗则着意“寄至味于淡泊”，把高度凝练的情绪，以平和的口气自然道出，追求“诗中有人”。王、孟诗固然不乏诗人情绪的抒发，但它往往被诗人巧妙地化入优美的意境，与自然景物形成浑融一体，并不构成特立突出的自我形象。而韦诗无论是直抒胸臆，还是借景抒情，诗人的意绪都被置于突出的地位。这些恬淡冲和与寂寞幽独的意绪，往往烘托出诗人古雅高洁的自我形象。乔亿在《剑溪说诗又编》中说：“诗中有画，不若诗中有人。左司高于右丞以此。”[②] 以诗中是否“有人”论高低不免偏激，但他准确地指出了王与韦诗风的不同。陶渊明投身田园，入而处之；韦应物热爱山水，则入而出之。韦应物并不像陶、王那样大半生隐居田园山水，而是积极入世，田园山水只是他“洒烦抱”的休整地，与出现在陶、王笔下的，作为世外桃源的田园山水是大异其趣的。

宋人葛立方曾指出：“韦应物诗拟陶渊明，而作者甚多，然终不近也。《答长安丞裴说》诗云：‘临流意已凄，采菊露未稀。举头见秋山，万事都若遗。’盖效渊明‘采菊东篱下，悠然见南山。此怀有真意，欲辨已忘言’之句也。然渊明落世纷深入理窟，但见万象森罗，莫非真境，故因见南山

①高步瀛：《唐宋诗举要》上册，上海：上海古籍出版社 1978 年版，第 87 页。

②郭绍虞，富寿荪：《清诗话续编·剑溪说诗·剑溪说诗又编》，上海：上海古籍出版社 1983 年版，第 1122 页。

而真意具焉。应物乃因意凄而采菊，因见秋山而遗万事，其与陶所得异矣。”[①] 审美的立足点不同，作者的心态不同，其作品意境必然产生差异。张戒论韦、王诗风的差异说：“韦苏州诗，韵高而气清。王右丞诗，格老而味长。”[②] 意即王维诗的风格更深沉些，深沉到有些看不到诗人的思想感情了，耐人寻味细嚼；而韦诗高雅的风貌就在诗句中，读来近在眼前，闲淡的气象也明朗些。如王维的《鸟鸣涧》：“人闲桂花落，夜静春山空。月出惊山鸟，时鸣春涧中。”诗人自己的思想感情被深深地隐藏了起来，从字面是看不到的，需要细细咀嚼，才能体悟出完全融入这一片静穆中的诗人的意趣。而韦应物的《滁州西涧》“独怜幽草涧边生，上有黄鹂深树鸣。春潮带雨晚来急，野渡无人舟自横”一诗，幽深茂盛的芳草，繁茂葱翠的林木，宛转鸣叫的黄莺和春潮夜渡，写得物象鲜明，有声有色，但呈现于读者眼前的又只是那自在飘浮的空空渡船、无人问津的荒郊野渡和那自生自荣的自然之美，意境恬淡宁静而又悠远有味。与王诗不同的是，诗人自己在“独怜”，自我形象活跃，人们很容易能感受到诗人孤寂的心境以及郁纾不能自解的情怀。

再如韦应物的《寺居独夜寄崔主簿》，写诗人独居夜寺的感受，以隐士口吻，写所闻、所见、所想，烘托出了诗人幽独、孤寂的自我形象。《沣上西斋寄诸友》写闲游山水的情趣以及诗人旷达豁然的胸襟，在情调上与《寺居独夜寄崔主簿》的忧怆、孤寂不同，显得闲雅恬适，但幽独、孤高的自我形象如出一辙。因此，传达恬淡冲和与寂寞幽独的心态，烘托诗人古雅高洁的自我形象，是韦应物山水田园诗的一个显著特征。他十分擅长创造幽独寂寞与恬淡冲和的意境。而这种意境，大多是为烘托诗人古雅高洁的自我形象服务的。如《雨夜感怀》“微雨洒高林，尘埃自萧散。耿耿心未平，沈沈夜方半。独惊长簟冷，遽觉愁鬓换。谁能当此夕，不有盈襟叹”，《秋夜》“暗窗凉叶动，秋天寝席单。忧人半夜起，明月在林端。一与清景遇，每忆平生欢。如何方恻怆，披衣露更寒”，无不具有这一特征。

总之，动地而来的渔阳鼙鼓，不仅毁灭了韦应物锦衣玉食的美好生活，

---

①[宋] 葛立方：《韵语阳秋》卷第四，见 [清] 何文焕辑《历代诗话》，北京：中华书局 1981 年版，第 515 页。

②[宋] 张戒：《岁寒堂诗话卷上》，见丁福保辑《历代诗话续编》，北京：中华书局 1983 年版，第 459 页。

也粉碎了他美丽绚烂的建功立业的梦想。面对满目疮痍的残败现实，面对处于水深火热中的广大人民的悲惨遭遇，他深深地同情人民，关心他们的痛苦命运，意欲积极用世，救民于水火，然而面对政治的黑暗、吏治的腐败、统治者的昏庸、同僚的排挤打击，他仕途坎坷，无回天之力。这样，用世的热情抱负与无法施展的矛盾冲突，深深地折磨着诗人的灵魂。他处于极度矛盾、痛苦之中。在这种矛盾冲突中，在强大的现实势力压抑下，诗人转而内省，一步步地退下来，退向内心深处，由锋芒外露而精光内敛，由兼济天下而独善其身。面对丑恶的社会现实，他采取了洁身自好的态度，寄情山水，企慕隐逸，将诗笔转向了山水泉石，以之来缓解、冲淡抑郁不平之气与内心的苦闷。山水田园风光便成了诗人"洒烦抱""澹吾虑"、托灵兴的精神栖身所和对应物。诗人在饱览自然美的时候，将自己的经历、处境、心态移情于自然山水，将个体精神与自然和谐地融合在一起。尘世带来的烦扰、喧嚣和压抑全在这里抛掉了。心灵上的种种郁闷被大自然涤荡一空。诗人情感之光与大自然神秘的美的光环，交相辉映。他的心态透过自然客体的折射，凝聚成一个个独特的审美意象，物化在诗篇里。这就使他的诗作呈现出和大历诗人及陶渊明、王维、孟浩然诗既有联系又有区别的独特风貌，形成所谓"韦苏州体"。而这种独特的美学风格的形成，正是其独特心态制约的必然产物。

（三）大历十才子心态的时代特征

"大历十才子"是指唐大历年间活动于长安、洛阳等地的一个诗风相近的诗人群体。有李端、卢纶、吉中孚、韩翃、钱起、司空曙、苗发、崔峒、耿湋、夏侯审等。他们多出身于中小地主阶层，他们的青少年时代多在开元盛世度过。他们虽然也像盛唐诗人那样有过积极入世的志向，然而"安史之乱"的爆发使得他们久久不能如愿，不时发出怀才不遇的感慨。对功名追求的不断失败，产生了两种结果：一方面，他们对世事渐趋淡薄，表现得清高超脱，变成一群冷眼看世的士大夫，因而他们往往能正视现实，看到社会的矛盾与苦难。另一方面，他们的这种超脱又不可能彻底，只能采用中国封建士大夫惯用的办法，以追求隐逸来反抗现实，表示自己的不满，因而对社会的矛盾又不可能有较深的理解。他们既没有杜甫那种"麻鞋见天子，衣袖露两肘"的忠君激情，也没有像李白那样"安能摧眉折腰事权贵，使我不得开心颜"的傲骨。他们的心态是："官小志已足，时清免负薪。卑栖且得地，荣耀不关身。自爱赏心处，丛篁流水滨。荷香度高枕，山色满南邻。道在即为乐，机忘宁厌贫。却愁丹凤诏，来访漆园人。”（钱起《县中池竹言怀》）他们抵御不了物质享受的引诱，也不愿放弃一官半职。眼看不能改变自己位低职微的处境，转而贪求起眼前的享乐，留恋于公卿之门和宴会唱和。他们的真正兴致不在政事，理想不在兼济，而在丛篁流水之间。他们往往集情趣于山水，寄心绪于景物，托幻想于隐逸，写景、宴会、隐逸、送别成了他们诗歌的主要题材。

1. 关心民瘼而又缺乏激情的矛盾心态

十才子都经历了安史之乱。满目疮痍的社会现实，在他们的诗歌创作中，不可能不留下深深的痕迹。然而他们对这残破的社会不是直接加以正面描写，进而予以热烈的歌颂或强烈的抨击，而是或从侧面来反映社会现实，或以旁观者的姿态冷静地关照现实，或从作品情调和气氛中曲折地影射现实，表现出关注现实而又缺乏激情的矛盾心态。

首先，十才子都经历了安史之乱，但是，他们没有像杜甫那样，在广阔的视野下，以深沉激愤的笔触，对战乱作全方位、多角度、多侧面的“诗史”般的全面记录，而是从某一侧面来反映这场动乱及其后果。如卢纶的《逢病军人》写一位战争幸存者在回乡的途中，病倒于荒城的情景，却不写在战争中如何死里逃生。李端的《宿石涧店闻妇人哭》写一位寡妇向昔日的将军泣诉战争中失去丈夫的悲惨遭遇，却不写丈夫惨死的情景。《过宋州》以委婉的笔触写张巡、许远平叛的英雄业绩，却不写英雄当年捐躯的壮举。这样的描写，虽然能使我们看到战争的残酷以及给百姓带来的巨大灾难和痛苦，但缺乏深刻性，缺乏感人的艺术力量。

其次，大历十才子对现实的描写，采取了从旁观者的角度冷静描绘的态度。在他们的笔下，战乱前辉煌壮丽的华清宫，如今是“见说只今生草处，禁泉荒石已相和”（卢纶《华清宫》），“藤草蔓古渠，牛羊下荒冢。骊宫户久闭，温谷泉长涌”（耿湋《晚次昭应》）。战乱后的京畿一带是“几家废井生青草，一树繁华傍古坟”（卢纶《早春归周至旧居却寄耿拾遗湋李校书端》）。“漠漠重云暗，萧萧密雨垂。为霖淹古道，积日满荒陂。五稼何时获，孤村几户炊”（耿湋《秋中雨田园即事》）。繁华的东都洛阳，如今已是“故城门外春日斜，故城门里无人家。市朝欲认不知处，漠漠野田空草花”（钱起《过故洛城》）。如今的城池已经是“风吹城上树，草没城边路。城里月明时，精灵自来去”（李端《芜城》）。无论是荒无人烟的畿县农村，还是残败成一片废墟的华清宫、故洛城，虽然都在十才子的笔下有真实的客观的反映，诗中却看不到诗人对这种荒凉残败景象的强烈感慨，听不到他们深深的感叹，表现出极为冷漠的心态。

再次，十才子的诗作对现实进行了折射式的反映。司空曙的《贼平后送人北归》曰：“世乱同南去，时清独北还。他乡生白发，旧国见青山。晓月过残垒，繁星宿故关。寒禽与衰草，处处伴愁颜。”诗中展示的是战争所留下的累累创痕，伴随着这累累创痕的是一位面带愁容、久离他乡的难民。诗的情调十分低沉、暗冷。再如卢纶的《送万巨》：“把酒留君听琴，难堪岁暮离心。霜叶无风自落，秋云不雨空阴。人愁荒村路细，马怯寒溪水深。望断青山独立，更知何处相寻。”诗人虽然将悲秋离别放在战乱后荒芜的乡村这个特定的环境来写，整首诗充满了凄苦悲凉的气氛，但诗人对这种残破景象的情感流动，却被深深地掩盖了起来，透过这种情调和气氛，读者方能隐约地看到战乱后社会的日趋萧条与衰败的阴影。

最后，十才子关心民瘼，同情百姓的不幸遭遇。较低的社会地位和自身的不遇，使十才子有可能对苦难中的人民表示一定程度的同情与关心。如耿湋的《代园中老人》《路旁老人》《赠山老人》《塞上曲》，卢纶的《村南逢病叟》，李端的《代村中老人答》等诗，都描写了经由战乱而无依无靠的老人的悲惨命运，具有一定的典型意义。钱起的《观村人牧山田》真实地反映了农民在沉重的赋税的压迫下辛苦耕作的真实情况，表述了诗人对统治者过分聚敛的不满以及对自己不耕而食的惭愧心情。

此外，十才子的一些诗作，对社会的黑暗与官场的污浊也进行了一定的揭露与批判。司空曙《送郑明府贬岭南》表现了诗人对是非颠倒、奸佞当道的强烈愤慨。钱起的《送李明府去官》对当时直道难行、政治腐败进行了愤怒的批判。他的《秋霖曲》以“公卿红粒爨丹桂，黔首白骨封青苔”的强烈对比，深刻地揭露了社会贫富不均的不合理现实，与杜甫的“朱门酒肉臭，路有冻死骨”有异曲同工之妙。李端的《杂歌》讽刺了美人见疑、蛾眉被妒、贤愚莫辨、是非颠倒的丑恶现实，与李白的《梁甫吟》《行路难》诗风相近。但是，十才子这样直抒胸臆、淋漓尽致地表现诗人情感的诗并不多。他们的诗作更多的是以“哀而不伤”“怨而不怒”的面貌呈现出来的。此外，他们反映社会动乱与同情民生疾苦的诗篇中，很少见到情感激烈的措词，不像李白那样大声疾呼“大道如青天，我独不得出”，也不像杜甫那样在描绘了严酷的现实后，往往会发出“人生无家别，何以为蒸黎”之类的强烈感叹，更不像白居易的新乐府那样“卒章显其志”，明白地点出作品的主题，而是把自己的感情，隐在客观的描写之中，让读者自己从诗歌的情调和气氛中去体会，显得理致清淡，态度冷峻。这种诗歌创作的倾向，自然是由其矛盾痛苦的心态所决定的。

2. 理想的破灭与精神的苦闷心态

安史之乱梦幻般地使盛唐气象一夜之间变成了分崩离析、兵连祸结、满目疮痍的残败景象。曾亲身经历了开元盛世的十才子，被惊天动地的鼙鼓声从这场恶梦中惊醒，表现出了惊魂甫定、不知所措、茫然若有所失的心态。他们心灵的天平瞬间失去平衡，精神上出现了刹那的空白，思想上表现出瞬间的凝固。理想破灭了，希望落空了，自信心崩溃了，主体意识丧失了。伴随着深沉的时代衰落感而产生的，唯有理想的破灭与历史的幻灭感。如卢纶《春江夕望》写道：“洞庭芳草遍，楚客莫思归。经难人空老，逢春雁自飞。东西兄弟远，存没友朋稀。独立还垂泪，天南一布衣。”夕阳西垂，暮色苍茫，天涯孤旅，心绪悲凉。全诗弥漫着一种悲凉、落寞的伤感，一种前途渺茫、不知所向的迷惘。从他们时常描写的黄昏、夕阳、烟岚、雾霭、孤鸟等意象中，我们更可以感知到这种幻灭与迷惘：“旅思蓬飘陌，惊魂雁怯弦”（钱起《寇中送张司马归洛》），“应怜失行雁，霜霰寄烟波”（卢纶《赴池州拜觐舅氏留上考功郎中舅》），“路出寒云外，人归暮雪时”（卢纶《送李端》）。再如钱起的《省试湘灵鼓瑟》：“善鼓云和瑟，常闻帝子灵。冯夷空自舞，楚客不堪听。苦调凄金石，清音入杳冥。苍梧来怨慕，白芷动芳馨。流水传湘浦，悲风过洞庭。曲终人不见，江上数峰青。”吴乔在《围炉诗话》中评曰：“虽甚佳而气象萧瑟。”① 清人贺裳在《载酒园诗话又编》中说耿湋《赋得沙上雁》：“尤有寄托，中联云‘还塞知何日，惊弦乱此心。夜阴前侣远，秋冷后湖深’，读之令人凄然。”这种令人凄然、萧瑟的感应，正是欣赏者对十才子诗作的体验。

伴随着理想的幻灭感而来的，必然是精神的苦闷与危机。十才子都曾濡染过盛唐气息，对盛唐气象有着清晰的记忆。可现在，他们的精神支柱

---

①［清］吴乔：《围炉诗话》卷二，北京：中华书局1985年版，第56页。

随着大唐帝国的大厦一起断裂、倒塌。许多想要经过文事而登上仕途的知识分子，突然感到生不逢时，理想无由施展，从而一方面产生一种幻灭感和对儒学的否定，如耿湋说："如何守儒行，寂寞过年华。"（《题杨著别业》）戎昱说："细与知音说，攻文恐误人。"（《酬梁二十》）崔峒说："而今用武尔攻文，流辈干时独卧云。白发青袍趋会府，定应衡镜却惭君。"（《送贺兰广赴选》）另一方面又使他们沉浸于对过去那个太平盛世的怀恋与伤悼之中。如钱起《过故洛城》写道：

故城门外春日斜，故城门里无人家。市朝欲认不知处，漠漠野田空草花。

又如耿湋《晚次昭应》写道：

落日向林路，东风吹麦陇。藤草蔓古渠，牛羊下荒冢。骊宫户久闭，温谷泉长涌。为问全盛时，何人最荣宠？

留恋、回忆过去，自然是对现实不满而又无可奈何的结果。这种回忆与留恋开元盛世的内心深处，就是因为他们清醒地意识到，他们的锦绣前程、社会的美好生活，已随着那个盛世而去了，一去不复返了。留下的只有满目疮痍和无限哀伤。因为，作为一个封建文士而又遭逢世乱，这就决定了他们的终身失意。这种心态在卢纶的《长安春望》中有明白的表述：

东风吹雨过青山，却望千门草色闲。家在梦中何日到，春生江上几人还。川原缭绕浮云外，宫阙参差落照间。谁念为儒逢世难，独将衰鬓客秦关。

这些景象都与诗人百无聊赖、浮生若梦、迷失惆怅、悲凉落寞的心态有关，是诗人由眼前之景向历史时空的回溯。他们在视觉物象与内在心象的交叉点上，同中求异，表现了时光流逝繁华已去的悲哀，寄寓了诗人对现实衰败无望的浮沉感慨。这种感慨，常常带有一种哲理的体认，是理性思维对现实和历史的审视，体现了整个时代的普遍心态。

3. 寂寞孤独感与挣脱寂寞孤独的心态

社会的动乱、理想的破灭、宦海的浮沉，一个个沉重的打击，促使他们反视内省，视野狭窄，发展了他们抑郁孤独的心理，导致了他们身体的羸弱多病。"蹇辞惭自寡，渴病老难痊"（卢纶《秋幕中夜独坐迟明，因陪练陈翃郎中晨谒上公因书即事兼呈同院诸公》)，“病中贪好景，强步出幽居”(李端《卧病寄阁窦》)，“贫困催年齿，风尘掩姓名”(耿湋《华州客舍奉和崔端公春城晓望》)。生理上的未老先衰，肉体上的病痛折磨，又反过来加剧了他们内心的孤独、寂寞与抑郁。他们意识到了自己处境的孤独，体会到了心态的寂寞。但在他们看来，宇宙犹如一个与世隔绝的孤岛，人与人，人与社会的距离极其遥远，中间是用失望、孤独组成的无穷无尽的鸿沟。从迢递万里到闭门独守，空间凝聚的速度与跨度，使他们深深地体悟到一种历尽劫难的倦怠与孤寂。端居帐坐时，他们会感到时间的局促拘禁而增添寂寞孤独的浓度。所谓“独坐不堪朝与夕，高风萧索乱蝉悲”(韩翃《寄雍丘窦明府》)。怀远四望时，又深深地感到宇宙的迢递寥落而显示出孤独的深度，所谓“去远千帆小，来迟独鸟迷”(耿湋《登鹳雀楼》)。然而，更使他们悲哀的是这种孤寂的情怀不被人理解，又无处诉说：“中夜哀鸿去。孤烛思何深。”(钱起《冬夜题旅馆》)大历十才子的孤寂，从不同的侧面映照出了整个时代生活的变迁，曲折地包含着他们的心灵世界与外部世界的特殊联系。

考察十才子的诗作，我们不难发现，送别之作在他们诗集中所占的比例很大。这个现象一方面与他们的生活经历及当时的社会风气密切相关，另一方面也与他们的孤寂心态有关。他们在现实生活中碰撞得身心疲惫，心灵遭受到极大的创伤，内心感到压抑、苦闷，而又无处诉说。这样便自然产生了大量的送别饯赠之作。另一方面，人世隔膜，知音难求，而四方多事，颠沛流离，相会谈何容易。正因为心境孤独，故一旦离别就会倍加伤感；而偶然相逢，又喜出望外，倍觉亲切，互诉衷肠。“故关衰草遍，离别自堪悲。路出寒云外，人归暮雪时。少孤为客早，多难识君迟。掩泪空相向，风尘何处期?”卢纶的《送李端》语似质直而意蕴深婉，情似平淡而低徊郁结。送别亲友时，种种人生的阴影，难免袭上心头。前途茫茫，生死难卜，相见无期。诗中表现出的乱世离别的深沉心绪与初盛唐诗人那种“海内存知己，天涯若比邻”“莫愁前路无知己，天下谁人不识君”的情调与气度，不啻天壤之别。司空曙的《云阳馆与韩绅宿别》、崔峒的《喜逢妻弟郑损因送入京》、李端的《江上喜逢司空文明》等诗作，无不深刻地揭示了诗人忧患余生、忽遇忽别、初疑后悲、惊喜交加的复杂心绪，同时也隐约地表现了诗人孤独寂寞的心态。

大历十才子由于心态的抑郁孤寂，所以他们普遍存在着一种迟暮之感。这突出地表现在悲秋上。这种情绪心态体验伴随着僧道两家致乐山水的审美意识的泛化，形成了借悲秋而慨叹人生孤独的普遍现象。秋历来是“薄寒中人”的精神状态的象征。大历十才子心灵弥漫着浓郁的孤独感。他们在诉说、表现孤独中，显示出摆脱孤寂的意向与努力。这样，秋便成了他们情感客观化、物态化的特殊形式，是他们人生失意、孤独、寂寞的复归物。他们面对秋风萧瑟、黄叶遍地的现实，追索自然与人生的关系，在大自然的生命律动中，表现秋意解悟人生。他们将自己孤独落寞的心绪，巧妙地融合于萧条冷落的秋意中，在客体的物理性与主体的生理感觉和心理体验之间，架起了一座沟通的桥梁。在清冷的气氛中，体会着被遗弃、被埋没的痛苦，咀嚼着无可言说的孤独悒郁，显示了欲求解脱而不得的苦闷心态。

4. 苦闷与摆脱苦闷的挣扎心态

大历十才子由欲建功立业而又生不逢时的矛盾而产生的苦闷情绪，还表现出一种嗟老叹穷的情绪。如李端的“贫病期相惜，艰难又忆归”（《将之泽潞留别王郎中》），卢纶的“尘镜愁多掩，蓬头懒更梳。夜窗凄枕席，阴壁润图书。萧飒宜新竹，龙钟拾野蔬。石泉空自咽，药圃不堪锄”（《郊居对雨寄赵涓给事包佶郎中》），耿湋的“羁孤力行早，疏贱托身迟”“贫居悲老大，春日上茅茨”（《春日书情寄元校书伯和相国元子》）。他们反复咏叹贫病老穷，始终感到“生涯难自料”（崔峒《客舍书情寄赵中丞》）。当然，实际上，十才子的生活状况并非像他们所说的那样寒酸。他们毕竟都是士大夫，虽官职不高，但不至于穷贫如斯。叹穷嗟老，与其说是表现他们的贫穷落寞，不如说是严酷的社会现实激起的心理反应。对大历十才子来说，为生计而苦闷并非是由于物质上的真正窘迫，而是精神上的被剥夺，是精神苦闷的折射。他们诗作中的那种压抑苦闷、满怀愁绪的衰老形象，正是大历十才子内心充满苦闷的反映。

这种生活中的苦闷感，更使他们的精神空虚，百无聊赖，也使他们的生活懒散无聊，暮气沉沉。耿湋说“日觉蹉跎近，天教懒慢成”（《宿岐山姜明府厅》），卢纶说“尘镜愁多掩，蓬头懒更梳”（《郊居对雨寄赵涓给事包佶郎中》），崔峒说“惯作云林客，因成懒漫人”（《书怀寄杨郭李王判官》）。度日如年，浑浑噩噩。十才子的这种苦闷感还表现为借酒浇愁，“身外唯须醉，人间半是愁”（司空曙《独游寄卫长林》），“醉里因多感，愁中欲强言”（卢纶《落第后归山下旧居留别刘起居昆季》）。他们像大多数古代士大夫文人一样，企图以酒来解脱自己的无限苦闷，恨不能千日醉。

然而，“借酒浇愁愁更愁”。酒醉总有酒醒的时候，并不能完全解脱、消释苦闷。这样，十才子也和大多数文士那样，将消释苦闷的目标转向了山水意趣与田园风光。如果说悲秋是十才子孤独无望情怀的寄托的话，那么徜徉山水、纵情自然、追慕隐逸，就是他们苦闷感和对这种苦闷氛围冲决的表现。社会现实的动荡、个人遭遇的坎坷，使他们对尘嚣喧闹的社会，对苦闷的人生感到失望。李端曾住终南山草堂寺，后移家衡山，自号“衡岳幽人”。其《送皎然上人归山》说：“适来世上岂缘名，适去人间岂为情!”“法主欲归须有说，门人流泪厌浮生。”这不仅仅是李端的心态，也是十才子及大历所有诗人的共同心态特征。

当然，十才子解脱现实苦闷的途径还有参禅礼佛。《新唐书·五行志》说：“天宝后，诗人多寄兴于江湖僧寺。”十才子寄情山水田园是欲通过山林泉石、田园情趣的净化，使痛苦的心绪暂时得到缓解，恢复平静，而参禅礼佛才能使这种苦闷得以彻底解脱。司空曙“素有栖禅意”（李端《忆故山赠司空曙》）。现实使之郁郁不得志，他只好“心归尘俗外”（司空曙《深上人见访忆李端》）。在“丹经倘相授，何用恋青袍”（司空曙《遇谷口道士》）这样的愤激之词背后，隐藏着诗人多么深沉的苦闷！他们想用泯灭自心、遁入空门的方式来缓解生存与环境的尖锐冲突，达到精神平衡。

但值得注意的是，大历十才子并没有真正忘情地投入到空门中去，参禅礼佛只是他们消释苦闷的一种途径。他们并非忠实的佛教徒，他们的心中并未彻底忘怀尘务，他们依然存有一种忧患心态。

5. 各种矛盾心态的复杂交织

面对纷纭变幻的社会现实，十才子的心态始终处于深深的矛盾之中。一方面积极进取，也想一试身手，效一割之用，求得仕途的通达，而不愿作徒悬的匏瓜。另一方面，由于内忧外患的社会局势，决定了他们“有谋皆轗轲，非病亦迟回。壮志年年减，驰晖日日催”（李端《得山中道友书寄苗钱二员外》）的历史命运。他们的心态被时代的苦难、社会的动荡以及自身经历的坎坷所激荡，在儒、释、道三家的交汇氛围中，不时地调整着自己的心理结构，以便使其处于心理平衡之中：一方面“笑傲五侯中”（李端

《长安感事呈卢纶》），自许孤高，不愿屈身于世俗的卑琐，另一方面又依附权贵，以诗干进；一方面热情地回忆盛世的气象，另一方面对现实又满怀恐惧，而又无限热忱珍爱未来；既有“轩冕之志”，又有“皋壤之趣”。他们经常困顿于出与处、进与退的两难境地中，对立的情感两极错综交织、沉浮递变，形成了他们心态结构的动态平衡，反映了诗人们主体内宇宙中的骚动不安和种种不情愿、不得已而勉为其难的焦虑痛楚。这种矛盾又导源于他们深层心理结构中，理想政治的价值目标和现实政治的功利目标、理想的人生目标与人的欲望的现实功利目标，这两种矛盾的冲突。而这种矛盾冲突又与封建文化体系中理想与现实的矛盾、文人“不达”与“可达”的冲突具有密切的关系。这样，他们不乏追求、探索，却也充满了失望与迷惘；虽然力图战胜自我，面对惨淡的人生，却又深感孤独、苦闷。在这种复杂心态的作用下，他们因失志失意而徘徊山水，但仍不能忘怀于现实；而是托情于丛篁，抒情于流水。他们无法像盛唐山水诗人那样，一味宁静地凝注外部世界，较客观地捕捉大自然的气韵律动，而是更多地在景物画面中融入身世之悲，家国之痛，使其诗作表现出冷清、寂寞的特征。

当然，在精神气质上，大历十才子没有盛唐诗人那样强烈的自我意识。人生态度与盛唐诗人相比，那就淡漠了许多。他们缺乏强大的内在人格精神，没有一个坚定的、特立独行的心理结构，又没有像盛唐诗人那样，在理想与现实的尖锐矛盾中，开拓出新的精神境界的宽阔心胸与豪迈气魄。因此，其心态模式中的种种心态表征，只能在封闭的格局中作循环往复的矛盾运动，而不能孕育出新情感特质，开拓出新的领域，从而超越自己。在这样的心理结构和心态模式的范导制约下，他们发于吟咏自然会思不环周，索寞乏气。自然不能形成磅礴浩大的气势与横绝长空的力度。这种状况的改变，只有等待中唐后期的贤圣们了。

二　追寻中兴梦——元和文人的群体自觉

唐代元和年间，政府财政情况有所好转，同时吐蕃势力有所衰弱，各地藩镇在长时间的战乱中实力也有所削弱。在此情况下，唐政府“以法度裁制藩镇”，陷于强藩多年的河南、山东、河北等地区又归中央政府管辖，唐王朝复归于统一，史称“元和中兴”。

实际上，面对安史之乱所带来的巨大灾难，唐王朝的经济受到极大的冲击。所以，从大历末年刘晏财税改革到至德年间杨炎的税法改革，都为宪宗时代的所谓“中兴”准备了物质条件。贞元末年至元和年间，政治上出现了一系列的改革思潮。最著名的是所谓“二王八司马”为首的“永贞革新”。而中唐文学的改革思潮和元和文人的群体自觉，就是在这样的政治背景下展开的。

元和文人的群体自觉主要表现在以下几个方面：一、元和文人大多兼具政治家和文学家的双重身份，其文学创作在很大程度上是他们政治活动的一部分，因而显示出强烈的实践性品格。二、元和文人强调以古文载古道，表现出强烈的复古倾向，但在实际创作生涯中，却并不热衷于对儒家学说本旨的阐释，而是根据社会的需要对儒学加以新的诠解，对儒家政教本旨作实用化的理解。因此，名为复古，实为创新，所谓“为君、为臣、为民、为物、为事而作，不为文而作也”。就是为现实政治服务。在古诗、古文等古老的文体形式中，充沛着勃勃时代气息。三、元和文人并未一味主张道德说教，而是充分注意到文学自身特性，如白居易认为“诗者，根情、苗言、华声、实义”。韩愈认为：“人之于言也亦然，有不得已而后言，其歌也有思，其哭也有怀。凡出乎口而为声者，其皆有弗平者乎?”（《送孟东野序》）显然，缘情又成为其创作的基点。元和文学革新的最突出的表现无疑是古文运动及古风乐府诗的创作高潮，标示了唐代文学史上一次规模最大、程度最高、有广泛社会影响的文体变革。但是就元和文人独特的时代文化环境及其文学变革本身的复杂性、多样性而言，元和文学其实并未局限在以散代骈、以古朴替华靡的文体变革方面，而是在文学功能方面的深层变革。

（一）元和诗文革新潮流标志着文人的群体自觉

“制从长庆辞高古，诗到元和体变新”，这是长庆三年（823），白居易在杭州刺史任上，元稹任浙东观察史、越州刺史时，二人以诗相赠答，白居易在《余思未尽，加为六韵，重寄微之》中是这样评价他与元稹诗文的。前句是对元稹文章的赞美，白居易自注云：“微之长庆初知制诰，文格高古，始变俗体，继者效之也。”元稹制诰“新体”，实是文体文风改革已深入到官方公文领域的反映，后一句是对元白唱和诗的自评，白自注曰：“众称元白为千字律诗，或号元和格。”后来元稹将他和白居易之间唱和的长篇排律以及他人模仿这种排律而创作的诗，也称为“元和体诗”。之后，元稹在《上令狐相公启》中将自己杯酒光景间的小碎篇章并包括他们的艳诗称之为“元和体”。

“元和体”这个概念不久就被加以拓展。李肇《唐国史补》卷下《叙时文所尚》说：“元和以后，为文笔，则学奇诡于韩愈，学苦涩于樊宗师，歌行则学流荡于张籍，诗章则学矫激于孟郊，学浅切于白居易，学淫靡于元稹，俱名为元和体。”这样，所谓“元和体”亦泛指元、白、韩、孟、张等人的所有诗、文了。

由此可见，“制从长庆辞高古，诗到元和体变新”不仅是就元白自己的创作对诗体的变新而言，同时也是就整个元和诗文而言。不论白居易本人是否意识到了这一点，但它所体现的实际意义和价值便在于标志着一代文人群体自觉时代的到来。明人许学夷在《诗源辨体》中说：“大历以后，五七言古、律之诗，流于委靡，元和间，韩愈、孟郊、贾岛、李贺、卢仝、刘叉、张籍、王建、白居易、元稹诸公群起而力振之，恶同喜异，其派各出，而唐人古律之诗至此为大变矣。”所谓“诸公群起而力振之”，便是指“诸公”在时代精神的激荡下的一种文人的群体自觉，而文人群体自觉的结果，便是在这种主体觉醒意识的指导下所产生的古律诗的“大变”。当然这里也应该包括文的“大变”。

诗歌发展到中唐，在盛唐诗那样的高峰之后，在杜甫那样的集大成的巨匠后面，中唐诗歌该向何处去，这是中唐诗人所面临的艰难的抉择。于是，中唐诗人们经过大历末贞元初的过渡徘徊之后，终于在元和时期开始寻求有别于盛唐诗歌创作的新途径。元白诗歌创作则构成了导夫先路的部分。在这股变新的思潮中，形成了以韩愈、孟郊、贾岛、卢仝、李贺等人构成的韩孟诗派和以元稹、白居易、张籍、王建等人构成的元白诗派。尽管他们的经历、思想、气质、个性不尽相同，其创作风格也不完全一致，但他们的创作又呈现出一个共同的倾向。这就是对雄奇险怪、光怪陆离的境界的追求和对尚实、尚俗、务进的艺术风格的追求。更重要的是，他们在艺术上的这种自觉追求，标志着文人补天情结的外发，标志着文人的群体觉醒。

（二）自觉的文人群体在诗文上的追求

由文人群体自觉而带来的元和文学革新的最突出成就是古文运动及古风乐府诗的创作高潮。由此形成了对骈俪文风与华靡诗风的空前规模的强烈冲击。这固然标志了唐代文学史上一次规模最大、程度最高的文体变革，但是，就元和文人独特的时代——文化环境及其文学变革本身的复杂性、多向性而言，元和文学其实并未仅仅局限于体格形制方面的变革，而是在以散代骈、以古朴替华靡、以通俗代风韵，追求以丑为美以及雄奇险怪、光怪陆离的境界的文体变革引动文学功能的深刻变移。从诗歌方面来说，主要有如下几个方面：

首先，由于文人群体自觉而使文学创作表现出与现实政治紧密相联的实用化倾向。

古文运动的领袖人物韩愈的“道统”思想以及文学“明道”观念，实际上都是围绕维护王权这一中心，进而与藩镇割据势力与佛教思想危害所进行的现实斗争的反映，完全改变了之前复古思潮空言明道的性质。另一位古文运动的领袖柳宗元也明确主张“文之用，辞令褒贬，导扬讽谕而已”[①]。在诗歌方面，韩孟诗派总体上固然体现了重主观、尚怪奇的特点，但是韩愈作为文坛领袖地位的确立，恰恰根源于“文起八代之衰，道济天下之溺”[②] 的巨大号召力。因此韩孟诗派的最初聚合，也正是儒学复兴思潮所推致。孟郊不仅明确提出“章句作雅正”的创作准则，而且将传统儒学与现实政治联系起来，写出“闻君硕鼠诗，吟之泪空滴”“众人上肥华，志士多饥羸，愿君保此节，天意当察微”（《赠韩郎中愈》）那样的讽谕时政之作。韩愈不仅用诗来表达自己的政治主张，而且以诗为谏章的自觉意识亦不减元白。如其《归彭城》写道：“我欲进短策，无由至彤墀。刳肝以为纸，沥血以书辞。上言陈尧舜，下言引龙夔。言词多感激，文字少葳蕤。”再如韩孟诗派中以描绘虚拟世界奇异景观而著名的李贺，亦有命意深切的讽谏时政之作。姚文燮在《昌谷集注序》中认为“其命辞、命意、命题，皆深刺当世之弊，切中当世之隐”[③]。而元白诗派对美刺原则、雅正标准与现实政治的联结与倡导，成为其诗歌创作的主流。元稹便以儒家的教化观来评判前代的诗歌，强调诗的“干预教化”的实用价值。而白居易批判时

①［唐］柳宗元：《杨评事文集后序》，见《柳宗元集》，北京：中华书局1979年版，第578页。

②［宋］苏轼：《潮州韩文公庙碑》，见《苏轼文集》，北京：中华书局1986年版，第509页。

③［清］姚文燮：《昌谷诗注自序》，见［清］王琦等注《李贺诗歌集注》，上海：上海古籍出版社1978年版，第368页。

弊尤为激烈尖锐，所谓“闻《秦中吟》，则权豪贵近者相目而变色矣，闻《乐游原》寄足下诗，则执政柄者扼腕矣，闻《宿紫阁村》诗，则握军要者切齿矣”。[①] 元白早年的讽谕诗作，即为他们实用化的政教文学观念的自觉实践与集中体现。所谓“篇篇无空文，句句必尽规”“惟歌生民病，愿得天子知”（白居易《寄唐生》）。这类作品虽然过于直露，缺乏诗之含蓄与韵味，但正是这种对文学实用化的极端追求，才显示出元和文体文风变革的深刻性与彻底性，也才显示出元和文人群体的自觉。

其次，由于文人群体自觉而使文学创作表现出追求散文化、通俗化的趋势。

元和以前，在诗歌创作领域追求通俗化、散文化的可以远溯到顾况，但真正在诗歌通俗化探索方面做出努力的是张籍、王建。他们的不少诗歌不仅表现出通俗化的特征，而且兼有讽谕之致。这种创作倾向经李绅、元稹、白居易而发展到极致。白居易的“新乐府”诗的通俗化特征自不必说，即使他“新乐府”以外的其他大多数作品，都有浅切通俗的倾向。正由于此，他的诗才在当时受到社会的广泛欢迎而广为流传。他在《与元九书》中不无得意地说：“自长安抵江西三四千里，凡乡校、佛寺、逆旅、行舟之中，往往有题仆诗者。士庶、僧徒、孀妇、处女之口，每每有咏仆诗者。”元稹在《白氏长庆集序》中也说：“二十年间，禁省、观寺、邮候墙壁之上无不书，王公妾妇、牛童马走之口无不道，至于缮写模勒，衒卖于市井，或持之以交酒茗者，处处皆是。”这无疑是白诗极为通俗化的结果。

白诗“篇无定句，句无定字”的创作结果，必然会显示出散文化的倾向，对传统的诗歌体格产生冲激与变革。只不过元白诗派的散文化倾向不及韩孟诗派那样强烈。而韩孟诗派的诗之散化，成为他们的自觉追求。韩愈为了表达其政治主张的需要，“以议论为诗”“以文为诗”，将散文笔法移植于诗歌的创作中，形成了其诗“韵散同体、诗文合一”的特点。他的《丰陵行》《谢自然诗》等诗，均被《韩诗臆说》评为“叙论直致，乃有韵之文”[②]。其诗“资谈笑，助谐谑，叙人情，状物态，一寓于诗，而曲尽其

①［唐］白居易：《与元九书》，见《白居易全集》，上海：上海古籍出版社 1999 年版，第 649 页。

②程学恂：《韩诗臆说》卷一，北京：商务印书馆 1934 年版，第 1 页。

妙"[①] 的各种表现，便是其诗实用功能的多向泛化。至于韩孟诗派中的其他成员，如孟郊、李贺、贾岛、卢仝等人，着意打破诗的体格而表现出散文化的倾向比韩愈有过之而无不及。如卢仝的《月蚀诗》《寄男抱孙》《与马异结交诗》等，几乎都是散文化的句式与口气。总之，元白诗派的尚俗、尚实的功利主义诗风与韩孟诗派的"以议论为诗""以散文为诗"不仅有着深层的沟通，而且共同体现了文体文风革新的时代风尚，标志着元和文人的群体自觉。

再次，由于文人群体自觉而使文学创作表现出向发抒内心情感与不平之鸣的方向迈进。

元和诗人大都具有济世的热情，但由于现实的冷酷，其仕途并非一帆风顺。经过一连串的贬谪打击之后，他们参政的热情逐渐地消退，从尚实、尚俗的功利主义诗歌创作倾向转向写身边琐事。与此相适应，他们在灰暗的心态影响下，在对文学功能的认识上，发现了与兼济时"上可裨教化，舒之济万民"不同的另一面，即独善时，文学也可"下可理情性，卷之善一身"[②]，从而从文学的缘情特性出发而强调其泄导人情的作用。白居易被贬江州时所写的《读谢灵运诗》曰：

> 吾闻达士道，穷通顺冥数。通乃朝廷来，穷即江湖去。谢公才廓落，与世不相遇。壮志郁不用，须有所泄处。泄为山水诗，逸韵谐奇趣。大必笼天海，细不遗草树。岂惟玩景物，亦欲摅心素。往往即事中，未能忘兴谕。因知康乐作，不独在章句。

这里将谢灵运之山水诗看成是"壮志""心素"的"摅泄"，既是对谢诗精神的把握，更是他文学观念由单一的讽谕实用向宣泄情志转化的表现。正是在这一意识指导下，元白后期创作了大量的感伤诗、闲适诗乃至艳体诗。这类诗不再是政治教化的工具和附庸，而是瞬间心境意绪的抒发，是娱心遣兴的手段，它更突出了诗歌的审美愉悦性质，也更接近了文学的创作本质。这类诗如果与气象雄浑、境界阔大的盛唐诗相比，其意绪变得细腻柔媚，境界变得狭小、纤巧，风格亦变得浅近、俗丽了。白居易这种全新的

---

①[宋] 欧阳修：《六一诗话》，北京：人民文学出版社 1962 年版，第 16 页。

②[唐] 白居易：《读张籍古乐府》，见《白居易全集》卷一，上海：上海古籍出版社 1999 年版，第 2 页。

创造，使诗跳出了盛唐诗的规范，偏离了《诗经》以来的正统的诗歌的传统，表现了一种与传统规范截然不同的美学观念和精神面貌。从内容到形式打破了诗歌的传统规范和传统模式，打破了诗歌创作的神秘性和典雅的贵族性。

与元白集团相较，韩孟诗派可以说是一群潦倒困厄的失意文人。在对严酷打击的不断承受中，他们由以文学“鸣国家之盛”的热望转而“自鸣其不幸”。较之元白，更为迅速地实现了由讽谕时政到自抒心灵的转向。这一转变的标识，便是韩愈的“物不得其平则鸣”的提出。这样，文学的本原与功能都归结到宣泄心中的不平之气了。孟郊也认为，“文章者，贤者之心气也”。可见主心灵、重主观的文学思想是这一诗人群体的共识。在创作实践中，韩愈往往借士不遇的主题，抒发内心的愤懑不平之气。柳宗元在漫长的贬谪生涯中，寄情山水以排遣内心的苦闷，而“郊寒”“岛瘦”的诗风，也正是其身世与心理的表现。刘禹锡、卢仝、马异、李贺等诗人的诗，无不表现出自己的心灵历程。这种进而深入到隐微的心灵世界的主观化倾向，从艺术表现来看，已开李商隐等晚唐诗的先河。同时也反映了元和文人群体的自觉追求。

（三）元和文人群体自觉及诗文革新的动因

首先，从文学发展自身的原因来看，文体文风的变革未曾终止过。叶燮《原诗》说：“上下三千余年间，诗之质文、体裁、格律、声调、辞句，递嬗升降不同，而要之，诗有源必有流，有本必达末；又有因流而溯源，循末以返本，其学无穷，其理日出，乃知诗之为道，未有一日不相续相禅而或息者也。”就入唐以来说，文学革新思潮也递兴不绝。独孤及《检校尚书吏部员外郎赵郡李公中集序》云：“帝唐以文德敷祐天下，民被王风，俗稍丕变，至则天太后时，陈子昂以雅易郑，学者浸而向方，天宝中，公与兰陵萧茂挺、长乐贾幼几勃焉复起，振中古之风，以宏文德。”《新唐书·文艺传序》云：“玄宗好经术，群臣稍厌雕琢，索理政，崇雅黜浮，气益雄浑，则燕、许擅其宗。是时，唐兴已百年，诸儒争自名家。大历、贞元间，美才辈出，擩哜道真，涵泳圣涯，于是韩愈倡之，柳宗元、李翱、皇甫湜等和之，排逐百家，法度森严，抵轹晋、魏，上轧汉、周、唐之文完然为一王法，此其极也。”赵翼在《二十二史札记》中也曾说：“是愈之先，早有以古文名家者，今独孤及文集尚行于世，已变骈体为散文，其胜处，有先秦两汉之遗风，但未自开生面耳。又如陆宣公奏议，虽亦不脱骈偶之习，而指切事情，纤微毕到，其气又浑灏流转，行乎其所不得不行，此岂可以骈偶少之。此皆在愈之前，固已有早开风气者矣。”由此可见，元和文体文风“大变”之前，文学革新思想实已经历了漫长的积聚过程。

其次，元和文学革新思潮在文学自身发展范围内，固然体现为历时性的延伸与推展，但至此而大显于时，以至成为“唐代文化学术史上承先启后转旧为新关捩点”[①] 的重要表现，无疑更有社会与时代的因素。

中唐社会是中国封建社会的转折时期——即中国封建社会由门阀士族地主阶级统治向世俗地主阶级中央集权化的转折时期。这种转变以两税法的国家财政制度的改革为法律标志，以科举制的繁盛和进士集团意识形态的形成为意志代表，它造就了一种有别于前代的特殊的社会文化氛围和文化心理。

盛唐时代的经济经过安史之乱的冲击，生产受到严重破坏，战争又需大量的军费支出。因此，国库空虚，唐王朝面临的急需解决的问题便是经济问题。这样，经济改革便在战乱中开始了。大历末，刘晏改革转运、盐法、税制与常平业务，发展了商业，使江南富庶直抵关中，扩大了国家的经济收入。至德六年（780），杨炎改税实行两税法，变实物地租为货币地租，不分主客户一律收税，国家的收入大大增加。这为宪宗时代所谓的“中兴”准备了物质条件。贞元末年至元和年间，出现一系列政治改革的思潮，都围绕着一个中心目的，那便是热切地渴望唐王朝的“中兴”。在这一系列的改革中，最著名的便是二王八司马的“永贞革新”、韩愈的论宫市和谏迎佛骨、裴度的平淮西等等。中唐文学的改革思潮以及文人的群体自觉便是在这样一个大的背景下发展起来的。

再次，元和文人的群体自觉与文学革新潮流的形成，自然更有元和文人自身的因素。

面对贞元末年宦官专权，强藩割据的重重社会积弊，以及“朝廷大臣以谨慎不言为朴雅，以时进见者不过一二亲信，直臣义士往往抑塞”的混浊、险恶政局，元和诗人由于志高才雄，识见高迈，萌生出铲除弊政的强烈愿望和积极自觉的参政、议政意识。元稹就曾“心体悸震，若不可活，

①陈寅恪：《论韩愈》，载于《历史研究》1954年第2期。

思欲发之久矣"[1]。元稹这种心态在元和文人群体中是普遍存在的。元稹曾在《酬郑从事四年九月宴望海亭次用旧韵》一诗中说："忆年十五学构厦，有意盖覆天下穷。"白居易曾表述道："自念咸秦客，尝为邹鲁儒。蕴藏经国术，轻弃度关繻。"（《东南行一百韵寄通州元九侍御》）刘禹锡也说："少年负志气，信道不从时。"（《学阮公体三首》其一）"昔贤多使气，忧国不谋身。目览千载事，心交上古人。"（《学阮公体三首》其三）柳宗元在《答吴武陵论〈非国语〉书》中也说："仆之为文久矣，然心少之……故在长安时，不以是取名誉，意欲施之事实，以辅时及物为道。"而文坛盟主韩愈更是多次表白道："念昔始读书，志欲干霸王。"（《岳阳楼别窦司直》）"大贤事业异，远抱非俗观。报国心皎洁，念时涕汍澜。"（《龊龊》）在这些昂扬奋发、激动人心的诗篇中，人们不难感悟到他们那种急切的用世之志，一种高标独树、英锐峻发的参政意识。

在政治改革的大潮中，元和文人大多兼具政治家与文学家的双重身份，他们的文学创作在很大程度上，体现为政治活动的一部分，因而显示出强烈的实践品性。这一点是他们卓异于盛唐诗人的。与元和诗人相比，盛唐孟浩然、岑参、王昌龄、高适以至李白、杜甫这样的大诗人，他们的知识结构普遍比较单一。他们受激昂慷慨的时代精神感召，往往轻吏事、轻学术，而将主要精力投入到文学——尤其是诗歌的创作上，这种单向的发展，虽然使他们在诗歌创作上取得了杰出的成就，但也导致了他们在政治、学术、思想等领域很少建树。而元和诗人中，韩、柳、元、白、刘诸人不仅是当时著名的大诗人，而且是杰出的古文大家。此外，他们在儒学、哲学等方面都站到了时代的峰巅，又在政治活动中走在了元和之际的前列。这样，政事、学术、文学、思想兼于一身，极少偏废。由于知识结构的变化，社会地位亦随之改变。柳、韩、白、元、刘都做过职位较高的官职，这就与盛唐诗人有了很大的不同。由于盛唐诗人社会地位较低，与统治阶层始终存在一种距离，一种隔膜，所以在对待政局的态度上，大多以旁观者、怨愤者、抨击者的姿态出现，反映在作品中，主要是以自我为中心的激愤抒发。而在元和诗人这里，因为社会地位较高，他们为统治阶层的一员，那种距离感、隔膜感自然隐退，表现在对待政局的态度上，便主要是以当

①［唐］元稹：《叙诗寄乐天书》，见《元稹集》卷三十，北京：中华书局1982年版，第352页。

事者、批评者与维护者的身份出现了，而其文学创作的对象，也不能不发出由自我到社会的整体转移。这种整体的转移，使他们生发出一种强烈的使命感和献身感。自觉地把个人命运与国家命运联系在一起，或上书言事，或面折廷诤，或弹劾权贵，或革除弊政。这种踔厉风发、刚健不挠、执着追求理想、许国不复谋身的激烈心性，一方面将他们推向历史大潮的浪尖，纵横驰骋，另一方面，这种许国不复谋身的激烈心性，则无疑最终会将他们抛出政坛，导致他们生命的沉沦。因此，他们中的不少人都遭受过贬谪的痛苦。仕途中的一次次打击、官场的明争暗斗，使他们身心疲惫，于是他们最终不得不走向激进的反面——走所谓“独善”的路。但值得注意的是，元和文人的“独善其身”，既不同于庄子的远离朝市、放浪形骸，又不同于陶渊明的躬耕垄亩、寄情田园。而是既在官位之上、朝市之中拥有高官厚禄的物质基础，又在政治斗争的漩涡之外，或寄情山水，或追求感官的满足，或求内心的超越。这样，积极用世、改革时弊的时代精神，已退缩到生活的一角、心灵的一隅。由关注现实积极进取转向关注自我，但求安逸闲适。在这种心态的统摄下，他们的文学创作也由讽刺时弊，揭露社会弊端，鼓吹改革主张而转向抒写身边琐事，写日常生活的内心感受和刹那间的心境意绪。这样，便产生了大量的所谓闲适诗、感伤诗和杂律诗中的小碎篇章，显示了由中唐向晚唐文风的过渡。

第四章
乐天的痛苦与逍遥

白居易是中唐时代最伟大的诗人，也是中国文学史上心态、思想极为复杂的一位诗人。他的一生中，兼济与独善、仕隐与出处，讽喻与闲适，充满了矛盾与斗争。他既有儒家的积极用世、博施济众之心，又有道家的安贫乐道、虚无恬淡之趣，更有佛禅的看破红尘、超越世俗之意。而这各种矛盾又是交织在一起的，相互制约、相互作用。这就使他的诗文创作与人生追求表现出极为复杂的情况。

《白居易文集》中《醉吟先生墓志铭》有一段话，对白居易这种复杂的思想与心态有一个简要的说明：

> 乐天幼好学，长工文，累登进士，拔萃、制策三科，始自校书郎，终以少傅致仕，前后历官二十任，食禄四十年。外以儒行修其身，中以释教治其心，旁以山水、风月、歌诗琴酒乐其志。

此段文字从“外”“中”两个方面分别说明了白居易对儒、道、佛三家思想的不同情况的接受，很有意义。从白居易的一生经历和思想、心态的发展情况来看，他早年以积极用世的儒家心态入仕，胸怀兼济天下、大济苍生之志，奋斗于政治舞台上，无论从他的政治主张、政治理想上看，还是从他刚正有为、奋不顾身的积极进取的心态上看，无疑都以儒家思想居于主导地位。中年之后，仕途坎坷，政治上受到挫折，他的兼济天下的理想与积极用世的热情有所消退，便以所谓“独善其身”自诩，开始将儒家的“安贫乐道”与道家的“道法自然”“逍遥无为”的思想融合在一起，以有所不为代替了早年的“知其不可为而为之”的积极进取精神。

也正是从中年以后，虚无恬淡的道家思想与看破人生、超越尘俗的佛教思想逐渐占据他思想心态的主导地位，并与儒家所倡扬的“道不行，乘桴浮于海”（《论语·公冶长》）的思想融合在一起，使他从积极有为的激进心态逐渐退缩为“远祸全身”的苟安心态，采取了所谓“中隐”的人生态度。但是，这并不是说，白居易中年以后，始终是逍遥无为与看破尘俗的佛道思想，始终是消极无为、远祸全身的苟安心态。实际上，他中年以后接受佛道思想，是在其积极用世的热情、兼济天下的志向受到挫折之后，在“欲济苍生而不可得”的情况下产生的。就是说，诗人既然不能实现他的理想，那么，如何修身独处？在这种人生抉择中，他才采取了佛老式的人生态度。事实上，在他的后半生中，只要有条件、有可能，他还是要争取为社会、为百姓做一些好事的。因此，只是在如何“独善”的情况下，在困境中如何排遣苦闷的问题上，他确乎引入了道佛的心性观和修养论，而成为一个身在仕途而心向道、佛的，兼儒、兼道、兼释式的人物。在他的内心深处，要经世治国，就要积极奉行儒家思想；要修身独处，达观自适，不以进退得失为怀，又需借助于老庄和禅释。白居易在其《遇物感兴因示子弟》一诗中表白道“寄言立身者，不得全柔弱。彼固罹祸难，此来免忧患。于何保终吉，强弱刚柔间。上遵周孔训，旁鉴老庄言”，这正是他一生的行事准则和心态写照。

一　愿为辅弼、大济苍生的积极用世心态

中唐时代是一个动乱与治乱、衰落与中兴、腐败与改革、歌颂与不满、希望与失望相互交织的时代。白居易出生的代宗时代，虽然也有外族的频频入侵、藩镇的屡屡叛乱，但内有郭子仪的匡辅，又有刘晏的改革，尚能支撑、平衡这个摇摇欲坠的大厦。因此形成了安史之乱后一个相对安定的

时期，人们也对朝廷“中兴”寄寓了无限的希望。但是，“树欲静而风不止”，唐王朝大厦的基石已不牢固，添砖补瓦的“加固”工作并不能弥补基础已经动摇的残败衰局。不久又发生了藩镇叛乱。

白居易生活在这样一个动荡不安的时代，而又出身于“世敦儒业”的庶族士人家庭，受家庭环境和时代精神的影响与熏陶，加之他天资聪敏，刻苦好学，“昼课赋，夜课书，间又课诗，不遑寝息矣。以至于口舌成疮，手肘成胝”①，这些无疑都为他接受儒家思想，树立努力进取、大济苍生的人生观和培养其积极有为的心态，奠定了坚实的基础。

贞元十五年（799），白居易靠在宣州溧水做县令的叔父介绍，在宣州参加州试，被选拔为应贡的进士，第二年二月，他以第四名中进士。这时他写有《礼部试策五道》和《为人上宰相书一首》等作品，已初步表露了他的政治主张及积极进取的精神。贞元十八年（802），他到长安，冬天参加书判拔萃科考试。第二年春登第。也就在这年春天，他与同登书判拔萃科的元稹结识，他们同时被任命为秘书省校书郎，从此便开始了当时由于他们而风行一时的所谓“元和体”的长篇排律的互相唱酬。

贞元二十一年（805），德宗死，顺宗即位，改元永贞。这时，白居易仍在校书郎任上，二王八司马的永贞革新开始了。二月十九日，白居易上书宰相韦执谊。书中说：“况今主上肇抚苍生，初嗣洪业，虽物不改旧而令宜布新。”既竭力贡献他的“布新”的方针和政策，同时又痛斥当时政治上的败坏。最后说自己：“今一旦卒然以数千言尘黩执事者，又何为哉？实不自揆，欲以区区之闻见，裨相公聪明万分之一分也。”由此可以看出，白居易对永贞革新抱了多么大的希望。

然而，不幸的是，永贞革新如昙花一现，不久便失败了。顺宗内禅，宪宗即位，革新派均遭到贬谪的恶运。这件事对年轻的白居易的心理打击是很大的，他一方面对这些革新而遭贬的人寄寓了一定的同情，同时又不由感慨地说：“由来君臣间，宠辱在朝暮。青青东郊草，中有归山路。归去卧云人，谋身计非误。”（《寄隐者》）面对变幻莫测的政治风云，他不无恐惧，由此而萌生了归隐的念头：“年光忽冉冉，世事本悠悠。何必待衰老，然后悟浮休。”（《永崇里观居》）由此再一次说明，他的心态、思想是较为

①[唐] 白居易：《与元九书》，见《白居易全集》卷四十五，上海：上海古籍出版社1999年版，第649页。

复杂的。

元和元年（806），白居易罢校书郎，与元稹同居于永崇里之华阳观，准备应制举。“闭户累月，揣摩当代之事”，写了75篇《策林》。在《策林》中他提出了“采诗说”和“讽谏说”，主张诗要起到讽谏美刺的社会作用。这年他被任为周至县尉。从他的诗作来看，他这时的心态并不好。他说：“佐邑意不适，闭门秋草生。”（《新栽竹》）“可怜趋走吏，尘土满青袍。”（《权摄昭应，早秋书事，寄元拾遗，兼呈李司录》）他的《县西郊秋寄赠马造》一诗说：

> 紫阁峰西清渭东，野烟深处夕阳中。风荷老叶萧条绿，水蓼残花寂寞红。我厌宦游君失意，可怜秋思两心同。

之所以有此抑郁失意的心态，大概仍是由于县尉的身份低微所致吧！正是由于他的抑郁失意心态，才使他在感情上和下层人民接近，看到了人民的苦难，并对人民的疾苦寄寓了深切的同情，使他写了《观刈麦》《长恨歌》等不少优秀诗篇。

元和三年（808），白居易拜左拾遗、翰林学士。拾遗虽然职位不高，但有与皇帝直接对话和干预朝政的机会，因此，得到这一官职后，他的内心是十分欣喜的：“惊近白日光，惭非青云器。”（《初授拾遗》）表面上看来是对得到这一近臣地位的惊喜和对能否称职的担忧，实际上是他对这一机遇的珍视，看成是他从此可以施展“青云”之志，实现自己抱负的一个难得的机会。三年的谏官生活，是他为实现自己的兼济之志而奋斗的时期。他在《初授拾遗献书》中说：“授官以来，仅将十日，食不知味，寝不遑安，唯思粉身，以答殊宠，但未获粉身之所耳。”就在他授拾遗的当月里，宪宗亲自策试贤良方正直言极谏科，牛僧孺、皇甫湜、李宗闵等登第。因三人皆指陈时政之失，言语切直，为权贵所忌，考官杨于陵、韦贯之、王涯等皆被贬官。白居易于五月初上疏极谏，为杨于陵等人辩诬，言词激切，接着又奏请免去江淮赋税以救在水深火热中的灾民；又请多出宫人，减少宫中费用，尽量消除妇女的痛苦。他上疏极谏淮南节度使王锷，因搜刮人民财物进奉所谓“羡余”，作为贿赂，因此而求做宰相；接着又说魏徵玄孙虽贫，但质出的旧宅不应由藩镇李师道以私财取赎，掠朝廷之美；论裴均于赦天下禁无得进奉后又进银器是尝试朝廷，希望拒绝不受；论讨伐王承宗不应以中使吐突承璀都统诸军；论中使刘士元与元稹争驿厅，中使击元稹伤面，不应不问中使罪而贬元稹。这些都是抑藩镇、斥宦官、举有功、退奸佞的侃侃直言，充满了正义感。尤其是他敢于当面顶撞宪宗皇帝。由此可以看出，此时他对自己的谏官职务是如何的尽心尽力，也反映了他刚正耿直的个性。

不仅如此，白居易此时还有意以其诗歌创作作为“为民请命”、匡正时弊的舆论武器，从而创作了50首《新乐府》和10首《秦中吟》等大量的讽谕诗。反映民生疾苦，揭露社会的种种弊端，并提出了“为君、为臣、为民、为物、为事而作，不为文而作”的诗歌创作主张。他自称写这些诗的用意在于“有可以救济人病，裨补时阙，而难于指言者，辄歌咏之。欲稍稍递进闻于上”①，是“凡直奏密启外，有合方便闻于上者，稍以歌诗导之。意者欲其易入而深戒也”②。总之，是“惟歌生民病，愿得天子知”（《寄唐生》）。从他这时的廷诤敢谏以及从事讽谕诗创作的种种活动来看，无疑都充分体现了他的积极用世的人生态度和博施济众的进步思想。

二 独善其身、乐天知命的苟安心态

白居易的一生，虽然是积极用世的，其大济苍生、愿为辅弼的用世激情很高，对民生疾苦与朝政的弊端也极为关注，但是，白居易的思想、心态是极为复杂的，即使在任谏官期间追求积极用世之时，他仍然时时流露出消极无为、乐天知命的消极心态。如元和三年他写《夏日独直寄萧侍御》，表达了自己的闲适情绪，“澹然无他念，虚静是吾师”。初授拾遗之后，他又写诗表示自己的满足之感。写《赠内》诗，说明自己的理想不过温饱而已。元和五年，也就是他写新乐府之后一年，他写了《初除户曹，喜而言志》道：

> 我有平生志，醉后为君陈。人生百岁期，七十有几人？浮荣及虚位，皆是身之宾。唯有衣与食，此事粗关身。苟免饥寒外，余物尽浮云。

①［唐］白居易：《与元九书》，见《白居易全集》卷四十五，上海：上海古籍出版社1999年版，第649页。

②［唐］白居易：《与杨虞卿书》，见《白居易全集》卷四十四，上海：上海古籍出版社1999年版，第639页。

由这首诗我们可以看出，白居易和中国古代大多数文人一样，他们兼济天下的远大抱负，实质上包括了两个层次的内容，其基础层次是去苦求乐的人生物质追求。所谓“唯有衣与食，此事粗关身”。其深层才是兼济天下的精神追求。这二者既是冲突的，又是统一的。前者表现为达则兼济天下，后者表现为穷则独善其身。穷达虽殊，但由于都不能离开去苦求乐的心理基础，所以，独善其身就不仅意味着道德完善的精神自足，同时也意味着保官守禄“苟免饥寒”的现实考虑。从精神追求的角度来看，当兼济之志受到挫折时，便会产生人生理想上的失落感。从物质追求的角度来看，当仕途不如意时，便会产生人生际遇的失落感。当这一切都表现于诗文赋吟之中时，人生理想的失落感便会导致愤世嫉俗的愤慨之音的抒发，而人生际遇上的失落感则会导致自叹自悯的感伤之曲的吐露。

不错，中国文人大都有“兼济天下”的理想，但这一理想的实现是有条件的，那就是“达”，因为“穷”时是无法实现兼济之志的。而所谓“达”，就必须能够受到君主的知遇，或者宰府中有人援助，获得一定的“兼济”天下的自身和客观条件，才会有实现自己抱负的机会。然而，文人大多面对的是“前不见古人，后不见来者”的现实。这样，他们中的大多数只好或以“独善”自诩，或“念天地之悠悠，独怆然而涕下”，表现出由衷的苦闷和感伤。

白居易虽然意欲“兼济”，做谏官时他尽心尽力地去履行自己的职责，甚至斗胆冒犯龙颜，意欲匡忠尽职，济危扶困。但从永贞革新的韦执谊的遭遇中，他已感到了仕途的险恶、君臣之间宠辱朝暮的现实。元和三年策试贤良方正科案中，考官杨于陵、韦贯之等人的被贬以及元和五年元稹的被贬，都使他寄希望于皇帝纳谏以改革弊政的理想受到无情的打击。更有甚者，元和四年，当他一开始写讽谕诗，欲进讽谕诗当谏纸时，就受到权贵们的憎恨与非议。当时，“凡闻仆《贺雨》诗，而众口藉藉，已谓非宜矣；闻仆《哭孔戡》诗，众面脉脉，尽不悦矣；闻《秦中吟》，则权豪贵近者相目而变色矣……闻《宿紫阁村》诗，则握军要者切齿矣”[①]。这样，他以诗来揭露朝政弊端的理想也要落空了。

当然，对白居易打击最大的是元和十年（815）被贬一事。这年六月三

①[唐] 白居易：《与元九书》，见《白居易全集》，上海：上海古籍出版社 1999 年版，第 649 页。

日，平卢节度使李师道派人刺杀主持平定藩镇叛乱的宰相武元衡，并刺伤裴度。白居易对这一奇耻大辱首先上疏，请捕刺客以雪国耻。宰相韦贯之（白居易于元和三年韦贯之遭贬时，曾为其上疏鸣冤）却以为白居易为太子赞善大夫，不是谏官，不当先谏官言事。恰好此时有对白居易不满的人，说他母亲因看花坠井而死，白居易尝作《赏花》《新井》诗，有伤名教，不宜担任宫官。“执政方恶其言事，奏贬为江州刺史”[①]，旋即又追改为江州司马。韦贯之不念旧情而又落井下石，皇上不念其一片孤忠而听信谗言，这对白居易的打击实在是太大了。正如他所说：“岂图志未就而悔已生，言未闻而谤已成矣。”[②] 他希望通过讽谏来改革弊政的希望落空了。无论是谏书抑或谏诗，都不但不能奏效，反而招来罪责。他的希望幻灭了。他心灰意冷，早年便有的“独善”思想重新复活了。从此他的思想便趋向于恬淡隐退的消极一路。他到江州后，在给元稹的信中便冷静地谈了自己的教训和感受：

> 古人云：“穷则独善其身，达则兼济天下。”仆虽不肖，常师此语。大丈夫所守者道，所待者时。时之来也，为云龙，为风鹏，勃然突然，陈力以出；时之不来也，为雾豹，为冥鸿，寂兮寥兮，奉身而退。进退出处，何往而不自得哉？故仆志在兼济，行在独善。奉而始终之则为道，言而发明之则为诗。谓之讽谕诗，兼济之志也；谓之闲适诗，独善之义也。故览仆诗者，知仆之道焉。

这里，匡国济民的忧患在现实外力的压迫下，内凝为释祸防患的忧患，兼济之志内缩为独善之道，奋不顾身的精神义气内收为明哲保身的处世机智了。

“宦途自此心长别，世事从今口不言。岂止形骸同土木，兼将寿夭任坤乾”（《重题》之四）。“身觉浮云无所著，心同止水有何情”（《答元八郎中、杨十二博士》）。“多知非景福，少语是元亨。晦即全身药，明为伐性兵。昏昏随世俗，蠢蠢学黎氓”（《江州赴忠州至江陵已来舟中示舍弟五十韵》）。

---

①[后晋] 刘昫等撰：《旧唐书·白居易传》，卷一百六十六，北京：中华书局1975年版，第4344页。

②[唐] 白居易：《与元九书》，见《白居易全集》，上海：上海古籍出版社1999年版，第649页。

由此可见，他此时追求的是“少语”“昏昏”“蠢蠢”。为民请命的精神没有了，代之的是“元亨”的处世哲学和“心同止水”、毫无波澜的恬淡、苟安心态。而这些诗句并非愤世嫉俗的过激言辞，不是正话反说，而是他在写给亲朋的诗中说的，无疑是他真实心态与思想的表白。

元和十三年（818）十二月，白居易升任忠州刺史，从此可以说仕途一帆风顺，屡屡升迁。但他这种元亨的处世哲学和乐天知命、委命从时、不求闻达、不思进取、但求恬淡舒适的苟安心态并没有随着环境、地位的改变而有所改变。他看破了红尘，厌烦了俗事，心中希望进取的那盏灯早已熄灭了。他心如止水，泛不起一点涟漪，不再过问世事了。从此，他“囊中贮余俸，园外买闲田”（《新昌新居书事四十韵因寄元郎中张博士》）。“三年请禄俸，颇有余衣食。乃至僮仆间，皆无冻馁色。行行弄云水，步步近乡国。妻子在我前，琴书在我侧。此外吾不知，於焉心自得”（《自余杭归宿淮口作》）。在忠州任上，他欣幸的是“案牍既简少，池馆亦清闲”（《征秋税毕题郡南亭》），他干的是种树栽花、怡情悦性的事情，“忠州且作三年计，种杏栽桃拟待花”（《种桃杏》）。他对这种清闲、舒适、安逸的生活十分留恋和欣慰：“世间好物黄醅酒，天下闲人白侍郎。”（《尝黄醅新酎忆微之》）此时他关心的不再是百姓的疾苦，而是个人的怡情悦性，“圃旱忧葵堇，农旱忧禾菽；人各有所私，我旱忧松竹”（《喜雨》）。之所以如此，就是因为“我心与世两相忘，时事虽闻如不闻”（《诏下》）。之所以能做到“两相忘”，是因为他有优厚的俸禄，饱食丰衣、无所事事。“月俸百千官二品，朝廷雇我作闲人”（《从同州刺史改授太子少傅分司》）。他晚年的诗作，几乎处处提到自己高官厚禄的满足感以及沉湎于酒色之中的状态，万事不关心，唯逸乐苟安是求。这与他提倡写民生疾苦，前后判若两人。

那么，一个曾胸怀大志而且身体力行，努力为自己的理想而奋斗的诗人，为什么会发展到“我心与世两相忘，时事虽闻如不闻”“身觉浮云无所著，心同止水有何情”呢？除了他乐天知命、但求苟安的心态在起作用外，恐怕还与其佛老思想有关。

三　恬淡去欲、心如止水的佛老心态

白居易到忠州后，总结自己早年入仕的经过和用世的激情及由此而带来的灾祸后，反省到“多知非景福，少语是元亨。晦即全身药，明为伐性

兵。昏昏随世俗，蠢蠢学黎氓。鸟以能言缚，龟缘入梦烹。知之一何晚，犹足保余生”（《江州赴忠州至江陵已来舟中示舍弟五十韵》）。这俨然是一篇《鵩鸟赋》，表示出自己要以道家的顺其自然、与世无争来养晦余生。他这时还写了一首《咏意》表达自己的志趣说：“常闻南华经，巧劳智忧愁。不如无能者，饱食但遨游。平生爱慕道，今日近此流。”可见他此时也以“得道”“近此流”而自诩了。正因为他接受了道家思想，所以他便表现了安时处顺、随遇而安的心态。认为人的一切穷通荣辱、祸福寿夭，都是时命所致，如果意识到这一点，自然也就不会怨天尤人了。所谓“命屯分已定，日久心弥安”（《岁晚》）、“穷通与荣悴，委运随外物”（《曲江感秋二首》其一）、“冥怀齐宠辱，委顺随行止”（《长庆二年七月自中书舍人出守杭州路次蓝溪作》）。这种委命随时、知命不忧的道家思想，在他后期的诗文中是比较普遍的。

同时，为了在仕途之外获得生活上的安全感，他在中晚年始终处于一种安命守分、清除物累、恬淡去欲和知足保和的老庄心态。如“知分心自足，委顺身常安。故虽穷退日，而无戚戚颜”（《咏怀》），“心未曾求过分事，身常少有不安时”（《自问此心呈诸老伴》），“若无知足心，贪求何日了”（《西掖早秋直夜书意·自此后中书舍人时作》），“回看世间苦，苦在求不得。我今无所求，庶离忧悲域”（《遣怀》）。他将这种心态看成是达到老庄“虚无恬淡，乃合天德”[①] 精神境界的最佳途径。

白居易避世内省的心态与佛教借助对象化力量摒弃外在形相、凝心体悟、忘我忘物，以求心理超脱的思维方式恰相契合，因此，白居易与大多数中唐诗人一样，对佛教有着浓厚的兴趣与特殊的感情。“天宝后，诗人多忧苦流寓之思及寄兴于江湖僧寺”[②]。刘长卿、韦应物、大历十才子、韩愈、柳宗元、刘禹锡、李贺等诗人，无不有和僧道相往来的记载。受当时风气的影响，白居易青年时代，就曾与僧人正一上人、凝公大师有过密切的往来，并向他们学习过佛理。但真正将佛教思想作为自己苦闷的解脱方式，以佛理作为自己思想行动信条的是元和五年（811），他受到排挤又遭母丧

①《庄子·刻意》，《诸子集成》之《庄子集解》第十五，北京：中华书局 1954 年版，第 96—97 页。

②[宋] 欧阳修、宋祁撰：《新唐书·五行志》，卷三十五，北京：中华书局 1975 年版，第 921 页。

和女殇之后。当时，他在《自觉》一诗中写道：

我闻浮屠教，中有解脱门。置心为止水，视身如浮云。斗擞垢秽衣，度脱生死轮。胡为恋此苦，不去犹逡巡。回念发弘愿，愿此见在身。但受过去报，不结将来因。誓以智慧水，永洗烦恼尘。不将恩爱子，更种悲忧根。

元和五年，他写《隐几》诗，就表达了“方寸如死灰”的心态：

身适忘四支，心适忘是非。既适又忘适，不知吾是谁。百体如槁木，兀然无所知。方寸如死灰，寂然无所思。今日复明日，身心忽两遗。行年三十九，岁暮日斜时。四十心不动，吾今其庶几。

元和十年（816）之后，佛教思想逐渐成为他消弭苦恼、解脱人生苦难的一根精神支柱。他在《岁暮道情二首》中说：“为学空门平等法，先齐老少死生心。”在《因沐感发寄朗上人二首》中说：“既无神仙术，何除老死籍！只有解脱门，能度衰苦厄。”他在《不二门》一诗中叙述了自己这种思想产生的原因之后，说：“坐看老病逼，须得医王救。唯有不二门，其间无夭寿。”晚年分司洛阳以后，自称“官秩三回分洛下，交游一半在僧中”（《喜照密闲实四上人见过》）。晚年更是“半移生计入香山”（《香山寺二绝》），自称香山居士，俨然是一位虔诚的佛门弟子。当然，白居易终非佛门弟子，他的参禅礼佛只不过是借禅机佛趣以获得心灵的解放与精神的超脱罢了。

第五章
退之特立独行的怪异心态

韩愈无疑是中唐时代乃至整个中国文学史上的文学巨匠。他不仅是古文运动的领袖人物，同时也是韩孟诗派的核心人物与中流砥柱。然而，以韩愈为领袖与核心的两大文人组合群体，在各自的范围内，却表现出两种截然不同的文学观念与创作倾向，形成了“韩文多文从字顺，而作诗务为奇险”[①]的独特现象。这种现象的形成，自然有多方面的因素，但最根本的原因，恐怕与韩愈一生矛盾复杂的心态直接相关。

一　救困扶危、匡正时俗的济世心态

韩愈出身于寒门庶族，可以说他生于忧患长于忧患。这样的出身经历，形成了他深沉的忧患意识，并在此基础上，面对中唐残破的社会现实和各种改革的思潮，激发出他自觉的责任感和使命感，并为此而孜孜以求，充满了执着精神。他3岁而孤，由长兄韩会抚养。10岁时，长兄韩会被流放岭南，他随兄嫂远迁韶州。在这个当时相对偏远落后的蛮

①[清]仇兆鳌：《杜诗详注》卷二十五，北京：中华书局1979年版，第2207页。

荒之地，两年后韩会便病死于斯。12岁的韩愈只好又随嫂郑氏护灵北归。回乡不久又适逢战乱，孤儿寡妇为避战乱又逃往宣城。少年时代孤穷而颠沛流离的生活，无疑在他幼小的心灵上过早地笼罩上了沉重的压抑与忧郁之感。同时，也使他过早地接触到民间的苦难，体验到人生的艰辛。成年之后，他仍屡遭坎坷，险恶的政治风云，频繁的天灾、战乱，各种祸患不止。祸患对人生来说，既是一种苦难，又是磨炼意志的金石。这些祸患对韩愈来说，便起到了"穷饿其身，思愁其心肠"[①] 的作用，使他的心灵长期处于忧愁困苦之中，同时也使他的人格意志受到磨炼。

当然，如果仅仅经历磨难，并不一定使他产生清醒的忧患意识。多少人在困苦艰难中意志消沉便是明证。重要的是他努力学习，积极从传统文化中汲取精神营养，这才是他产生"壮气"的基础。他在《上兵部李侍郎书》中说："困厄悲愁无所告语，遂得究穷于经传史记百家之说，沉潜乎训义，反复乎句读，砻磨乎事业，而奋发乎文章。"在《送孟东野序》中，他列举自古以来"不平则鸣"的"善鸣者"，说"周之衰"有孔子出现，做救世的"木铎"，其鸣声"大而远"。周末出现以荒唐之辞鸣的庄子，而楚之衰亡则出现了鸣不平之气的屈原。韩愈肯定这些先贤的"善鸣"，并列举从远古时代直到当今孟郊、张籍之类"善鸣者"，虽未明说自己也"善鸣"，但自然"连自己亦藏在其中"矣。他无疑也是以"善鸣"而自许的。他所列举的这些所谓的"善鸣"者，实际上都是积极进取、以天下为己任者。

韩愈既"沉潜乎"传统文化的精蕴，又经心留意于"前古之兴亡"与"当世之得失"[②]，看到了国家与民族的深重危机，察祸患于忽微，觉危亡于未发。他所关切、思考的是"日入于衰坏""恐不复振起"[③] 的大唐国运，是"危如一发而引千钧"的儒学承传，是造成"齐民逃赋役，高士著幽禅"（《送灵师》）的佛老之害。从韩愈的许多诗文中，都可以看到那深沉的忧思和志在拯救危亡、匡正时俗、以天下为己任的积极用世心态。诗人悲叹之余思有所为，有志担荷存亡继绝的重任，却又深感艰危无比，力不从心。

---

①[唐] 韩愈：《送孟东野序》，见马其昶校注《韩昌黎文集校注》，上海：上海古籍出版社1987年版，第235页。

②[唐] 韩愈：《与凤翔邢尚书书》，见马其昶校注《韩昌黎文集校注》，上海：上海古籍出版社1987年版，第203页。

③[唐] 韩愈：《答吕毉山人书》，见马其昶校注《韩昌黎文集校注》，上海：上海古籍出版社1987年版，第217页。

因此，林云铭在《韩文起》卷三《与孟尚书书》评语中说："笔力所至，有倦不容已之心，又有勃勃不可遏之气，如劲弩初张，所中必洞。"这种"倦倦不容已之心"与"勃勃不可遏之气"，正是韩愈舍我其谁的历史使命感与积极用世心态的形象概括。字里行间，我们可以感受到一种顽强深挚的生命力量。罗根泽先生在《韩愈及其弟子文学论》中称之为"万死殉道的愿力""对一种道理，深信不疑，而且认为是自己的责任，头可断，此道不可不行，则已由理智作用，渡于感情作用"[①]。这正恰当地指出了韩愈此人的真性情，以及其内在心态所体现的责任意识和强烈的使命感。在《争臣论》中，韩愈盛赞大禹、孔子、墨子等圣贤人物的济世精神："自古圣人贤士，皆非有求于闻用也，闵其时之不平，人之不义，得其道。不敢独善其身，而必以兼济天下也，孜孜矻矻，死而后已。故禹过家门不入，孔席不暇暖，而墨突不得黔。彼二圣一贤者，岂不知自安佚之为乐哉？诚畏天命而悲人穷也。"他在《答吕翳山人书》中也说："如仆者，自度若世无孔子，不当在弟子之列。"济世的热忱与悯时的忧患集于一心，责任意识与忧患意识融为一体，由此而生发出强大的力量。这就是韩愈救困扶危、匡正时俗、以天下为己任的济世心态的升华，也是中国古代文人奉儒守道的一种典型心态。

二　刚毅坚韧、自强不息的乐观恒定心态

如果说责任意识与历史的使命感是主体面对群体、个人面对社会所产生的一种理性认识和事功心态，那么，它实际上带有更多的认识性因素，属于认识心理层次。由于这种认识的实现，往往需要通过从政、走仕宦之路，因此又带有明显的政治功利色彩。而刚毅坚韧、自强不息的心态，固然也包含着某些事功心态的因素，也可能指从政，但这种心态主要是人格主体面对自身之外的客体，面对整个社会与人生的心态，是一种更为稳定的恒定心态，而非某一时期的偶然心态。

儒家的典籍《周易》曾说："大哉乾乎！刚健中正，纯粹精也。"它认为天在不断地运动变化着，有一种强大的永不止息的力量，将这种自然现象引申到人事上来，便是所谓"天行健，君子以自强不息"的阳刚之美的

---

①见《文艺月刊》第9卷4期，1936年10月。

渊源。这种阳刚之美便成为中华民族志士仁人所追求的崇尚刚健有为、积极进取、发愤图强、自强不息、生生不已的一种普遍的心态。从孟子的“吾善养吾浩然之气”到司马迁的“发愤著书”、白居易的“为君为民为事而作”，再到韩愈的“气盛言宜”，都是这种刚毅坚韧、自强不息的积极进取心态的反映。这种心态在外部气质上表现为不屈服于环境的压抑，不屈服于命运的摆布，更多地体现出倔强不屈的人的生命力的完足与顽强的意志力。正如黑格尔在其名著《美学》中所说的：“人格的伟大和刚强，只有借矛盾对立的伟大和刚强才能衡量出来，环境的互相冲突愈多、愈艰巨，矛盾的破坏力愈大，而心灵仍能坚持自己的性格，也就愈显出主体性格的深厚和坚强。”

韩愈崇尚的正是这种主体性格的“深厚和坚强”。如他的《送张道士》是赞赏一位颇有英雄豪杰气概的道士的。诗前序云：“张道士，嵩高之隐者，通古今学，有文武长材。”这位道士在吴元济谋反时，曾先后三次上书朝廷，力主用兵征讨吴元济，并主动献计献策。这种强烈的、自觉的参政意识和进取精神，不唯在逃避现实、弃绝人事、不问俗事的“道士”群体中罕有，即使在普通士人中亦不多见。张道士的用世心态无疑是对道人心态的超越与对仙道禅佛的叛逆。韩愈之所以欣赏这种颇有阳刚之气的积极进取心态，一方面是他对禅佛的吸收（后文将详述），另一方面也正体现了这种心态与他的心态恰好相契合。又如他对柳公绰的赞赏，也反映了这种心态。当淮西燃起战火，世人畏敌如虎，甚至一些武官也拥兵自重，畏懦不前时，身为文官的柳公绰却能自请出征，“奋然卒先，扬兵界上，与士卒均辛苦”。勇敢、果断地自请参加平叛，并上书朝廷慷慨陈词道：“朝廷以吾儒生不知兵邪？”① 柳公绰以自己的刚健有为远远超出侪辈之上，成为大过人者。由此可见，胆识、壮举、文武长材皆外在之“相”，是外部表现特征。其所以能超越时辈，全在于内在气质、品性，在于心理和精神的强盛。对“相”的外在超越，首先是心理的超越。韩愈赞赏柳公绰的“胆气”，也正是对自身刚健进取心态的认同。

韩愈的一生，虽然也曾有过消极庸俗的心态，但奋斗、进取、不甘失败、不避艰危却是他的主要心态，是他一生的基本精神。从早年应举，“四

①[后晋] 刘昫等撰：《旧唐书·柳公绰传》卷一百六十五，北京：中华书局 1975 年版，第 4302 页。

举于礼部”“三选于宏词”、三上宰相书，到晚年从征淮西，莫不贯穿着一种韧性的进取心态。贞元三年（787），韩愈始应进士试，虽屡试屡败，但也屡败屡试，表现出倔强不屈，始终不渝的顽强进取心态。他后来曾对此感慨道：“四举于礼部乃一得，三选于吏部卒无成。”不得已而去做地方藩镇幕府的从吏。韩愈在连续受挫、仕途无望的情况下，也曾产生过归隐的想法，但并未曾真正实行，因为那不过是他失望、愤激之余的牢骚和仕途失意后一种思维惯性。

从贞元十八年（802），他38岁始任朝职时起，坎坷与磨难便常伴随着他，所谓“跋前踬后，动辄得咎”[①]。贞元十九年（803），他为监察御史之后，适逢关中大旱，人民饿死衢路，而吏刻取怨，他向朝廷上天旱人饥状，请宽民徭役，而免田租之弊，为执政者所不容，贬连州阳山令。贞元二十一年（805），王伾、王叔文政治改革，改革失败后宪宗即位，韩愈徙江陵府参军事。元和十四年（819）正月，宪宗迎佛骨入京，韩愈上《论佛骨表》，说明佞佛之害。宪宗大怒，将处韩愈以极刑，幸裴度、崔群相救，乃贬潮州刺史。当时，佛教祸害之烈，仅次于藩镇与宦官。而当举朝疯狂佞佛之际，韩愈敢于起而谏阻，表示反对，这是需要胆量和勇气的。也说明他反对佛老，维护儒家道统的决心，同时也说明他意在维护中央政权，以祈中兴的强烈愿望。

远谪潮州，对他震动实在是太大了。当时他的心态是“我今罪重无归望，直去长安路八千”（《武关西逢配流吐蕃》）。他仓促上路，家眷也随后登上南行的漫漫途程。当时他的女儿韩挐才12岁，又正在患病，不堪惊吓与劳顿颠簸，便死于商山途中。这又是雪上加霜，使他悲痛至极。他后来回忆此时的情景和心态说：

> 数条藤束木皮棺，草殡荒山白骨寒。惊恐入心身已病，扶舁沿路众知难。绕坟不暇号三匝，设祭惟闻饭一盘。致汝无辜由我罪，百年惭痛泪阑干。（《去岁自刑部侍郎以罪贬潮州刺史，乘驿赴任，其后家亦谴逐，小女道死，殡之层峰驿旁山下。蒙恩还朝，过其墓，留题驿梁》）

---

①［唐］韩愈：《进学解》，见马其昶校注《韩昌黎文集校注》，上海古籍出版社1987年版，第46页。

远贬荒州，爱女夭折，这一连串的打击引起的悲痛与他挺身反佛的勇气、胆识，形成了一种悲壮的心态。这种心态在他的《左迁至蓝关示侄孙湘》中反映了出来：

一封朝奏九重天，夕贬潮州路八千。欲为圣明除弊事，肯将衰朽惜残年！云横秦岭家何在？雪拥蓝关马不前。知汝远来应有意，好收吾骨瘴江边。

面对这一次次沉重的打击，他虽有过失望与激愤，但未曾退缩与归隐，他始终在仕途上驰骋。52岁时，地方藩镇王廷凑作乱，他奉使前往宣抚，凭着一身浩然正气，而震慑骄兵叛卒，平息叛乱。这便是被苏轼所称赞的"而勇夺三军之帅"[①] 的壮举。据史载，韩愈启程后，宰相元稹担心韩愈会遭到杀害："既行，众皆危之，元稹言韩愈可惜，穆宗亦悔。诏愈度事从宜，无必入。愈曰：'安有受君命而滞留自顾?'遂疾驱入。"[②] 韩愈急国家之所急，赴国之难而无所顾忌，颇有豪侠英雄气概。直至他去世前不久，在京兆尹任上，仍以他的刚正强硬慑服豪强恶少："六军将士皆不敢犯，私相告曰：是尚欲烧佛骨者，安可忤。"[③] 终其一生，可以说韩愈志在兼济，行在仕途，此志不仅少时有之，达时有之，而且老时、穷时亦未尝变易。诗人在不断超越自我中，始终保持着一种刚毅、坚韧、积极进取、自强不息的乐观恒定心态。

三　尚怪爱奇、特立独行的倔强心态

韩愈《伯夷颂》歌颂的是一种超脱俗尚、独行其是的人格精神。他无疑是以这种人格精神作为自己的精神榜样和人格风范的。曾国藩的《求阙斋读书录》中也曾指出："此（《伯夷颂》）乃退之生平制行作文之宗旨，此自况之文也。"谭嗣同在《报邹岳生书》中也说："昌黎《伯夷颂》曰：举世非之力行而不惑者，天下一人而已。盖古人以理为断，不闻以人言为断。

---

①[宋] 苏轼：《潮州韩文公庙碑》，见《苏轼文集》，北京：中华书局1986年版，第509页。

②[宋] 欧阳修、宋祁撰：《新唐书·韩愈传》卷一百七十六，北京：中华书局1975年版，第5255页。

③[唐] 李翱：《故正议大夫行尚书吏部侍郎上柱国赐紫金鱼袋赠礼部尚书韩公行状》，见《李文公集》卷十一，上海：上海古籍出版社1993年版，第55页。

心为我之心，安能听转移于毁誉哉！”他在《与于襄阳书》中以赞扬对方而自许的也正是这种特立独行的人格精神：“特立而独行，道方而事实，卷舒不随乎时。”这里人格主体意志在一定程度上得到肯定和张扬。处世不以人言为断，而是以理为断，重“自我之心”，敢于面对一家、一州、一国乃至举世之人的反对，而“力行不惑”，主体与客体处在对比悬殊的剧烈冲突中。在这种种冲突中，充分显示出主体人格的崇高。正是由于这种特立独行的心态作用，才使他在诗文创作上，形成了自己独特的风貌，成为古文运动的领袖与尚奇尚怪重主观的韩孟诗派的核心人物。

韩愈倡导古文，反对时文，成功地进行文体、文风和文学语言的改革，并在诗歌创作方面，锐意创新，形成其尚奇怪重主观的诗风。这对韩愈来说，也是他人格自塑的过程。初登文坛，他也不得不随俗而作时下文章：“时时应事作俗下文字，下笔令人惭，及示人，则人以为好矣：小惭者亦蒙谓之小好。大惭者即必以为大好。”① 当他随俗违心时，其内心必然处于深深的痛苦之中。可贵的是，他有勇气和毅力“顺心违俗”。这样，当他不违背自己的本心而违背俗尚地写作古文时，这便是一种自觉的革新文风的要求，是打破传统、否定时尚的独特行动，必然会遭到世人的激烈反对。李汉在《昌黎先生集序》中这样记述当时韩愈的处境：

> 时人始而惊，中而笑且排，先生志益坚；终而翕然随以定。呜呼！先生于文，摧陷廓清之功，比于武事，可谓雄伟不常者矣！

柳宗元在《答韦中立论师道书》中记述韩愈当时的处境说：

> 独韩愈奋不顾流俗，犯笑侮，收召后学，作《师说》，因抗颜而为师。世果群怪聚骂，指目牵引，而增与为言辞。愈以是得狂名，居长安，炊不暇熟，又挈挈而东，如是者数矣。

可见，韩愈违背时俗倡导古文，写作新体散文以及追求光怪陆离的美、尚奇好丑、以文为诗时，所遇到的不仅是文体、文风的问题，首先是对他的意志、人格的考验。他面对世人的非议、责难而“力行不惑”“行已颇

①[唐] 韩愈：《与冯宿论文书》，见马其昶校注《韩昌黎文集校注》，上海：上海古籍出版社 1987 年版，第 196 页。

僻，与俗异态”[1]，即使身处窘境，也不屈己违心，在自觉的磨炼中，保持着内在心态的充实和平衡。正由于有这样的心态，他才能完成文体文风的改革，成为中唐文坛、诗坛的泰斗。

四 佞佛与礼佛的矛盾心态

韩孟诗派中，崇儒排佛最坚决的莫过于韩愈。一份《论佛骨表》的上书，差点让他丢了性命，也因此而被看作排佛的勇士，受到历代文人的崇尚。然而，就在他因谏阻迎佛骨而远贬潮州后，他却与大颠和尚交往甚密，并称其“实能外形骸以理自胜，不为外物侵乱”[2]，表现出对佛学的热爱。这样，我们发现，韩愈之所以力主对佛老之道“人其人，火其书，庐其居，明先王之道以道之”的根本动机，是“佛法入中国，尔来六百年。齐民逃赋役，高士著幽禅。官吏不之制，纷纷听其然。耕桑日失隶，朝署时遗贤”（《送灵师》）。显然其着眼点全集中在佛教对社会现实政治经济的危害这一点上。也就是说，站在政治实用的角度上，韩愈力排扰乱正常政治秩序之佛，而在发抒情怀的角度上，韩愈其实并不排斥倡扬心性之佛。如他的《游城南十六首·遣兴》曰：

> 断送一生惟有酒，寻思百计不如闲。莫忧世事兼身事，须著人间比梦间。

黄叔粲《唐诗笺注》称此诗为“禅悟后语”，并由此指出“乃知退之辟佛，只是为朝廷大局，正本塞流。维持风教，惟恐陷溺者多”。这不失为真知灼见。

如果仔细考察便会发现，韩愈与他的同派诗人皆习佛典。他的《醉赠张秘书》说：“虽得一饷乐，有如聚飞蚊。”把人比作飞蚊便是来自佛典《楞严经》“一切众生，如一器中聚百蚊蚋，啾啾乱鸣，于方寸中鼓发狂闹”。朱翌在《猗觉寮杂记》中评曰：“退之虽避佛，然亦观其书。”他的作品中写佛典内容的不在少数。此外，韩愈与僧人的交往也十分密切。韩愈

①[唐] 韩愈：《上考功崔虞部书》，见马其昶校注《韩昌黎文集校注》，上海：上海古籍出版社 1987 年版，第 661 页。

②[唐] 韩愈：《与孟尚书书》，见马其昶校注《韩昌黎文集校注》，上海：上海古籍出版社 1987 年版，第 212 页。

有“空愧高僧数往来”（《广宣上人频见过》）的诗句，说明他与僧徒交往之广。他与澄观、广宣、惠师、灵师、高闲、大颠、文畅等僧人都有交往，并有诗寄赠。在有关作品中，不仅表露出对佛徒人生态度的赞赏，而且受到了佛典及其喻意的深刻影响。

韩愈礼佛，除寻求“我心尘外心，爱此尘外物”那样的避世人生态度与寻求精神慰藉的心理因素之外，更多地体现出借助佛教义理玄妙的精神境界及其新奇的表现方式以启发诗思，融造诗境的作用与特征，以及通过佛理的推研领悟以转换思维方式，创造艺术新径的心态与追求。

韩愈及其同派诗人对佛教的洪州宗狂禅的接受与他们的社会批判心态有关。

炽盛于中唐元和之际的洪州禅以“认虚妄为真性”[①] 的法则为其突出特点。洪州宗的创始人马祖道一曾云：“著衣吃饭，言谈祇对，六根运用，一切施为，尽是法性。”[②] 其弟子慧海、怀海则进一步说：“云何即得解脱？师曰：本自无缚，不用求解，直用直行，事无等等”（详见《大珠和尚顿悟入道要门论》），“一切法都不必拘泥，这就叫解脱无碍”（详见［元］释急常撰《佛祖历代通载》）。这种“解脱无碍”放任言行、皆不拘泥的主张，显然是对传统佛教教义的一种反叛。正是由于这种肯定人生欲望的世俗化倾向，导致元和年间狂禅之风“周遍环宇”，禅宗遂进一步走向狂荡。诸僧不仅任情放纵，甚至呵祖骂佛，形成一种放诞纵逸、不尊教义的奇特现象。而韩愈所肯定与赞赏的恰恰是这种“狂禅”现象。他的《送灵师》简直就是一种狂禅的礼赞：

> 逸志不拘教，轩腾断牵挛。围棋斗黑白，生死随机权。六博在一掷，枭卢叱回旋。战诗谁与敌，浩汗横戈鋋。饮酒尽百盏，嘲谐思逾鲜。有时醉花月，高唱清且绵。四座咸寂默，杳如奏湘弦。

由“不拘教”到终日围棋、饮酒，显为佛教戒律所禁忌。韩愈却以赞赏的态度大加渲染描绘。其《送惠师》诗云“惠师浮屠者，乃是不羁人”，

①宗密禅师答裴休相国语：“善恶分别。举动运为。如洪州所认。起心动念等。即是一切相。此相皆妄。故经云。凡所有相。皆是虚妄。当知彼宗认虚妄为真性也。”见《中华传心地禅门师资承袭图》，中国藏学出版社 1993 年版。

②［宋］赜藏主编：《古尊宿语录》卷一，上海：上海古籍出版社 1991 年版，第 2 页。

“吾非西方教，怜子狂且醇”，更直接表明对“浮屠者”作为“不羁人”而表现出的“狂”态的由衷倾慕与赞赏。之所以如此，是因为狂禅背离传统佛教的精神，恰恰适应着韩愈对现实社会的批判心态，同时也为其“不平之鸣”提供了一种极好的宣泄途径与表达方式。

韩愈崇尚狂禅以后，对他的人生态度与人格精神产生了极大的影响。

韩愈及同派诗人从狂禅中看到了个体人格的力量。传统的规范人格标准已不再被他们所奉行，代之而起的是具有狂禅意味的个性人格的高扬。冲荡礼法，不拘细行，正是高扬个体的具体内容。这种对背离传统、不拘礼法的个体人格的高扬，便构成了他们的诗歌内容赖以由正统转向怪异的心态基础。

狂禅对韩愈的创作观念也产生了深刻的影响。儒家的“诗教”重“美刺”，而韩派诗人孟郊却对此进行了否定。韩愈对儒家的创始人孔子及儒学经典《诗经》则采取了嘲讽的态度。其《石鼓歌》云：“陋儒编诗不收入，二雅褊迫无委蛇。孔子西行不到秦，掎摭星宿遗羲娥。”这虽然也是对其创作实践的感悟，但从背叛传统的精神实质上看，无疑也刻有狂禅的烙印。此外，传统诗教提倡“中和之美”，而韩愈及其门人则崇尚怪异、狞厉的美，创造的是光怪陆离的境界，抒写的是一种怪异的形象，崇尚的是一种弩张的力，冲破了“温柔敦厚”“发乎情，止乎礼义”的诗教规范，拓展了诗的审美领域。这无疑是与狂禅的精神相一致的，也是他崇尚特立独行、追求新奇心态的表现。

五　汲汲富贵、谄媚干谒的世俗心态

韩愈的一生，虽然志在“匡救政俗之弊害”，有进入严峻人生境界的崇高，却也不乏追逐利禄、谄媚权贵的世俗心态。入仕之前，韩愈尝多次投书权贵，自荐自进，三次上书宰相，上书山南东道节度使于頔、京西节度使邢君牙、京兆尹李实、韦舍人等，请求荐举汲引。这些干谒自进的书信，或陈述己志，或哀叹窘境，或称颂对方，字里行间流露出汲汲于富贵、戚戚于贫贱的世俗心态。如《复上宰相书》：“情隘辞蹙，不知所裁，亦惟少垂怜焉。”《应科目时与人书》一面自白曰“若俯首帖耳，摇尾而乞怜者，非我之志也”，另一方面却哀呼“其哀之，命也；其不哀之，命也；知其在命而且鸣号之者，亦命也”，表现出哀告乞求、奔走权门的世俗心态。当然，这种汲汲于富贵而奔走权贵的世俗心态，是封建社会大部分知识分子，尤其是出身寒门的知识分子所难免的。可贵的是，韩愈不仅不掩饰自己“利禄情深”，而且在自荐自进时，总是那么理直气壮、气魄不凡。他在《与凤翔邢尚书书》中提出“布衣之士”与“王公大人”须相互补的说法。所谓“布衣之士身居穷约，不借势于王公大人则无以成其志；王公大人功业显著，不借誉于布衣之士则无以广其名”。又说：“夫以贫贱而求于富贵，正其宜也。”由此可见，他是多么自信，如何坦诚与直率了。这比那些心灵龌龊而满嘴仁义的伪君子要可爱得多。

第六章
李贺的抑郁气质与躁动心态

在中唐诗坛上，号称“鬼才”的李贺，是最具独特风格与个性的一位杰出诗人。他的诗风虽然与韩愈相似，同属韩孟诗派中的成员，但他的诗歌内容及其个性气质、心理状态，却与韩愈具有很大的差异。在中唐诗坛，他的诗歌创作，不像元白诗派与韩孟诗派中的诗人那样，较多地反映广阔的社会现实内容，而更多的是对自己主观心态的抒写。但由于衰落的“宗孙”遭遇与体弱多病的自身生理条件，使得他的心态表现出明显的抑郁气质与急欲功名的躁动焦虑特征。

一　宗孙意识与功业心态

李贺是唐高祖李渊叔父郑王李亮的后裔。尊贵的帝室世系、宗孙的身份，使李贺颇为自矜自诩。这种自矜自诩所形成的优越感，渗透在他的潜意识中，成为他接人待物的一种凝固心态。不管是对友人、亲贵还是对自己，不管是在什么场合、什么时间，他都不忘提醒对方或告诫自己这个值得夸耀的政治优势。因此，他常常以“宗孙”“宗人”“皇孙”“唐诸王孙”“陇西长吉”来自称，不无炫耀的心态。然而，李贺只不过是其家族已由权贵豪门的行列跌入了社会底层的所谓“宗孙”。他并没有获得与其“皇孙”身份相埒的地位与富贵，也没有取得高官厚禄的政治资本与冶游宴乐的物质享受的基础。相反，他始终生活在一个地位卑下、生活又极度困顿的环境之中。这种王孙意识与现实处境的巨大反差，造成了他心理上的矛盾混乱。又由于这种矛盾混乱始终没有得到澄清和解决，这便给他的心理上造成了巨大的创伤和压抑。现实处境的无法改变，又使他逐渐地由愤懑不平转向急欲成就功名、显亲扬名的急躁焦虑。

李贺是一个短命的诗人，同时也是一个早熟的诗人。据王定保的《唐摭言》记载，李贺 7 岁时便写了《高轩过》那样成熟的诗。当然，7 岁的小孩能写出那样老辣的诗，恐不足信，但这至少说明李贺自幼聪颖早慧。《新唐书》本传记载李贺 15 岁时，已有“乐府数十篇，云韶乐工，皆合之管弦”，与当时的乐府名家李益齐名。此外，从元稹明经及第后去拜望李贺这位白衣少年①，以及韩愈、皇甫湜等文坛名流对他的赞誉来看，李贺在少年时代即负盛名，无疑是一位早熟的诗人。正由于他的早熟、早慧以及受到文坛巨匠的赞誉奖掖，加之所谓“宗孙”的自居心态，这些都增强了李贺盲目自信的心理，使他对自己的才华过于自负，对“皇孙”的身份过于看重，对未来的期望值过高。然而，现实生活并不像他期望的那样美好，他的人生也并不是铺满鲜花的坦途，而是布满荆棘的仄径。期望值越高，就会越不满现状；现状越窘迫，就越会刺激他去争取更大的期待值。诗人便陷入这不可解脱的矛盾之中，终生几乎都在为此焦躁地奔走，愤懑地呼喊，恳切地陈情。

根据朱自清先生的《李贺年谱》来看，李贺从 17 岁起，就往来奔走于洛阳与昌谷之间，或以诗谒韩愈，或与新科进士、权门之子权璩等往还。21 岁在洛阳应府试，当年秋在长安应进士试不谐，冬末又回到昌谷。第二年春又到长安任奉礼郎。两年后因病回昌谷。同年十月到洛阳居仁和里，写诗给皇甫湜祈求援引。十月中旬，又从洛阳到长安复职。因三年任期已到，眼看迁升无望，恰逢友人张彻入潞州郗士美幕，又激起他新的希望，决心辞官入潞幕。两年的潞幕生活又在失望中度过，此时病体愈弱，故返

---

①[唐] 康骈：《剧谈录·元相国谒李贺》，上海：古典文学出版社 1958 年版，第 60—62 页。

乡后不久便病逝。

李贺从17岁跨入社会到27岁病逝，10年之中几乎一直在急切凄惶地到处奔走，诗人的身心几乎没有获得片刻的安宁。这样，焦躁地奔走没有获得预期的价值，恳切地陈情也未能使自己立据要路津，愤懑地呼喊在冷漠的社会中更无什么回应。久而久之，诗人的心态逐渐由焦躁走向忧郁。"少年心事当拏云"（《致酒行》）的自信，转为"我有迷魂招不得"（同上）式的焦灼，再转为"雨冷香魂吊书客"（《秋来》）的忧郁与悲哀。而长期处于这种忧郁与悲哀的心态又无情地摧垮了他的身体，使他白发早生，年少早衰。这种心态与体质的局限，又使他无法承受现实与心理的压力。他表现得焦躁不安，常常失眠，面容憔悴，身体虚弱，不到20岁，便出现鬓发凋落变白。身体的衰弱又常常使他感到死亡的恐惧。李贺的心态便始终处于这样一种恶性的循环之中。

李贺之所以产生这种功名上的躁动心态，心理承受能力之所以如此脆弱，与他的人生经历有关。生活的单调与自我封闭，使他在政治上显得极为幼稚，缺乏应变能力和与人亲和能力。

李贺一生既极为短暂又异常单调。他虽当过两年多的奉礼郎，对官场宦海、世态人情却很少了解。奉礼郎的职责是为宗庙、皇陵及王郊社稷祭礼作赞导和礼相。这种职务决定了他的工作环境是宗庙、陵墓、斋坛，对象则是幽鬼、神祇。如果说这种工作环境和对象对李贺鬼神诗的创作和幽冷氛围产生了很大影响的话，那么，也使他对人的了解，特别是对官场的了解则相隔甚远。此外，李贺从小就生活在一个极为幽闭的环境之中，读书、吃药，树下听讲、出门觅句再闭门写诗。所咏者亦多为身边之情景：南园之花、北国新笋、昌谷春游、幽溪晚凉、前庭浩歌、后园凿井。他常常早晨出门觅句，晚上整理成篇，日日如此。一匹弱马，一个书童，一位整日为他操心的母亲——这是李贺进入社会之前的全部生活内容。步入社会后，在洛阳求职时是"日夕著书罢，惊霜落素丝"（《咏怀》）；在长安任职时是"扫断马蹄痕，衙回自闭门"（《始为奉礼忆昌谷山居》）；在洛阳长安之间是"往往独骑往还京、洛，所至或时有著，随弃之"[①]，仍然浸淫于读书与创作之中，落落寡合，罕与人交，与人亲和能力差。

---

①[唐] 李商隐：《李商隐全集附李贺诗集·李贺小传》，上海：上海古籍出版社1999年版，第209页。

封闭的生活环境使他对仕途坎坷缺少认识，盲目的自负自诩使他对人生挫折缺少必要的心理准备，不谙世事的幼稚又使他缺乏自卫和应变能力。这样一旦遇到打击就会觉得无所适从，不知如何应对。这在《仁和里杂叙皇甫湜》和《出城别张又新酬李汉》二诗中表现得较为突出。在给皇甫湜的诗中，李贺首先诉说自己的贫寒，然后抒发小人攻讦使自己不能应试的愤懑，以至使自己立登要津，身名显赫的愿望落空。最后祈求皇甫湜向吏部推荐自己这位王室宗孙："欲雕小说干天官，宗孙不调为谁怜。"（《仁和里杂叙皇甫湜》）为求白笔上头，清声早播，20岁左右的诗人就觉得岁暮春老，以致急切地要师友援引，躁动的心态可见一斑。

二　由功业心态走向对外部世界的占有欲望

李贺的宗孙意识与功业欲望所产生的躁动心态，使他走向了由个人利欲所支配的功名追求。而这种追求却是为了挽回一个唐宗室后裔理应享有的、但业已失去的荣华富贵，而非拯救处在危机中的帝国政治的中兴。

在李贺的心灵深处，处在人生享乐终极的无疑是拥有无限权力的帝王和占有巨大财富的富家贵族。在他的诗中，秦皇汉武并不是因为他们创造了辉煌的人类业绩，而是他们占有无以比拟的财富和权力，享尽了人生的快乐。他的《秦王饮酒》极力铺陈宫廷宴饮的豪奢场面；《秦宫诗》细腻地描绘秦宫恃宠骄肆的酣狂情态；《追赋画江潭苑四首》幻写金陵六朝事迹；《河南府试十二月乐词》皆写宫中享乐都是出于这一心态。

在李贺的内心深处，充满着对于外部世界的占有冲动，他那骚动不安的心态，就是由这种占有欲所导致的。这种占有欲望，除了财富、地位、权势、名誉之外，美色也是他倾心迷恋的对象。在他对女性的衣着、步态、住所、织作、晓妆等的细致入微的描写中，人们不难发现他无法摆脱异性之美的强烈诱惑。虽然他也曾对幽闭失幸、虚掷青春的宫女们表示了一定程度的同情，但这并不妨碍他企羡帝王的嫔妃成群。《花游曲》《大堤曲》《屏风曲》《石城晓》《夜来乐》《房中思》《宫娃歌》《洛姝真珠》《染红上春机》《美人梳头歌》《三月过行宫》等等，便是他对异性之美的徒然渴望之情的证明。他的《恼公》便是写狎妓的。"心摇如舞鹤，骨出似飞龙"，前句写心摇目荡、不能自持，后句写相思成病，身体消瘦。他在《房中思》中说"谁能事贞素，卧听莎鸡泣"，对妇女的贞节观念颇不以为然。这种对传统道德的怀疑与反叛却将他引向纵欲的道路，而纵欲在一定程度上又促进了他精神的变态。在这种变态心理作用下，他有时害怕自己的力量被女人吸去，“元气茫茫收不得”（《昆仑使者》）。而每一次的纵欲恰恰具体而实在地体现了他所恐惧的情况，于是精神和身体都江河日下了。这样，对女色也就由“好之”而转变为“惧之”。

同样，在权势、富贵、地位与名誉追求不到时，他便转而彻底地否定它们。所以，其《金铜仙人辞汉歌》《追和何谢铜雀妓》《梁台古意》等具有代表性的作品，其所抒发的主题便是，秦皇汉武不管他们生前怎样纵欲极情，享尽人间乐事，但最终也将化为一点烟尘；他们的宫苑华殿也会变成一片废墟。《铜驼悲》写道：“桥南多马客，北山饶古人。客饮杯中酒，驼悲千万春。生世莫徒劳，风吹盘上烛。厌见桃株笑，铜驼夜来哭。”桥南紫陌，是策马游乐之地；举首北邙，是前人陵墓。贵客行乐，只是加速走向坟墓的步履，所以夭桃虽艳，却见而厌之。铜驼阅历已深，知乐极生悲之道，故夜来为之哭泣。就在这酒色之乐的享受追求中，李贺的确感到自己身体的虚弱、疾病的缠身之苦。所以有《将进酒》“劝君终日酩酊醉，酒不到刘伶坟上土”，《许公子郑姬歌》“相如冢上生秋柏，三秦谁是言情客”之种种感叹。对富贵、地位、名誉的汲汲追求和追求不到的苦恼，对酒色的享受追求及由之而引起江河日下的身体状况，既使他常感到苦恼、焦躁、心神不宁，又使他恐惧、厌倦，感到人生短促。李贺的心态便陷入这种矛盾的境地而不能自拔。这便是导致他精神变态的根本原因。在这种变态心理的作用下，他便常常感到一种死亡的恐惧。所以，他的不少诗作，便是对生命的沉思和悲歌。

三　体弱多病带来的个体生命的危机感所造成的生与死的矛盾痛苦心态

李贺因体弱多病，对死亡和人生短促极为忧虑，使之刻骨铭心，构成其始终排解不开的生命情结。因此他对生命的体验和感受的程度也非常人所能相比。社会和疾病的双重打击对他来说，无疑是残酷而致命的。应举遭毁，仕途受阻，使他深感实现生命价值的渺茫；身体虚弱早衰，沉疴难起，使他清醒地意识到自己难终天年而生日无多。他在诗中不厌其烦地写到死：“酒客背寒南山死”（《河南府试十二月乐词》之《二月》），“竹黄池冷芙蓉死”（《河南府试十二月乐词》之《九月》），“九节菖蒲石上死”（《帝子歌》），“提携玉龙为君死”（《雁门太守行》），“朱旗卓地白虎死”（《白虎行》），“七星贯断姮娥死”（《章和二年中》）。就连神仙也不能逃脱：“王母桃花千遍红，彭祖巫咸几回死”（《浩歌》），“几回天上葬神仙，漏声相将无断绝”（《官街鼓》）。可见，他念念不忘的就是死。在他的心灵深处，确实充满了生与死的矛盾所激起的痛苦。他怕死，之所以怕死，是因为他的确时时感受到死的阴影的威胁。他不能像普通人那样，把死亡看作是遥远的事，只能面对随时都可能抱憾而终的残酷的现实，心中那种恐惧、焦灼、痛苦之情是可以想见的。

李贺从小体弱多病，再加上聪慧敏感，所以他具有一种特有的夭折的强烈预感。这又进一步造成其深重的心理压力与负担，使其身心受到严重的摧残和损害。对病痛的忧患，使他始终处于疾病缠身、大限将至的惶恐不安之中。因此忧病、畏死、求生也就自然构成诗人心灵深处的潜意识。正因如此，所以他念念不忘自己的病：“自言汉剑当飞去，何事还车载病身”（《出城寄权璩杨敬之》），“病骨犹能在，人间底事无？何须问牛马，抛掷任枭卢”（《示弟》），“咽咽学楚吟，病骨伤幽素”（《伤心行》）。与此相联系，诗人还多次提及自己的未老先衰：“日夕著书罢，惊霜落素丝。镜中聊自笑，讵是南山期”（《咏怀二首》），“壮年抱羁恨，梦泣生白头”（《崇义里滞雨》），“吴霜点归鬓，身与塘蒲晚”（《还自会稽歌》），“终军未乘传，颜子鬓先老”（《春归昌谷》），“秋姿白发生，木叶啼风雨”（《伤心行》）。敏感的诗人由头上青丝转为白发的变化之中意识到自身的衰老，并由此产生强烈的死亡之预感和联想。疾病使之痛苦不堪，死亡更令其惶恐至极。宇宙之广漠，时空之无垠，使诗人倍感个体生命在历史长河中稍纵即逝的短暂的悲哀，也使其叹病嗟老衰朽的生命忧患意识和惜时求生情绪表现得更为强烈。他极力铺陈和大肆宣扬死亡情绪，正反映了他强烈的生命企盼和对生命价值的执着追求。他唯恐长夜即逝，便欲“酒酣喝月使倒行”（《秦王饮酒》）；企盼时间老人止住前进的步伐：“一日作千年，不须流下去”（《后园凿井歌》）；恨不能不使太阳落山。他大声疾呼：“神君何在，太一安有？”（《苦昼短》）要他们去驾驶赤乌，使天下永为白昼，没有黑夜。甚至要挺身而出，“斩龙足，嚼龙肉”（同上），为的是“老者不死，少者不哭”（同上）。有时则发疯地狂喊：“捶碎千年日长白。”（《官街鼓》）“诗人的畏死心理达到了无以复加的程度。这种心理与性格的变态，正是源于其对生命的强烈渴求和企盼。这是诗人生命意识的自然流露，也是诗人生命意志、生命情绪的折射和显现。”①

死亡是人生不可避免的，也是不以人的意志为转移的客观规律。聪敏而天才的诗人对生命是如此的留恋，对死亡是那样的恐惧，但他的理性也告诉他，要止住岁月流逝是不可能的。“天上几回葬神仙”（《官街鼓》），“王母桃花千遍红，彭祖巫咸几回死”（《浩歌》），“飞光飞光，劝尔一杯酒。吾不识青天高，黄地厚。唯见月寒日暖，来煎人寿。食熊则肥，食蛙则瘦。神君何在？太一安有？天东有若木，下置衔烛龙。吾将斩龙足，嚼龙肉，使之朝不得回，夜不得伏。自然老者不死，少者不哭。何为服黄金、吞白玉？谁似任公子，云中骑碧驴？刘彻茂陵多滞骨，嬴政梓棺费鲍鱼”（《苦昼短》）。连天上的神仙、人间的秦皇汉武也不免一死，世间凡人欲长生不死岂不荒唐。这便是诗人对求生以图不死观念及举动的否定，也反映出诗人在情感愿望上与理性思维上的矛盾冲突。这个矛盾一直煎熬着他，成为他思想上难以摆脱的恶魔。《古悠悠行》写道：“白景归西山，碧华上迢迢。今古何处尽？千岁随风飘。海沙变成石，鱼沫吹秦桥。空光远流浪，铜柱从年消。”万物都不能长存，千岁之久有如风飘之疾。但是，遗憾的是这种理性认识并没有使他走向达观、超脱，顺应自然，俯仰自得，乐天知命，而是更加执着。他要寻找一条可以摆脱死亡的道路。《日出行》写到：“白日下昆仑，发光如舒丝。徒照葵藿心，不照游子悲。折折黄河曲，日从中央转。旸谷耳曾闻，若木眼不见。奈尔铄石，胡为销人？羿弯弓属矢那不中。足令久不得奔？讵教晨光夕昏！”他幻想使太阳不得奔驰，长在天上，使时间凝固，这样就可以长生了。李贺正是由于这种对生命的执着的、躁动的、无休止的追求，幻想去改变自然规律，使自然适应自己，而不是使自己顺应自然，才铸成他思想、心态上的悲剧色彩。

当人情绪亢奋、感受强烈、思维专一与定向时，很容易因心力无所归宿而泛滥横流。李贺由忧病联想到死亡，进而又自然而然地由死亡联想到鬼域和冥界，鬼便成为他心灵深处的潜意识，成为他诗中常表现的对象。见到一块葛布，就联想到“博罗老仙时出洞，千岁石床啼鬼工”（《罗浮山

---

①李军：《生命的沉思与悲歌——论李贺诗歌的生命意识》，《广西师院学报》（哲学社会科学版）1994年第3期。

人与葛篇》);在南山田中行走,见到的是“鬼灯如漆点松花”(《南山田中行》),“南山何其悲,鬼雨洒空草”(《感讽五首》其三),遇到迎神赛社,更是“百年老鸮成木魅,笑声碧火巢中起”(《神弦曲》)。既然人都不免一死,长生不老又绝无希望,于是诗人便会转而想象死后的情形。“秋坟鬼唱鲍家诗,恨血千年土中碧”(《秋来》)。怀才不遇的鬼魂,在愤愤不平地唱着鲍照的诗,诉说自己的怨恨与愤怒。看来,鬼域世界同样是贤愚莫分、是非不辨,同样有怀才不遇、抱负难展的怨恨。人生本寂寞,人死更寂寞,这不能不令诗人黯然神伤。

在他的意识与诗歌表现中,“鬼唱”“鬼哭”“鬼吊”,鬼和人一样也有七情六欲。既然鬼也有七情六欲,那么,鬼也难免一死了。诗人念鬼、写鬼,正是其忧死畏鬼的深层潜意识的自然流露。我们从其鬼诗中既可感受到诗人那种痛苦至极的生命情感体验,又会发现诗人对死亡世界的探求是以对死亡和鬼蜮世界的否定而结束的。而这正好表明了诗人对生的留恋与追求。

四　求仙——超越生死的道路

死是如此的痛苦,鬼蜮世界又是那样的阴森可怖,于是诗人只好另外去寻找一条可以解脱生死的道路,于是他便转向了对神仙世界的探求。《仙人》《神仙曲》《帝子歌》《湘妃》《贝宫夫人》等仙诗,便在诗人的幻觉中被创造了出来。“鬼”升华为“仙”,“鬼”是死,是对生的否定;“仙”是再生,是对死的扬弃。“仙”当然可以再成为“鬼”,“鬼”也可以再升格为“仙”。在这无穷尽的生死转化中,灵魂便可以长存。这便是诗人由忧病到畏死再到求生的“神仙”心态的自然发展和变化,从而完整地勾画出诗人对人生探求的心路历程与心态轨迹。

神仙世界可以使人长生不老,获得生命的永恒。“玉宫桂树花未落,仙妾采香垂佩缨。秦妃卷帘北窗晓,窗前植桐青凤小。王子吹笙鹅管长,呼龙耕烟种瑶草”(《天上谣》)。天国的快乐、仙界的美妙,尤其是仙人的青春永驻、红颜不老,更令诗人羡慕不已。他的《梦天》《仙人》《神仙曲》等诗将神仙世界描写得是那么美好圣洁、平和安宁,和鬼蜮世界那阴森恐怖、肮脏丑恶的现象恰好形成了鲜明的对比。而这实质上正是诗人畏死求生心态的折射与外现。求生的神仙世界,正是诗人对忧病的人间世界和畏死的鬼蜮世界的心理补偿与平衡，这同样体现了诗人强烈的生命意识。洪为法对此曾分析说："贺惟畏死，不同于众，时复道及死，不能去怀。然又厌苦人世，故复常作天上想。《李传》所记，曰白玉楼，应是贺意中乐土，召之作记，则贺向全力以赴之者，乃有自见之道。濒死神志既亏，种种想遂幻作种种行，要以泄其隐情，偿其潜愿耳。"① 这不仅反映了诗人求生畏死的痛苦变态心理，其中还深蕴着诗人向往天国仙界长生不老、美好安乐生活的一面，实质上是其心灵深处求生本能的显现和折射。李商隐《李贺小传》记述李贺死时的情形道：

> 长吉将死时，忽昼见一绯衣人，驾赤虬，持一版书，若太古篆或霹雳石文者，云："当召长吉。"长吉了不能读，欻下榻叩头，言阿弥老且病，贺不愿去。绯衣人笑曰："帝成白玉楼，立召君为记。天上差乐，不苦也。"长吉独泣，边人尽见之。少之，长吉气绝。

这自然不可能是真有其事，正如鲁迅先生所说，这"明明是一个梦，一个狂"。但梦自然是终日所思致之的。它是一种清醒状态时精神活动的延续，是潜意识心理现象的自我表现，是一种愿望的达成。可见死后成仙是李贺时刻都在向往的事。这不仅反映了诗人求生畏死的变态心理，其中还深蕴着诗人向往天国仙界长生不死、美好安乐生活的一面，实质上是其心灵深处求生本能的显现和折射。

总之，忧病使诗人厌苦人世，畏死使其倍感鬼蜮世界的阴森恐怖，求生的强烈欲望使他向往天上的神仙世界。正是这种强烈的生命意识和对人生的执着追求使他将人、鬼、仙和人间、天上、鬼蜮紧密地联结成一个有机的整体。在其丰富多彩的内容与形式之中，无不透露着诗人的精神欲念、生命体验与人生思考。诗人通过思辨死亡，探索虚无以检省自我，向往永恒，从而实现生命对死亡的超越。正是在这一意义上，诗人以他的过人才华、丰富的想象力，以他的生花之笔为世人描绘了与人间世界相对应的鬼蜮世界和神仙世界以及与人相对应的人、鬼、仙三大形象系列，渲染出除人间以外的两个梦幻般的艺术世界，并构成其诗歌创作的总体背景与内在结构。深蕴其中的强烈生命意识与执着人生，令人心灵为之震颤，其巨大

---

①朱自清《李贺年谱》引，见陈治国编《李贺研究资料》，北京：北京师范大学出版社 1983 年版，第 83 页。

的艺术魅力永远感动着后世的人们。

五　抑郁躁动心态与对生死的变态心理在诗歌创作中的表现

李贺抑郁躁动的心态在创作上则表现为，一首诗中感情瞬息万变，同一时间所写的诗会对同一问题得出不同甚至截然相反的结论。例如，他有时自视甚高，对自己的才华颇为自负。在《昌谷北园新笋》《马诗》中，诗人以天马龙材自命，眼前的挫折、困顿，似乎也算不得什么。但有时又截然相反，在命运和挫折面前，显得异常沮丧和绝望，准备接受命运的摆布，甚至绝意仕进，归隐昌谷："犬书曾去洛，鹤病悔游秦"（《始为奉礼忆昌谷山居》），"舍南有竹堪书字，老去溪头作钓翁"（《南园十三首》其十）。甚至连自己平日视为生命所系并恃以傲物的文学才华也怀疑其价值来："谁看青简一编书，不遣花虫粉空蠹"（《秋来》）。"寻章摘句老雕虫，晓月当帘挂玉弓。不见年年辽海上，文章何处哭秋风"（《南园十三首》其六）。这种心态竟使他打算弃文从武，以功勋夺取高位："男儿何不带吴钩，收取关山五十州。请君暂上凌烟阁，若个书生万户侯"（《南园十三首》其五）。"见买若耶溪水剑，明朝归去事猿公"（《南园十三首》其七）。

躁动的心态所造成的情绪波动使他感情瞬息万变，而且常常是在酣歌醉舞、兴高采烈之际，感情却突然变化，迸发出悲怆凄厉之声。如《二月》一诗的前几句描绘了风和日丽的仲春风光：兰花含笑，蒲叶盛长，燕子呢喃，与大自然旎旖风光相辉映的是美人酣歌醉舞，气氛热烈到了极点，结尾却突然逆转，"酒客背寒南山死"。南山常是长寿的象征物，可李贺的笔下，南山也要死去，更何况背寒的酒客呢！像这种极写欢宴之中突然出现的神秘死亡、情绪突变的诗作，还有《秦王饮酒》等诗。本诗的前十四句铺写秦王的声威，宴饮的欢乐和豪奢，但就在宫女们举觞祝寿、长夜将尽之际，秦王却突然死去，留下的只有宫女们哭泣的醉眼。此外像《致酒行》《公莫舞歌》《恼公》等诗，都具有这种特点。

李贺抑郁躁动的心态和变态心理所形成的飘忽不定的意念，还使他的诗歌结构跳跃而少关联，意象朦胧而晦涩，缺乏有机的联系和严密的逻辑性。如他的《溪晚凉》：

白狐向月号山风，秋寒扫云留碧空。玉烟青湿白如幢，银湾晓转流天东。溪汀眠鹭梦征鸿，轻涟不语细游溶。层岫回岑复叠龙，苦篁对客吟歌筒。

首句说山风呼啸如狐长嗥，第六句却说月白风清，轻涟不语；第三句写玉烟在溪边飘荡，时间应是傍晚，下句“银湾晓转”又明确点出是拂晓。这种无视客观时序的主观飘忽意念，使人们往往搞不清究竟是傍晚还是清晨？是山风海啸还是月白风清？诗的五、八两句，明明是诗人有归隐之念，他却说水边的白鹭梦见了象征隐士的飞鸿；明明是诗人“幽篁弹啸”，他却说苦竹对着诗人发出了吟啸。再如《梦天》首句分明表示精神主体是在月亮之外，次句便忽入月宫，第三句再次站在地球上观察月亮，第四句却在月中飘洒着桂香的道路上与仙女相逢。后面四句又尽量夸大意识对空间、时间的浓缩变形作用。又如《苏小小墓》：

幽兰露，如啼眼。无物结同心，烟花不堪剪。草如茵，松如盖。风为裳，水为佩。油壁车，夕相待。冷翠烛，劳光彩。西陵下，风吹雨。

第一联为诗人想象所见，第二联便突然插入女鬼自白，第三、四联又是幻觉，但在时间上已回到女鬼生前，第五、六联又返回墓前。整首诗时间上的今日、昔时，空间上的人间、鬼境，互相交错而界限泯灭。《天上谣》更是如此：

天河夜转漂回星，银浦流云学水声。玉宫桂树花未落，仙妾采香垂佩缨。秦妃卷帘北窗晓，窗前植桐青凤小。王子吹笙鹅管长，呼龙耕烟种瑶草。粉霞红绶藕丝裙，青洲步拾兰苕春。东指羲和能走马，海尘新生石山下。

从天河想象星云如水，从星云和水想象其有声。从有声又想象其从流水学来。这只是在地上仰望银河生发出来的一串联想。但想象很快便跳跃了，从地上忽然置入天上，眼前展开了幻想中的景象：月宫里桂树飘香，仙女们正在采摘桂花。这有点类似于《梦天》中的“鸾佩相逢桂香陌”。但想象忽然又跨过漫长的时间，出现了关于弄玉和萧史成仙的故事，并且把他安排在月宫里，想象他刚刚醒来，卷帘迎进了曙光，窗前梧桐树上正停着引领他们上天的青凤。至此，在想象的背后，在潜意识里，已经有着一种被抑郁的对于青春情爱的热烈向往，忽然又出现了王子晋呼龙类、种瑶草的幻觉。这幻觉背后，又出现了对于美满安闲生活的向往。整个是由幻想组织起来的天上美满生活的图景。而蕴含于其间的是充满青春气息、青春活力的向往与追求，是绚烂鲜艳的理想生活的幻化，结尾却是一个大跳跃，慨叹人生的无常。透过这首诗的结构，我们看到了一个有着强烈内心冲突的心灵变幻莫测的历程。杜牧在《李长吉歌诗叙》中指出："云烟绵联，不足为其态也；水之迢迢，不足为其情也；春之盎盎，不足为其和也；秋之明洁，不足为其格也；风樯阵马，不足为其勇也；瓦棺篆鼎，不足为其古也；时花美女，不足为其色也；荒国陊殿，梗莽邱垄，不足为其怨恨悲愁也；鲸呿鳌掷，牛鬼蛇神，不足为其虚荒诞幻也。"李贺的诗，便是这奇奇怪怪的矛盾统一。而这怪异的矛盾统一的生成，正是诗人心态矛盾纠结的必然结果。

第七章
失落与超然：理想人格的多元质变

晚唐是唐代政权乃至中国封建制度衰落的开始时期。封建制度灿烂的高峰已经过去了，唐政权这个具体的统治集团也一蹶不振，每况愈下。安史之乱动摇了唐政权的统治，也动摇了唐代地主阶级的历史信念。

中唐贞元、元和年间，地主阶级知识分子中的一部分人，立志改革，有一种挽狂澜于即倒的精神。他们虽然政见不同，但都有一种改革弊政、希望朝廷能够“中兴”的热切期望。韩孟诗派充满怨怼情绪的抒愤诗和元白诗派揭露社会问题的讽谕诗，曾引起广泛共鸣。但藩镇割据，宦官和官僚集团倾轧，政令混乱，官吏横征暴敛，把这一点改革的生机也扼杀了。

王叔文、王伾集团的永贞改新，目的在于维护统一，加强中央集权，打击藩镇割据和宦官专横。但好景不长，唐宪宗登基后，就和拥戴他的士族官僚、宦官、藩镇一起，将王叔文革新集团中人杀、贬。柳宗元、刘禹锡等八个改革骨干同时被贬为偏远州郡的司马，这就是中唐著名的“八司马事件”。

紧接着在政坛上，便是绵亘30余年的牛李党争。以牛僧孺为首的进士科出身，代表着庶族地主阶层的势力；以李德裕为首的依靠门第，代表士族门阀地主阶层的势力。双方排挤倾轧，进退升沉，直到李德裕被贬死崖州，这场党争才告结束。这场党争对唐王朝的危害是十分巨大的，以致唐文宗曾感慨道："去河北贼非难，去此朋党实难。"[①] 此后，连皇帝废立的大权，也操在了宦官的手中。穆宗是一个荒于酒色的昏君，敬宗即位时年仅16岁，是一个更为昏乱的小皇帝，终日游乐嬉戏，乃酒色之徒。在位三年，便为宦官所杀。文宗虽有意除去宦官，但因用人不当，两次谋划，均告失败。尤其是大和九年（835）的所谓"甘露之变"，朝官被杀六七百人，朝野震骇。白居易《九年十一月二十一日感事而作》："祸福茫茫不可期，大都早退似先知。当君白首同归日，是我青山独往时。顾索素琴应不暇，忆牵黄犬定难追。麒麟作脯龙为醢，何似泥中曳尾龟？"在震恐与感慨之余，表现出一种远祸以自全的心态。李商隐《有感二首》（其二），对宦官的凶残表示了义愤，对文宗的用人不当表示惋惜，而对被杀害者表示了深切的同情："古有清君侧，今非乏老成。素心虽未易，此举太无名。谁瞑衔冤目，宁吞欲绝声？近闻开寿宴，不废用咸英。"他还写了《重有感》，表示了自己对"甘露之变"的鲜明态度。他对朝政的关心，比此时的白居易要深沉得多。但是，他的希望不久也就破灭了。后来，他在伤悼文宗的诗里，就曾发了很深的感慨："运去不逢青海马，力穷难拔蜀山蛇。"（《咏史》）张祜在《丁巳年仲冬月江上作》对甘露之变感叹道："南来驱马渡江渍，消息前年此月闻。惟是贾生先恸哭，不堪天意重阴云。"

面对这样动荡不安的社会，士大夫躁动不安的心态逐渐趋向于收敛与冷寂。他们的内心深处产生了一种命运的衰亡感，使他们感到生无所寄，整个地主阶级都惶惶不可终日。他们的心态也从昂扬、奋进的改革进取转化到颓唐消沉。他们虽然仍眷念朝廷，怀抱希望，但已经失去了信心；他们虽然仍关心朝政，有一定的抱负，但已经没有贞元、元和年间他们的前辈那样的改革锐气。他们中的有些人，也时或表现出希望有所作为的心态，但已失去了朝气。更多的士大夫不再是抗争，不再是像韩、白那样，定要为"除弊政"或"补察时政"效力，而是将注意力转向自己的内心体验和

①[后晋] 刘昫等撰：《旧唐书·李宗闵传》，北京：中华书局1975年版，第4551页。

日常生活琐事，表现出了由执着激愤到忘世、超世的心态走向。尤其是晚唐后期的士大夫们，就连前期杜牧、李商隐那样的虽无能为力，但还希望有所作为的矛盾心态也没有了。他们带着末世的悲哀感走向消沉。他们在混乱的局面中寻一点空隙，纵情逸乐以度日，追求一种平静的心态。在这种心态的作用下，他们的诗作便表现出一种精神的空虚感，追求一种淡泊的情思与淡泊的境界，充满了悲观感伤的情调。

一　从执着、激愤到感伤忘世的心态走向

在晚唐“这个忧患深重的时代，襟抱难展、偃蹇困顿几乎是诗人们的共同命运。翻开他们的诗文，随处记载着理想破灭的失望，弥漫着对国家命运和个人前途的惶惑、感伤”①。然而，这种心态并不完全像宋末词人王沂孙的《齐天乐·蝉》那样衰颓消沉：“一襟余恨宫魂断，年年翠阴庭树。乍咽凉柯，还移暗叶，重把离愁深诉。西窗过雨。怪瑶佩流空，玉筝调柱。镜暗妆残，为谁娇鬓尚如许？铜仙铅泪似洗，叹携盘去远，难贮零露。病翼惊秋，枯形阅世，消得斜阳几度。余音更苦。甚独抱清高，顿成凄楚。谩想薰风，柳丝千万缕。”也不像张炎的《高阳台·西湖春感》：“接叶巢莺，平波卷絮，断桥斜日归船。能几番游？看花又是明年。东风且伴蔷薇住，到蔷薇、春已堪怜。更凄然，万绿西泠，一抹荒烟。当年燕子知何处？但苔深韦曲，草暗斜川。见说新愁，如今也到鸥边。无心再续笙歌梦，掩重门、浅醉闲眠。莫开帘。怕见飞花，怕听啼鹃。”更不像元代文人白朴的《双调·庆东原》那样虚无遁世、不问是非的人生态度：“忘忧草，含笑花，劝君闻早冠宜挂。那里也能言陆贾？那里也良谋子牙？那里也豪气张华？千古是非心，一夕渔樵话。”晚唐诗人的失望中，常隐含着一种对现状无能为力、但内心不愿放弃努力的痛苦：“本以高难饱，徒劳恨费声。五更疏欲断，一树碧无情。薄宦梗犹泛，故园芜已平。烦君最相警，我亦举家清。”（李商隐《蝉》）于无情碧色中鸣声稀疏欲断却仍在坚持，这不仅是对蝉执着的写实，也正是晚唐诗人执着而复杂的心理写照。

现实是那样苦难，内心又那样不甘沉沦。进取与退避交织，失望与希望共存，执着与忘世并生，这是何等矛盾的心态。罗隐《子规》诗云：“铜

①王红：《试论晚唐咏史诗的悲剧审美特征》，《陕西师大学报》1989年第3期。

梁路远草青青，此恨那堪枕上听。一种有冤无可报，不如衔石叠沧溟。”知其不可为而执着为之，死而不已的精卫，不正是这一群在昏昧衰世苦苦挣扎的诗人的象征么！与盛唐诗人明朗昂奋的精神共性、中唐诗人信心不降但期望中兴的心理趋向比较，晚唐诗人心态的悲剧特征尤为明显。在这悲剧心态的背后，蜿蜒连接着忧患时代沉重的辙印与一代士人血泪斑驳的心路历程。

（一）由执着激愤到叛逆、解脱的心路历程

晚唐时代政局的动荡与混乱，使晚唐人生活在矛盾的夹缝中。面对残破的社会现实，他们也曾有过济世的胸怀和绚丽的理想。但积重难返的现实社会，无情地粉碎了他们的幻想，使他们由对理想、社会的执着，由对黑暗现实的激愤、满腹牢骚，转而追求心灵的解脱与意志的自由。在压抑、衰落的气氛中，寻找自由畅快的气息，表现出强烈的叛逆性格。

李商隐无疑是晚唐一位关心现实政治和国家命运的诗人。他继承杜甫感时忧国的精神，创作了许多内容深广、风格沉郁顿挫的政治诗，像《隋师》《有感二首》《重有感》《曲江》《寿安公主出降》《行次西郊作一百韵》《淮阳路》以及赠、哭刘蕡诸作，都是学杜而深得其神髓的佳作，内容涉及藩镇跋扈、宦官乱政等政治焦点。《行次西郊作一百韵》更是从总体上反映唐代两百年来兴衰治乱及其根源的史诗性巨构，在晚唐诗人中，可谓无出其右。面对甘露之变这样巨大的政治变乱，他想到的是唐王朝荆棘铜驼的衰亡命运；参加博学宏词科试落选，他竟发出“一年生意属流尘”（《回中牡丹为雨所败》其二）的悲叹。他对政局与社会、人生特别敏感，又特别执着，或作无望的追求，或发深情的哀挽。他虽然具有“欲回天地”的雄心与抱负，然而贫寒无依的出身与寄人篱下，屡遭排挤、打击的不幸遭遇，使他抱负无由施展，回天无力。他的理想抱负自然是无由施展了，使他形成了既悲观又狂狷的性格。他在《有感》一诗中写道：

> 中路因循我所长，古来才命两相妨。劝君莫强安蛇足，一盏芳醪不得尝。

有才能却没有命运，还是随遇而安吧！随遇而安，自然并非诗人的本心，实质上是对有才能的人不幸遭遇的巨大愤慨。这种愤慨常常在生活上显示出两种相互关联的行为：蔑视权贵或寄情声色与山水。李商隐那种对追逐名利小人的抨击“不知腐鼠成滋味，猜意鹓鶵竟未休”（《安定城楼》），那种对颓废生活的欣赏态度“君缘接座交珠履，我为分行近翠翘”（《梓州罢吟寄同舍》），清楚地表明了诗人由执着激愤到忘世、感伤的心路历程。他的诗作，更多地体现了在衰落的封建社会里，一个追求精神解放与自由的灵魂的苦苦挣扎。他从坎坷生涯的苦痛中，从日落西山的时局中解脱出来，因而思想行为呈现出一种狂放不羁的心态。

杜牧不仅是晚唐著名的政论家，也是有名的风流才子。他具有强烈的爱国思想和积极进取精神。他曾从军边上，写了许多边塞诗，表示出对消灭藩镇割据，实现国家统一，加强中央集权的强烈愿望。然而，现实的残酷与朝政的黑暗腐朽也同样粉碎了他的功业理想，他在无可奈何之中表示了强烈的愤激之情。他的大量的咏史之作，虽不如李商隐的怵目惊心，却是形象的史论：“元载相公曾借箸，宪宗皇帝亦留神。旋见衣冠就东市，忽遗弓剑不西巡。牧羊驱马虽戎服，白发丹心尽汉臣。唯有凉州歌舞曲，流传天下乐闲人。”（《河湟》）以幽默语道出抑郁不平之气，无奈中显出别样的沉痛。“唯有紫苔偏称意，年年因雨上金铺”（《过勤政楼》），细致而夸张的描写，更衬托出极度的愤激与悲伤；“一骑红尘妃子笑，无人知是荔枝来”（《过华清宫绝句三首》其一）、“霓裳一曲千峰上，舞破中原始下来”（《过华清宫绝句三首》其二）的深刻讽刺和愤怒谴责，又分明包含着内心的无限悲愤。

和李商隐及其他晚唐诗人一样，杜牧由执着激愤、蔑视权贵，在无可奈何中也走向忘世与感伤。“十载飘然绳检外，樽前自献自为酬。秋山春雨闲吟处，倚遍江南寺寺楼”（《念昔游三首》其一），由肆意遨游又走向放荡，如《雨中作》说：“贱子本幽慵，多为隽贤侮。得州荒僻中，更值连江雨。一褐拥秋寒，小窗侵竹坞。浊醪气色严，皤腹瓶罂古。酣酣天地宽，恍恍嵇刘伍。但为适性情，岂是藏鳞羽，一世一万朝，朝朝醉中去。”据《唐语林》载“杜牧少登第，恃才喜酒色”“尝自言有鉴别之能”。杜牧对自己恃才喜酒色的性格也直言不讳。他在《扬州三首》其一诗中写道：

> 炀帝雷塘上，迷藏有旧楼。谁家唱水调，明月满扬州。骏马宜闲出，千金好暗游。喧阗醉年少，半脱紫茸裘。

后面四句恰恰是诗人自己的写照。纵情声乐，恃才傲人，当然是庸俗颓废的表现，但在衰落的晚唐社会，不守封建名教纲常，努力在思想行为上挣脱随着封建制度走向下坡而衰朽的儒学束缚，是一种思想解放的反映。这是由于：

第一，晚唐政局的动荡、混乱使广大地主阶级知识分子对于地主阶级统治的稳固性产生怀疑，对重建儒家经典中所塑造的强盛的封建王朝失去信心。对现实不满又回天无力，对衰败的政权反感又无可作为。他们的心理从抑闷、愤懑发展到佯狂自负，追求解脱。

第二，动乱的政局与残破的现实使他们对于封建社会的统治思想儒学也产生了某种程度的怀疑，特别是对于封建道德伦理观念，封建礼法纲常，往往采取嘲弄、违反的态度，反映了他们不自觉的摆脱封建主义意识形态的努力。如北宋王谠的《唐语林》记载了有关晚唐文人的这样一些故事：

> 温庭筠中进士后，居然敢于嘲弄当朝宰相令狐绹任用宗亲，说："自从元老登庸后，天下诸胡（谐狐）悉带令。"

> 韦楚老辞官回到金陵，经常服衣布袍，乘驴漫游市中，指手画脚地说："上不属天，下不属地，中不累人，可谓大韦楚老。"狂猖傲岸之态，活灵活现。

> 皮日休中进士参加曲江池宴会，居然大醉，睡于宴所，身旁罗列的都是新制的衣囊书笥，旁若无人。

> 罗隐坐船，和朝官同舟，不但不行礼，甚至放言："是何朝官？我脚夹笔，可以敌得数辈！"由此得罪朝官，竟至一生蹉跎。

> 僖宗好蹴球斗鸭为乐，自以能于步打，谓俳优石野猪曰："朕若步打进士，当得状元。"野猪对曰："或遇尧、舜、禹、汤作礼部侍郎，陛下不免且落第。"①

由这些故事可以看出，晚唐社会思想的解放，冲破儒家所宣扬的纲常名教，已成为一股社会思潮。这股思潮的意义在于，这些依赖于封建制度的诗人，已经切实地感受到封建制度的破落朽败，他们不甘心随时代的衰落而衰落，他们要从人的自身寻求解脱，因而将愤世嫉俗与解脱、自负结合起来。杜牧给御史中丞李回的一封信，虽写的是个人感喟，流露的却是这股解放思想的社会思潮主角们共同的心境：

---

①[宋] 王谠著：《唐语林》卷七，北京：中华书局 1958 年版，第 246—256 页。

某入仕十五年间，凡四年在京，其间卧疾乞假，复居其半。嗜酒好睡，其癖已痼，往往闭户，便经旬日。吊庆参请，亦多废阙。至于俯仰进趋，随意所在，希时徇势，不能逐人。是以官途之间，比之辈流，亦多困踬。自顾自念，守道不病，独处思省，亦不自悔。（《上李中丞书》）

“不自悔”的自白，将晚唐带有思想解放性质的社会思想的参与者们的心态特点鲜明地表现出来。这样的思想性格和创作态度，决定了他们诗歌呈现出与盛、中唐有所不同的面貌。如同是登长安的慈恩寺塔，晚唐荆叔的《题慈恩寺塔》写道：

汉国山河在，秦陵草树深。暮云千里色，无处不伤心。

而岑参《与高适薛据登慈恩寺浮图》中写道：

塔势如涌出，孤高耸天宫。登临出世界，蹬道盘虚空。突兀压神州，峥嵘如鬼工。四角碍白日，七层摩苍穹。下窥指高鸟，俯听闻惊风。连山若波涛，奔凑似朝东。青槐夹驰道，宫馆何玲珑。秋色从西来，苍然满关中。五陵北原上，万古青濛濛。净理了可悟，胜因夙所宗。誓将挂冠去，觉道资无穷。

同是登长安大雁塔，晚唐的荆叔觉得伤心，景物一片苍凉，一种国运没落的悲伤，使登临者在壮丽的大自然风光和人们双手建造的壮丽建筑面前，只觉得伤心。而岑参笔下却是另一派壮观的景象，连秋色也是生气勃勃的，五陵上依然一片青苍翠绿。诗人的胸怀豪情，与生气勃勃的壮丽山河一样，洋溢着一种昂扬的进取精神，坚定的信心和豪迈的社会责任感。孕育着生命的大自然，也如孕育着巨大潜能的盛唐人一样，处于蓬勃向上的时期。他们虽然面对秦关汉阙，但并不去吊古，更不伤今，他们是时代的强者。晚唐人就不同了，局势的衰落使他们的潜能毫无发挥的希望，他们的信心动摇了，失望了，留下的只是面对历史遗迹的悲伤。

再如同是九月九日重阳登高，盛唐人表现出的心态与审美情趣就与晚唐人不同。我们试比较一下盛唐崔曙与晚唐杜牧、张祜的诗。崔曙《九日登望仙台呈刘明府》诗曰：

汉文皇帝有高台，此日登临曙色开。三晋云山皆北向，二陵风雨自东来。关门令尹谁能识？河上仙翁去不回。且欲近寻彭泽宰，陶然共醉菊花杯。

唐会昌四年（844）杜牧任池州刺史时，诗人张祜过访，两人在重阳节登临池州城南的齐山，都写有诗，杜牧的《九日齐山登高》诗曰：

江涵秋影雁初飞，与客携壶上翠微。尘世难逢开口笑，菊花须插满头归。但将酩酊酬佳节，不用登临恨落晖。古往今来只如此，牛山何必独沾衣。

张祜的和诗为《和杜牧之齐山登高》，诗曰：

秋溪南岸菊霏霏，急管烦弦对落晖。红叶树深山径断，碧云江静浦帆稀。不堪孙盛嘲时笑，愿送王弘醉夜归。流落正怜芳意在，砧声徒促授寒衣。

崔曙在盛唐并不算名诗人。他的诗是凭吊古迹，思维却由天上转向人间。历史陈迹更显得盛唐的伟大，而学道登仙羽化的传说，不如在人间醉饮菊花酒。重视现在，把握现在，正体现了盛唐人对于个人的前程和国家的未来，怀有巨大的信心和热情。所以全诗一气呵成，丝毫不觉悲秋衰颓之意。

杜牧、张祜的诗情调就不同了。他们精致地刻画了秋山景象，又更多地描绘了诗人狂放悲怆的抒情形象。诗人着眼在照临大地的秋天的夕阳。在这艳丽却又凄凉的背景下，诗人是以痛饮美酒、沉醉夜归来度过这佳节的。诗人的行动抒发了对晚唐衰落局势的悲怆，对自己怀才不遇、无可施展的愤慨。杜牧、张祜的思绪，从个人眼前的失意引申到历史事物残破的普遍感喟。内心世界的矛盾、痛苦，通过佯狂的行动表现出来。这便是晚唐许多有识之士的共同性格特征之一。表面上佯狂不羁，骨子里苦闷悲愤。诗歌外在形象上讲的是声色犬马，华丽绮丽，思想内容上却是深沉的思考和竭力的追求。显示晚唐诗人在一个衰败动乱的时代，对于人生的执着，对于人的社会责任感的执着。他们在登山临水、倚红偎翠的时刻，并不是沉湎于官能上的快感，而是饱含着心态的苦闷。

显然，晚唐诗人的狂放不羁的性格，是他们执着、愤激的用世热情在无法实现、无可奈何的情况下走向忘世、超世的心态的反映。这种心态表现在诗作中，便是诗人抒情形象的不拘绳检、诗歌语言的绮丽流畅和诗歌感情的凄怆苦闷。这和魏晋南北朝、晚明的诗歌一样，都处在社会大变动的前夕，诗人的思维方式最具有个性特色。他们的诗具有浪漫主义的色彩，偏于内心世界的倾诉，偏于个人主观感受的抒写，以精微而有哲理性的语言，激起读者的广泛共鸣。如：

十载飘然绳检外，樽前自献自为酬。秋山春雨闲吟处，倚遍江南寺寺楼。（杜牧《念昔游三首》其一）

吕公荣达子陵归，万古烟波绕钓矶。桥上一通名利迹，至今江鸟背人飞。（温庭筠《渭上题三首》其一）

花月楼台近九衢，清歌一曲倒金壶。坐中亦有江南客，莫向春风唱鹧鸪。（郑谷《席上贻歌者》）

几年无事傍江湖，醉倒黄公旧酒垆。觉后不知明月上，满身花影倩人扶。（陆龟蒙《和袭美春夕酒醒》）

山雨溪风卷钓丝，瓦瓯篷底独斟时。醉来睡着无人唤，流下前溪也不知。（杜荀鹤《溪兴》）

无论是醉卧青楼，在歌月舞扇中自得，还是酣饮渔樵，在青山绿水里徜徉，都是与儒家所提倡的入世精神不相容的。中唐诗人信奉儒道，要兼济天下，至少也要独善其身。晚唐诗人连“独善”也不崇尚了。他们的性格行为确实表现出一种冲破束缚、寻求精神解脱与心灵自由的痕迹。

总之，与盛、中唐诗人相比，晚唐诗人的心态要悲凉得多。盛唐诗人与社会的统一多于矛盾，他们讴歌那个繁荣强大的封建帝国，愿意为它献身。中唐诗人机敏地感到与社会矛盾的发展，他们却怀着中兴的希望和兼济的热情，努力以生平事业和封建社会“复苏”统一起来，诗歌揭示了矛盾，主旨仍然在消弥矛盾，统一矛盾。然而到了晚唐，诗人们有感于唐王朝的没落和时代的衰颓，更多地注意到人与社会的矛盾冲突。将社会与时代的衰落与个人潜能的不得施展结合起来，满怀悲愤与不平之气。但在无可奈何之中，又只好或以佯狂、狂放不羁的心态求得心灵的自由与精神的解脱，或以揭露讽刺、愤世嫉俗表现自己的绝望心态与无限的感伤。这种心路历程表现在诗作中，便是他们的诗歌，既有表现热烈奔放的济世、用世情怀的诗作，又有理想无法实现的苦闷歌哭诗作；既有愤世嫉俗的揭露，又有忘世甚至遁世情趣。他们更多地将注意力放在个人的解脱上，从而使他们的诗作表现出秋风夕阳的无限感伤。

（二）彻悟与深悲交织的挽歌

晚唐诗歌虽然失却了盛唐诗人那样向宏阔的外部世界多方开拓的气势，更多流连徘徊于主体心灵复杂、微妙的境界，以抒写个人情愫为主。但这一代诗人那充满矛盾的痛苦心态，决定了他们不可能完全钻进艺术的象牙之塔，对苦难、疮痍的现实人生视而不见。但又由于现实社会的满目疮痍、黑暗腐朽、衰败颓残，时代的没落与现实的残破，又使他们不得不将目光转向与"今天"形成了距离却又紧紧维系着它的"昨天"，选择了"怀古咏史"这特殊的表现对象而沉咏其中。他们或在历史的经验与教训中，探求解答现实困惑的路径，或从时代的变迁中参悟人生哲理，或追忆昔日辉煌以抒发末世的感伤。他们似乎更有意寻找前人的覆辙以警戒世人。这样，时代的忧患震颤着他们敏感的心灵，使他们的咏史带上了明显的"伤悼"的特征。他们在回首历史时，每每注意其与现实人生扣合之处，从中探寻盛唐兴亡的哲理，宣泄内心那痛苦的激情。因此，出身于衰世的凄凉使他们特别注意前代的败亡教训和历史人物的悲剧。同时，他们注重对于主观感受的抒发，表现出沉重的感伤心态。

1. 对历史悲剧的沉思

晚唐是封建社会的一个秋风夕阳的衰落阶段。也许是与整个衰落的时代相适应，也许是感情上共鸣的因素，晚唐诗人注目最多的已不是魏晋以来前辈诗人屡屡赞美的理想人物，如荆轲、鲁连、张良、谢安、刘裕等等，而将注意力更多转向虽不乏英雄业绩，但以失败而告终的末路英雄，或那些高才远志却终身偃蹇的憔悴文士，或那些以色示人而结局凄惨的薄命红颜。如项羽、韩信、屈原、贾谊、王昭君、绿珠等等。他们很少赞颂开国君主的赫赫功业、清平盛世的繁华富庶。忧虑的目光更多地投射到灯焰昏昏的衰世，于前代的覆亡中搜寻无情的历史教训。如吴王夫差的荒淫失国，南朝帝王的相继败亡，隋炀帝的奢侈亡国殒身以及安史之乱的兴衰巨变等等。

当然，将这些题材采入诗中作为歌咏的对象，并不始于晚唐。隋段君彦《过故邺诗》、初唐宋之问《息夫人》、盛唐王维《李陵咏》以及李白、杜甫等人都曾取历史上的悲剧人物或盛衰兴亡的史实。但只有到了晚唐，悲剧性的历史人物和事件才第一次被大量地、集中地吟咏喟叹。此外，在对历史事件的评论与对题材的处理上，他们总是特别清醒似的在历史中寻找失误，寻找教训，以突出历史悲剧。如诸葛亮是历代为人所推崇的成功者，所谓“诸葛大名垂宇宙，宗臣遗像肃清高”（杜甫《咏怀古迹五首》其五）。但晚唐几位诗人不约而同地将目光放在他的失败上：“徒令上将挥神笔，终见降王走传车。管乐有才真不忝，关张无命欲何如？”（李商隐《筹笔驿》）“铁马云雕共绝尘，柳营高压汉宫春。天清杀气屯关右，夜半妖星照渭滨。下国卧龙空寤主，中原得鹿不由人。象床宝帐无言语，从此谯周是老臣。”（温庭筠《过五丈原》）“抛掷南阳为主忧，北征东讨尽良筹。时来天地皆同力，运去英雄不自由。千里山河轻孺子，两朝冠剑恨谯周。唯余岩下多情水，犹解年年傍驿流。”（罗隐《筹笔驿》）虽然杜甫也曾有“出师未捷身先死，长使英雄泪满襟”（《蜀相》）的感叹，但终不失勃勃英气，而晚唐这几位诗人笔下，却只有深深的感伤了。再如刘邦是在楚汉相争中的胜利者，唐彦谦却避开刘邦的赫赫功业，单单慨叹于千载之后，高祖长陵与仲山如今同为荒丘一垅，显赫辉煌何在！显然，晚唐诗人对历史的取舍，体现了他们崇尚历史悲剧并以冷眼观察历史的感伤心态。

与上一方面相适应，晚唐诗人对历史上衰亡的王朝比对兴盛的王朝似乎更亲切，更有兴趣。由于这种心态的作用，就使得他们的咏史怀古，只是为了伤今，借古人之酒，浇自己之愁，这便成为晚唐诗人一大批咏史诗的共同特征。如：

孙家兄弟晋龙骧，驰骋功名业帝王。至竟江山谁是主，苔矶空属钓鱼郎。（杜牧《题横江馆》）

永寿兵来夜不扃，金莲无复印中庭。梁台歌管三更罢，犹自风摇九子铃。（李商隐《齐宫词》）

江雨霏霏江草齐，六朝如梦鸟空啼。无情最是台城柳，依旧烟笼十里堤。（韦庄《台城》）

杜牧吟咏的是西晋王浚督师沿江东下灭吴的历史事件，怀念的却是失败了的孙家东吴王朝。李商隐吟咏的是齐梁的更迭，更多的同情却倾注于被灭亡了的齐。韦庄的诗则更为概括，将六朝全囊括其中，都成了梦。而江南杨柳，又是碧绿如茵，一片生机了。诗人凭吊台城古迹，回顾六朝旧事，免不了有今之视昔，亦犹后之视今之感。亡国的不祥预感，在写这首诗时无疑是萦绕于诗人心头的。如果说李益的《汴河曲》在“行人莫上长堤望，风起杨花愁杀人”的强烈感喟中，还蕴含着避免重演亡隋故事的愿望，那么，韦庄此诗则在如梦似幻的气氛中，流露了浓重的感伤。

2. 沉重的感伤与冷峻的理性复合构成的凄凉心态

晚唐诗人怀古咏史的意图，不在于准确叙述历史，而在于抒发自己观照历史时的情感意绪，甚至是为了负载主体的悲剧性心态。因此，晚唐诗人的咏史，不是作为历史故事的叙述者，而是以抒情主人公面目出现于诗中。他们最急于表现的不是历史，而是自我，是身处悲剧时代的"我"充溢于胸中的悲凉情绪。如：

> 六代兴衰曾此地，西风露泣白苹花。烟波浩渺空亡国，杨柳萧条有几家！楚塞秋火晴入树，浙江残雨晚生霞。凄凉处处渔樵路，鸟去人归山影斜。（刘沧《经过建业》）
>
> 五陵佳气晚氛氲，霸业雄图势自分。秦池山河连楚塞，汉家宫殿入青云。未央树色春中见，长乐钟声月下闻。无那杨花起愁思，满天飘落雪纷纷。（李频《乐游原春望》）

刘诗描绘六朝故都的自然风光，李诗想象汉代的氤氲盛况，都未曾渲染盛唐巨变，但感伤、凄恻的情绪雾霭般笼罩于诗人心头，给人以流水落花春去也的凄凉感受。

晚唐诗人带着深沉的悲剧心态沉吟于历史之中，苦思冥想历史前进时显示的哲理，探寻解救现实困惑的钥匙。如李九龄《读三国志》"有国由来在得贤，莫言兴废是循环"，便由吴蜀的亡国提出了任用贤能的问题；而李山甫的《上元怀古二首》其一"南朝天子爱风流，尽守江山不到头。总是战争收拾得，却因歌舞破除休"，便提出了荒淫误国、丧德殒身的问题。贯休在咏叹夫差亡国时说："夫差昏暗霸图倾，千古凄凉地不灵。妖艳恩余宫露浊，忠臣心苦海山青。萧条陵陇侵寒水，仿佛楼台出杳冥。此是前车况非远，六朝何更不惺惺。"（《经吴宫》）罗邺将南朝悲剧总结为："柳碧桑黄破国春，残阳微雨望归人。江山不改兴亡地，冠盖自为前后尘。帆势挂风轻若翅，浪声吹岸叠如鳞。六朝无限悲愁事，欲下荒城回首频。"（《春望梁石头城》）对历史的沉思给诗歌的感伤基础更增添了力度，使其不再仅仅是一种愁情哀绪，而成为对历史悲剧的深沉感叹。如李商隐《咏史》云：

> 北湖南埭水漫漫，一片降期百尺竿。三百年间同晓梦，钟山何处有龙盘？

意境是迷蒙的，情调是感伤的，然而在感伤中流动着诗人对南朝三百年兴废的痛苦沉思。这思索的弦线又牵系着现实忧患，那样深沉，那样阔远。此外，晚唐诗人往往选取衰飒、凋残的意象寄托历史感伤。在晚唐咏史诗中，夕阳衰草、残柳落花、荒阡野烟、寒山危堞、断戟残碑等衰飒意象比比皆是。它们渗透着诗人的情绪，构成晚唐咏史诗特有的凄凉冷寂的悲剧气氛。

二　清醒的认识与回天无力的旁观心态

晚唐是唐王朝的衰落阶段，各种社会矛盾更趋复杂尖锐，朝政愈益昏暗。面对这黑暗、残破的社会和满目疮痍的现实，晚唐诗人虽然缺乏救世的功业心与积极的参与、改革意识，但他们对这种冷酷的现实与衰落的历史命运有着清醒的认识，对社会黑暗腐败的各种矛盾，采取了猛烈的抨击态度。他们不都是哲人，大多不甘于从社会现实中退避到精神领域，因而对衰落王朝和腐败社会的深切感触，恰恰要通过诗文加以宣泄，以揭露与抨击来展示人生价值。因此，在直面人生的诗作中，感伤情调表现为一种托物兴讽、愤世嫉俗以及反映民间疾苦的低吟。当然，他们的认识是清醒的，对社会矛盾的揭露与批判也是深刻的，但他们对这个衰落时代已经感到回天乏力，只是从旁观者的角度提出批评，而并不是想改变这个社会，改变这个时代。这就使他们和盛唐、中唐诗人的心态和作品形成了明显的区别。

（一）愤世嫉俗的逆反心理

当然，描绘社会现实是我国现实主义的诗歌传统。唐代，从初唐到中唐，这种直接描绘现实的诗篇很多。杜甫的诗史是对安史之乱给唐王朝带来毁坏的痛惜，也抒写了自身政治抱负不得实现并屡遭挫折的愤懑，但始终贯穿着经世与建功的儒家积极精神。白居易的新乐府诗所表现的身世之叹、爱情之歌和对时弊的讽刺抨击，虽已有沉痛之感，但在平易质朴的字里行间，依旧保持了盛唐的乐观成分。然而，晚唐这些反映现实的诗作则呈现出与盛、中唐现实主义诗作不同的另一种情感内蕴。皮日休的正乐府诗是对唐王朝末期社会政治的失望与悲叹的反映，虽着眼于叙写“可悲可惧者”“时宜于咏歌”[①]，却是一种绝望的抨击，格调上并无创新姿态，仅仅

---

①［唐］皮日休：《皮子文薮》卷七，上海：上海古籍出版社1981年版，第69页。

是白居易新乐府诗的延伸与平庸仿效。再如皮日休的散文创作，提倡“上剥远非、下补近失”，反对“空言”①。他抨击黑暗现实的作品，大都表现出对于社会的深刻洞察力和清醒的认识分析，如他的《鹿门隐书》写道：

古之隐也志在其中，今之隐也爵在其中。

吏不与奸罔期，而奸罔自至。

古之杀人也，怒；今之杀人也，笑。

古之置吏也，将以逐盗；今之置吏也，将以为盗②。

这些对当时官吏的面目认识是多么深刻清醒。他甚至对皇帝也有不满的微词。《读司马法》一文中写道：

汉魏尚权，驱赤子于利刃之下，争寸土于百战之内。由士为诸侯，由诸侯为天子。非兵不能威，非战不能服。不曰取天下以民命者乎？由是编之为术，术愈精而杀人愈多，法益切而害物益甚。呜呼！其亦不仁矣③。

这里显然是有所喻，有所指的。由此可以看出，他对当时藩镇权力角逐的清醒认识。

陆龟蒙常借物论理，因议论物理而及于时事。他对现实问题的认识更是十分清醒的。乾符六年（879）吴兴大旱，粮食歉收而官吏催逼征赋，他为此写有《记稻鼠》，先写大旱农民引远水以救稻，稻结穗者十之一二，而群鼠夜出，信宿食穗殆尽；继又言当此之时，吏索赋益急，接着作者议论说“物有时而暴欤！政有贪而废欤……况乎上捃其财而下啗其食，率一民而当二鼠，不流浪转徙聚而为盗何哉”，深刻地剖析了农民“聚而为盗”的社会原因。罗隐的《说天鸡》：“狙氏子不得父术，而得鸡之性焉。其畜养者冠距不举，毛羽不彰，兀然若无饮啄意，洎见敌，则他鸡之雄也；伺晨，则他鸡之先也，故谓之天鸡。狙氏死，传其术于子焉。且反先人之道，非毛羽彩错，嘴距铦利者，不与其栖，无复向时伺晨之侍、见敌之勇，峨冠高步，饮啄而已。吁！道之坏矣有是夫！”全文仅百十字，处处说养鸡，而

①[唐] 皮日休：《皮子文薮·序》，上海：上海古籍出版社1981年版，第1页。
②[唐] 皮日休：《皮子文薮》卷九，上海：上海古籍出版社1981年版，第99页。
③[唐] 皮日休：《皮子文薮》卷七，上海：上海古籍出版社1981年版，第62页。

处处又是说用人，其中隐含着对于唐王朝前后期用人标准不同的激烈批评，故文末说“道之坏矣有是夫”。他的《越妇言》《荆巫》《屏赋》诸篇，都表现了对弊政流俗的不满。而《梅先生碑》借对西汉梅福的议论，发泄了自己对朝政的不满：“宠禄所以劝功，而位大者不语朝廷事，是知天下有道，则正人在上；天下无道，则正人在下。”显然，这是末世乱离中，清醒者对于弊政与流俗的深刻批评。

但遗憾的是，晚唐文士们的心态却是极为冷漠的。他们虽然对社会弊端有着深刻而清醒的认识，但没有救世混乱、惩时清浊的雄心与抱负，没有改变流俗的热情。而是以一个旁观者的心态，冷眼观察着社会，述说着它的弊病。而自己呢，似乎将一切都看透了，看穿了，采取了一种与朝政不合作的态度。他们似乎是针治社会弊病的“医师”。我给你将病症诊断清楚了，也开了处方，至于你服不服药，按不按我的方案去治，那我就管不着了，是你的问题了。

在诗歌方面，陆龟蒙古奥的五言古诗，将韩孟诗派的奇险用以嘲讽时政，是别具意味的。《唐音癸签》所谓“江湖自放，诗兴宜饶……苦欲以赋料入诗”[①]，肯綮地指明了陆诗的特质。秦韬玉“无门雪向头中出，得路云从脚下生”（《问古》）的强烈讽刺与深刻自嘲给诗坛引入杂文气质。杜荀鹤以近体诗表现了抨击和揭露时政的新的力度，比乐府和古诗更为凝练与精劲。甚至以写“流离漂泛”之作名世的韦庄，也写了著名的七言歌行《秦妇吟》。这是对黑暗现实的抨击与思乡怀旧的感伤情调的巧妙糅合，体现在晚唐诗中的愤世嫉俗的逆反心理背后，依旧是绝望的感伤情调。

（二）对社会矛盾的深刻洞察与真实反映

晚唐诗歌直接描绘客观现实的作品，虽然缺乏积极昂扬的进取精神，但它所提供的新的审美经验主要是，直接地对唐代末年政治形势进行真实的描绘，深刻地揭示了地主阶级与农民不可调和的阶级矛盾，以及地主阶级内部争权夺利的残酷倾轧，造成唐政权崩溃的历史图景。把现实阶级矛盾与政权存亡直接联系起来，展示了晚唐社会的历史真实。这正是晚唐诗歌有别于前代诗歌的重大特点之一，也正反映了晚唐诗人对现实社会的清醒的认识和深刻的洞察力。

---

①［明］胡震亨：《唐音癸签》卷八，上海：古典文学出版社1957年版，第66页。

韦庄的《秦妇吟》，借一个曾在黄巢义军中生活三年之久的贵族女子的口述，反映了农民起义的历史情况。诗中极为真实地反映了地主阶级对农民残酷的压迫剥削，最终引起农民起义的客观规律，以及一场轰轰烈烈的农民起义对于地主阶级的沉重打击，是造成唐政权覆亡的最根本的原因。这首诗展开了一幅地主政权在农民起义打击下覆亡的社会图景，具有历史的真实性和当时的现实性。在中国诗歌史上，直接描写农民起义的作品是极少的，而且在描述中，能够在一定程度上揭示农民起义的必然性的诗作，就更是屈指可数了。韦庄的《秦妇吟》，在题材的开拓性、内容的现实性以及思想的启发性方面，都具有深刻的认识价值。他给后代诗人展示了一个新的审美经验，就是直接地描绘当代社会的基本矛盾的爆发，使人们对一个阶级的存亡，一个社会的兴衰作深刻的历史思索。

晚唐有些诗作，虽然没有直接写农民起义的伟大斗争，但写出了一触即发的阶级斗争形势，写出了诗人对社会现实的清醒认识，如于濆的《野蚕》诗云：

> 野蚕食青桑，吐丝亦成茧。无功及生人，何异偷饱暖。我愿均尔丝，化为寒者衣！

他的《辛苦吟》诗中云：

> 垅上扶犁儿，手种腹长饥。窗下抛梭女，手织身无衣。

《戍卒伤春》结尾写道：

> 晚风吹碛沙，夜泪啼乡月。凌烟阁上人，未必皆忠烈。

这些诗曲折地表达了下层人民的平均主义要求。

杜荀鹤的《旅泊遇郡中叛乱示同志》对当时的官军叛乱情况有清楚的反映：

> 握手相看谁敢言，军家刀剑在腰边。遍搜宝货无藏处，乱杀平人不怕天。古寺拆为修寨木，荒坟开作瓮城砖。郡侯逐出浑闲事，正是銮舆幸蜀年。

他的《山中寡妇》通过“山中寡妇”这样一个典型的人物的悲惨命运，透视当时社会的面貌，语极沉郁悲愤：

夫因兵死守蓬茅，麻苎衣衫鬓发焦。桑柘废来犹纳税，田园荒后尚征苗。时挑野菜和根煮，旋斫生柴带叶烧。任是深山更深处，也应无计避征徭。

他的《乱后逢村叟》《题所居村舍》等近体诗对当时的社会矛盾做了较为深刻的反映。值得注意的是，将农民与地主两大阶级矛盾尖锐化，在作品中不是把诗人自己的观点强加在农民身上的作品，在晚唐已经是一种创作倾向，而这种倾向大量出现在久未为人们所注意的小诗中。如：

不论平地与山尖，无限风光尽被占。采得百花成蜜后，为谁辛苦为谁甜。（罗隐《蜂》）

晓夕采桑多辛苦，好花时节不闲身。若教解爱繁华事，冻杀黄金屋里人。（来鹄《蚕妇》）

去岁曾经此县城，县民无口不冤声。今来县宰加朱绂，便是生灵血染成。（杜荀鹤《再经胡城县》）

父耕原上田，子劚山下荒。六月禾未秀，官家已修仓。（聂夷中《田家》）

这些诗以农民身份呼喊出争取人的平等的政治经济地位的要求，表达人争取摆脱封建主义制度束缚的自由愿望，正是人的本质力量的一种展示。晚唐诗歌反映了两大对抗阶级斗争激化的情景和唐王朝覆灭的命运，使晚唐这一部分诗歌有一种悲壮的美，并且曲折地展示出人追求自由的本质要求和崇高愿望。

（三）对藩镇割据的无可奈何与无限感伤

晚唐的社会政治特点是藩镇割据引起国内无休止的内乱：中央政府与地方军阀势力之间，地方军阀与地方军阀之间，明争暗斗，大战小战连绵一百余年。晚唐诗人反映当代社会政治生活的诗作，也集中在这一方面。比起前代这一类反映社会政治生活的诗作，晚唐诗人笔下最突出的是反对藩镇地方势力的割据，维护唐政权的统一性，并且具体真实地将当代这个斗争中某个时间、某件具体事件记录下来，因此具有很高的认识价值，而且从中可以看出晚唐诗人对于社会政治问题的清醒认识。

杜牧的《感怀诗一首》叙述了安史之乱后70年间藩镇割据、中央政府无力镇压，以至国内兵祸不断，始终不能完全统一的历史状况，在反映历史真实上，这首长诗具有深刻的认识价值。这首长篇叙事诗，可以说是堪称一部潘镇叛乱史。诗的前八句歌颂开国皇帝李渊、李世民的建国功勋，只是一个引子。又用极少量笔墨写安史之乱，也正是为了说明虽然唐肃宗扭转了唐王朝衰亡的局面，但也从此埋下了潘镇割据的祸根，从此便国无宁日了。诗由此用铺陈的手法，缕述潘镇叛乱的种种罪恶。从“蟠联”句至“血绝”句，诗人用20句指陈他们各自谋建小朝廷，互相勾结，妄图世袭割据一方，分裂国家。接着由“九庙”句至“风流”20句，揭露朝廷不思谋国，将帅无能，“如何七十年，汗赩含羞耻”，怒声呵斥，义正词严。“累圣但日吁，阃外将谁寄”，语虽稍缓，但对代宗德宗并未笔下留情。军事处于被动，制度废弛，百姓不堪其苦。“艰极泰循来，元和圣天子”这两句是过渡句。从此以下歌颂唐宪宗李纯有所作为，虽然这个皇帝也是骄奢淫逸，晚年尤大兴土木，好神仙，炼丹药，任用聚敛小人皇甫鏄为相，政治败坏，但他毕竟对振兴唐王朝做了一些有益的事情。从“茹鲠喉尚隘”以下，写穆宗即位潘镇叛乱复起，误以为天下太平，掉以轻心，急速地把唐王朝推向衰亡了。最后以愤怨怀思结束。全诗意气磅礴，笔势凌厉，激扬排宕，造句瘦硬，有时近乎散文的笔法，可以和杜甫《北征》、李商隐《行次西郊作一百韵》相比肩。

由此也可以看出，晚唐诗人对于社会问题的认识是极为清醒深刻的。只是由于无可奈何、无力回天，才转而由愤世到忘世；由现实的苍凉，退缩到内心的矛盾痛苦消解；从而排除烦恼，消解郁闷，进入忘世的境界。此外，值得注意的是，杜牧这首诗为后来的诗人提供了一个新的审美经验，即从影响晚唐社会最大的政治事件中汲取诗情，并抒发出人的本质力量无法展开，反而日益遭受压抑的沉痛抑郁心态。从藩镇割据造成的对封建主义思想秩序的破坏，诗人深切地感受到一种封建权威与封建伦理道德秩序沦丧的气氛，动摇了人们对封建主义思想制度稳固性的信心。

当然，藩镇割据不仅是晚唐的一个社会毒瘤，而且也是中唐，甚至整个唐代社会面临的严重的社会问题。早在杜牧之前，诗人刘禹锡对藩镇割据的危害就有着清醒的认识与深深的忧患，为此他写了《平蔡州三首》《城西行》等诗作。中唐时代的韩愈、李贺等著名诗人，也有反映平定藩镇割据的诗歌。但中唐诗人对于藩镇割据的反映与晚唐诗人的区别在于：中唐诗人笔下是平定藩镇、维护统一后的喜悦，因而寄予了唐王朝以“中兴”

的无限希望以及对个人潜能得到发挥，才能、抱负得以施展的前景怀有热烈的期望。虽然他们也有忧患与担心，但还不失希望与奋斗的精神与勇气。然而，晚唐诗人笔下，却是削藩不成、统一无望的无限悲愤以及中兴无望、报国无门的无限感伤。他们虽然具有清醒的政治头脑，对现实社会问题具有清醒的认识和深刻的洞察，但回天无力，于无可奈何之中只能是独自感伤而已，基调是凄凉低沉的。正是从这个意义上来看，杜牧的这首《感怀诗一首》不仅具有思想感情转变的意义，揭示了晚唐关于藩镇割据题材诗歌的基本格调，而且代表了晚唐诗人对于政治以及现实问题的普遍心态。

晚唐另一位大诗人李商隐的诗，也是在同样格调下展开的，他的《行次昭应县道上送户部李郎中充昭义攻讨》是送奉命招抚藩镇的户部郎中李丕而写的：

> 将军大旆扫狂童，诏选名贤赞武功。暂逐虎牙临故绛，远含鸡舌过新丰。鱼游沸鼎知无日，鸟覆危巢岂待风？早勒勋庸燕石上，伫光纶绰汉庭中。

这首诗从字面上来看壮丽豪迈，所谓“赞武功”“扫狂童”是何等气魄，何样威武，但实际上情调却十分凄凉。本是唐中央政府下面的地方藩镇政府，却要与历史上不受汉唐中央政府统辖的游牧民族相比拟，要李丕勒石燕然，永保疆域。藩镇已经与长期骚扰侵犯边疆的匈奴人相同了。这个比拟实在有点不伦不类，但是，我们透过这不伦不类的比拟，倒可以探窥到诗人内心的悲伤。唐统一的国家，马上分裂成许多各自为政的地方势力，中央政府对于藩镇割据，只能招抚、讨好、收买，已经毫无权威、毫无力量了。统一国家的形象，在晚唐人的心目中越来越模糊。

反映这种心态的诗作，在韩偓、吴融、罗隐等人诗作中，也是屡见不鲜的。唐昭宗天复二年（902），凤翔节度使李茂贞劫持昭宗，朱全忠以大兵围攻凤翔，逼迫李茂贞交出昭宗。当时“随驾在凤翔”的韩偓有一首七律《冬至夜作》：

> 中宵忽见动葭灰，料得南枝有早梅。四野便应枯草绿，九重先觉冻云开。阴冻莫向河源塞，阳气今从地底回。不道惨舒无定分，却忧蚊响又成雷。

李茂贞交出昭宗，是“冻云开”，诗人感到时局有点转机。但是，“却忧蚊响又成雷”，旧的危机尚未彻底解决，新的危机又即将产生。藩镇割据势力没有被削弱，作为中央政府象征的皇帝，无论落入哪一个藩镇的势力之下，唐王朝统一的局面都将万劫不复。第二年，落入朱全忠手中的唐昭宗，果然就被杀害了。过了四年，名存实亡的唐王朝，连名字也成了一段历史的代号。

唐王朝亡于藩镇之手。唐亡后中国分裂成许多地方割据势力，晚唐人的诗作，既是历史的记录，又是时代的预感。这是晚唐诗歌涉及社会政治生活的重要内容，也是晚唐诗人对社会现实问题的深刻认识。然而，遗憾的是，晚唐诗人虽然对各种社会弊端都有比较清醒的认识，同时也有大胆的揭露，却没有救世的热情和用世的积极进取精神。他们似乎是一个旁观者，以十分冷静的态度与心态在揭露、表现这些社会问题。对于如何改变这种社会现象，他们一方面表现出无可奈何的心态，另一方面于无可奈何中退而转向心灵的安静与在现实社会压抑下内心矛盾与痛苦的抒发，表现出凄凉感伤的情绪。

因此，就整个晚唐诗歌创作的主流来看，揭露社会矛盾，表现诗人对社会问题的清醒认识与深刻关切的诗歌，并不占晚唐诗人诗歌创作的主流，也不是他们诗歌创作的主要成就。他们诗作的主要倾向，便是无限的感伤情绪与在这种心态作用下，对哲理的体悟与对心灵的开拓。

三　心灵开拓与哲理体悟

晚唐时代，由于现实社会的满目疮痍与动荡不安以及整个封建社会的日益衰败，文人们面对这秋风夕阳的社会与气息奄奄的时代氛围，已经失去了盛、中唐文士那样向外部世界进取的积极用世之情与远大抱负。他们于沉闷压抑之中，情感内转，把注意力由现实社会退缩到诗人自己的内心世界，由对现实社会的观察、审视、揭露与批判，转向对自我心灵世界的细致入微的表现。

（一）心灵的开拓

以晚唐的代表诗人李商隐而言，由于自身曲折的经历、坎坷的生活道路、复杂的人际环境以及锐敏多感的禀性，使他经常陷入情感纠结中。所谓“庾信生多感，杨朱死有情”（《送千牛李将军》），“回肠九回后，犹有剩回肠”（《和张秀才落花有感》）。这样，审视、体悟、表现自己丰富而复杂的情感世界，成为李商隐诗歌创作中非常令人注目的显著特征。晚唐的其他诗人在这方面，虽然没有李商隐那样突出，但时代、社会、气氛、环境的衰弱造成人内心敏感、纤细，耽于多愁善感的特点，在他们的诗歌创作中，同样也打上了深深的时代烙印。温庭筠的《瑶瑟怨》几乎与李商隐的无题诗没什么不同。我们不妨对这首诗略加分析，诗云：

冰簟银床梦不成，碧天如水夜云轻。雁声远过潇湘去，十二楼中月自明。

首句写一觉醒来，清夜寂寂，独守空闺，所思念的人欲寻之梦中而又不可得，伴着自己的，只是秋夜冰凉的竹席与银饰的床。这寂静、凄清、空落之感无处可诉，只能独自一人默默地捱着这孤独的时光。次句写眼中所见，清夜难眠，思人不至，仰望秋空，澄澈明净，如浴水中，几缕轻云，浮于夜空。“碧天如水”是这位女子孤寂清冷却又澄澈明净的心境的外化。人的内心情感通过艺术化为自我观照的对象。这种人性地对待对象的方法是人的一种自我享受。这位女子也有一种冲动，即通过某种艺术的方式将自己的内心情感抒发出来，于是她弹起瑟来。第三句便是形象化了的乐声描写。次句为目中所写之景，第三句是耳中所闻乐曲旋律的形象化抒写。这两句实际上都是心境的外化表现。只不过一是通过所见之景的视觉，一是通过心态表现的音乐即听觉。末句写闺中人弹瑟的优美旋律并无知音欣赏，而所思之人又不在身旁，自己只能“相思明月楼”，不由得由思而怨，却又无人可怨。于无可奈何之中，遂无端地怨起明月来。“月自明”的“自”，便准确无误地传达出了这种心境。

温庭筠的许多乐府诗，如果我们根据诗的表面现象将它们当作怀古、咏史或叙事诗来看，那么不免给人意脉不够清晰、主题不够明显之感。而如果看作是诗人借一些古题而对心灵活动的抒写，则可以看出诗人对自己内心世界丰富而复杂的情感活动的淋漓尽致的表达。杜牧诗风格俊爽，虽然不可能像温、李那样醉心于展示内心世界的幽深曲奥，但李商隐以“刻意伤春复伤别”（《杜思勋》）来概括杜牧的诗歌特征。由此可见，杜牧“刻意”加以表现的“伤春伤别”，正是典型的晚唐时代的共同心态特征。所以，读杜牧的诗，我们常常可以透过他那些俊爽的诗句，深深地体味到诗人内心的无限怅惘与茫然。《登池州九峰楼寄张祜》曰：“百感衷来不自由，角声孤起夕阳楼。碧山终日思无尽，芳草何年恨即休。”诗人那忧郁愁闷的情怀与无限感伤的心态，常常通过诗作流露出来，只不过他的表现手段是传统的，没有像李商隐那样，给种种内心体验留下更为丰富繁复而又鲜明生动的形象而已。

总之，社会现实的衰败局面给晚唐诗坛笼罩了浓重的悲剧色彩与感伤气氛。在现实的压抑下，诗人对于现实社会绝望之后，转为内向，沉入内心世界的自我品味与心灵开拓，自怨自艾、自恋自怜，缠绵宕往，企图自我解脱而又无法解脱，于是便铸就了一种衰世的感伤心理。他们或“平居忽忽不乐”[①]，或“懒多成宿疢，愁甚似春眠”（温庭筠《感旧陈情五十韵献淮南李仆射》），或“往往自抚己，泪下神苍茫”（杜牧《郡斋独酌》），感伤与忧郁充满了心胸。在他们的诗作中，忧患、挫折、失落、孤独、漂泊、阻隔、幻灭以及时运不济、无可奈何的感受，远比成功、希望、欢乐的感受要频繁深刻得多。他们对心灵的开拓也主要表现为由自伤自怜的体验，转化为艺术地再现内心的悲愁与忧伤。

（二）哲理体悟

晚唐诗人在注重心灵开拓的同时，注重将主观的心态借助于在诗歌的形象创造中包涵哲理性的方式予以表达。

晚唐诗歌在形象中包涵哲理性的表达方式，是中唐诗与宋诗之间的桥梁，也是晚唐诗歌引起后人广泛注意的一个显著的审美特色。如前章所言，中唐韩愈诗派的诗歌创作追求以丑为美，从丑和奇险怪异的形象中启示美的追求。他们又以文为诗，将散文的逻辑演绎等议论方式，渗入诗歌的表现方式中。在韩愈的《驽骥》《荐士》《嗟哉董生行》《寒食日出游》等诗歌中，韵散句式并用，叙述与议论兼备，将哲理思维和形象思维明显地融合在同一诗中。这种手法在中唐无疑是诗歌创作的一个创造。欧阳修对此赞扬道：“退之笔力，无施不可……其资谈笑，助谐谑，叙人情，状物态，一寓于诗，而曲尽其妙。”[②] 这种看法实际上代表了宋代人对诗歌创作的认识。晚唐诗人继承了韩愈诗派将哲理思维与形象思维相统一的传统，却避免了韩愈过于“尽”，过于直露的议论。在艺术形象的丰富性与艺术手段的细微化、情思化上下功夫，终于开拓、扩展了以形象活动启示抽象的哲理思维

①[唐] 李商隐：《樊南乙集序》，见刘学锴、余恕诚著《李商隐文编年校注》，北京：中华书局2002年版，第2177页。

②[宋] 欧阳修：《六一诗话》，北京：人民文学出版社1962年版，第16页。

的创作道路，使诗歌的兴感，更深入到某些令人深思的命题和领域中。

晚唐诗人心灵世界的哲理化表现是极为普遍的。李商隐的《乐游原》写道：

向晚意不适，驱车登古原。夕阳无限好，只是近黄昏。

这里既有自然景物、时间的特定性，又富于哲理思考的包容性。这里“夕阳”一词，除了本义之外，在诗中无疑是一种将去未去的事物的共称。因此“夕阳”这一意象具有很大的包容性和丰富的蕴含。它可以使人产生丰富的联想：岁月代谢，自然界度过它运行的一天；人事纷争，唐王朝走向了它命运的尽头；生活坎坷，人从美好的年华不知不觉“老冉冉其将至兮”。美好的时间和美好的空间即将成为过去，使人无限惋惜，无限感伤。尽情赏玩这美好的时间和空间，心中又带着惜别的感伤；享受目前，却哀叹今后。生与死、繁荣与衰落、活动与安静、鲜艳与单调等等这些矛盾的关系，都可以从李商隐这首诗中得到领悟，同时也可以感受到诗人悲观的回答。这首诗虽然写的是自然景物一刹那的变化，却具有很普遍的包容意义。诗人并没有将这种自然界的变化写得过于细致，过于拘囿，强调的是变，而不是自然本身的可感触事物。因此，后代读者可以糅合自己的生涯遭际的感慨，赋予与自己本身或某一事件本身直接关联的涵义，对这首诗进行理解和欣赏。李商隐在这首诗里提供了一个新的审美经验，即面临即将消失的美好事物的心理和情绪，创造了可供人们联想力飞翔的广阔空间。在艺术手法上，你可以说是“寄托遥深”，但究竟寄托的是什么，却不能十分准确地叙说清楚。人们可以把握住诗句语言艺术形象的感受，却不能完全阐明诗歌意境所启示的哲理思维。这正是晚唐诗歌哲理化的特征。

晚唐诗人生活在一个风雨飘摇的时期，正是这时代衰落的悲剧气氛，使晚唐诗人充满了苦闷与感伤的悲凉心态。他们将这种心态，通过客观景物哲理化地表现出来。也正是在这种心态的作用下，他们对于晚春、暮秋、黄叶、菰蒲、孤雁、夕阳等残败的物象特别感兴趣，常作为自己主观心态的物态化的意象表现出来。同时，他们对人生、对社会的思索，常常借助于自然界这些客观物象哲理化地表现出来。这种现象在晚唐诗人中具有普遍性。如：

远上寒山石径斜，白云生处有人家。停车坐爱枫林晚，霜叶红于

二月花。（杜牧《山行》）

竹坞无尘水槛清，相思迢递隔重城。秋阴不散霜飞晚，留得枯荷听雨声。（李商隐《宿骆氏亭寄怀崔雍崔衮》）

门前不改旧山河，破虏曾轻马伏波。今日独经歌舞池，古槐疏冷夕阳多。（赵嘏《经汾阳旧宅》）

劳歌一曲解行舟，红叶青山水急流。日暮酒醒人已远，满天风雨下西楼。（许浑《谢亭送别》）

紫宸朝罢缀鸳鸾，丹凤楼前驻马看。惟有终南山色在，晴明依旧满长安。（李拯《退朝望终南山》）

这些饱含哲理情思的画面表明，当诗人们对社会、对人生进行思考、判断的时候，唐王朝已走向秋风夕阳的时刻。以往的繁华富庶、壮丽辉煌以及豪迈气势，不但不能激发他们的积极进取之心，反而增添了衰败后回忆的辛酸与无限感伤。回忆对他们来说，不是甜蜜的，而是苦涩的。回忆使他们联想到社会历史的变化以及改朝换代的历史的必然，预示着唐王朝无法挽救地走向夕阳秋风的衰败前景。同时，在这些画面中，也表现了诗人们对人生的思考：人的穷达升沉、祸福荣辱，也如同自然界的春风秋雨、朝日夕阳，是不断地变化着的。在这不断变化的自然与社会之间生活的人们，应该及时发挥自己对环境的感受力和适应性，在辛酸中寻找欢乐，在悲伤痛苦中觅取安慰与乐趣，在夕阳秋风枯荷败柳中，发掘那种残败的美。诗人在这些诗歌画面里，肯定着一种珍贵的、赞许的客观价值，因而能够包蕴比画面更丰富的内涵。诗的画面启发人们的审美情感，具有多样的哲理思考。席勒《论悲剧艺术》曾指出："想象越生动活泼，也就更多引起心灵的活动，激起的感情也就更强烈。"晚唐诗歌的哲理性，既在丰富的想象中塑造诗歌形象，又以诗歌形象启示读者更为广泛的想象活动。因此，这些诗歌所体现的诗人心态更为丰富。

从诗歌的艺术表现方式来看，为了突出诗歌的哲理性，更好地表达作者的心态，一些优秀诗人采取了一种富有弹性的从形象抽绎议论，议论紧靠形象的手法。在这些诗歌画面里，时空形态总是形象的，又以反问、设问、联想、引申等手法和语气，以表达诗人的心态活动，从而启迪哲理性的内涵。这样，形象思维与逻辑思维交融在精美细致的艺术描述中，包蕴了某种生活的哲理，却只可意会而难以言传。如杜牧的《赤壁》：

折戟沉沙铁未销，自将磨洗认前朝。东风不与周郎便，铜雀春深锁二乔。

赤壁之战是以吴、蜀联军的大胜而结束的，也是以少胜多的著名战役。诗人却来一个假设：如果周瑜等人不能趁东风猛吹而火烧魏军船只，那么曹军必然会大举渡江灭吴驱蜀。曹操的铜雀台上，就会收纳大乔二乔两位倾国倾城的美人。诗人用一枝残戟，一个设想来结构全诗。这看起来似乎是戏谑调侃，实际上表现了诗人对历史的严肃而凝重的思考：一场战役的胜负，可能改变历史的发展，改变历史人物的命运与前途。历史的偶然性是历史必然性的一种表现。历史的真实是吴蜀联军胜利，杜牧的设想与历史的真实对比，更加显出赤壁之战的巨大关键作用。这首短诗在启发读者思索：历史的发展究竟在哪一个关键时刻改变了方向？现实的社会究竟是哪一个实际问题促使唐王朝衰颓？人的前途命运，同样可能系于某一事件，偶发事件又如何影响全局的变化？人生的荣辱和衰晦，事业的成功与失败，其间升沉变化，也不是可以从影响历史、改变曹吴命运的赤壁之战与无声无息地沉埋沙底的残戟的对比中，得到某些启发吗？

皮日休《汴河怀古》（其二）以运河为题，批判了隋炀帝当时开拓运河的主观动机，但同时也实事求是地说明了运河在客观上所起的作用。诗曰：

尽道隋亡为此河，至今千里赖通波。若无水殿龙舟事，共禹论功不较多。

李商隐的《贾生》诗曰：

宣室求贤访逐臣，贾生才调更无伦。可怜夜半虚前席，不问苍生问鬼神。

雍陶的《天津桥春望》写道：

津桥春水浸红霞，烟柳风丝拂岸斜。翠辇不来金殿闭，宫莺衔出上阳花。

唐彦谦的《仲山》诗曰：

千载遗踪寄薜萝，沛中乡里旧山河。长陵亦是闲丘陇，异日谁知与仲多。

这些咏史抒情诗的哲理意蕴，在于把一些人们认为是普遍值得肯定的论题，从反面提出疑问，引起读者对事物两面性的思索。一个勤勤恳恳经营田产的仲山，反而不如一个游手好闲的流氓无赖刘邦的功成名就。怀抱利器、欲以大济苍生的贾生，却成了帝皇鬼神典故的咨询者。人的努力和他的成功，似乎是在偶然的机遇中才能统一，人的事业成就，似乎系于某种不确定因素之中。因此，即使开凿了利于后代航运灌溉的运河的隋炀帝，也因乘龙舟游玩的事，抹杀了他的历史功绩。从刘仲、贾谊、隋炀帝的遭际，诗人表达了这样一个思想：历史事件的评价具有多样性，历史人物的功过具有偶然性。从另一个角度来看，历史事件和历史人物的地位，会与正史所述不大相同。这种思想的含义便在于：

首先，它是晚唐社会思想解放的一种反映。在这日益崩溃的唐王朝，人们不但感到封建制度的没落，也感到传统封建主义的历史观、道德观的可疑性。诗人们自然不能清晰地表述出这些怀疑和思虑，但诗歌形象地显现了对当时官方观念的不信任情绪。诗歌没有答案。这是因为连诗人自己也不能回答这种怀疑和思虑的缘故。

其次，表达了封建知识分子对人生和事业成败升沉失去了坚定的信念，而更多相信某种偶然因素。因此，他们感到对前途、对命运把握未定。在混乱的晚唐社会政治形势下，这类忧思情绪，便具有普遍性。晚唐诗人已经失去了盛唐诗人的自信力，当然也失去了对前途辉煌的展望。

再次，这些诗歌又经常以疑问、假设、推想等语气来写，借用逻辑上的假言判断，在结论上具有不确定性。除了反映诗人思想的矛盾之外，还对读者展开思索起直接作用，让诗歌意境开拓一个想象的天地。读者在欣赏时，通过联想和推理，进行再创作。这种再创作，虽然是千变万化、因人而异的，但诗歌意境的悲伤基调，又将这千百种联想归拢在一起。在一定范围内联想的不确定性，就使这些诗歌更耐人寻味，催人思索，更具有丰富的哲理意蕴和广阔的包含性。

晚唐和六朝、南宋、晚明一样，是一个多灾多难的动乱时代。但晚唐与六朝又有不同的地方：六朝时封建社会还处于上升时期，每个短命的王朝都曾有过它的繁荣期。诗人们的悲伤和思索，还带着相当强烈的理想热情。晚唐是封建社会转入没落阶段。诗人们的感伤又常常和一个无望的王朝和一个由盛入衰的社会联系在一起。常常在回顾昔日的繁华、强大中感叹，在对未来的瞻望中悲伤，表现出一种无可奈何花落去的伤感。因此，晚唐诗歌的哲理性并不全是诗人们有意识的、有计划的心态渗透，而是他们对时代、社会、人生的体验与领悟，是想回答而又回答不了的结果。诗人们正是从时代潮流中汲取诗情，展开思维的翅膀的。形象思维中包含着抽象思维的因素，在诗情画意中启示对更抽象的理论问题的探讨。这种探索对于宋代诗人有很大的启发性和影响力。

四　绮艳情思与清高遁世的双向心态走向

晚唐诗人由于对现实社会的失望，促使他们情感内敛，有意识地将诗歌当作个人抒怀和消遣的手段，幽幽地吟唱狭窄天地里的个人情思。这样，一部分诗人抒写风流缱绻的个人生活的艳诗，表现了对声色之美的大胆追求。

他们感到挽狂澜于既倒的不可能，只有及时行乐才是唯一可能把握的现实。于是，苦闷的心理寻求感官的刺激以为排遣。加上当时都市经济的畸形发展，士大夫文人将奢华作乐、冶游寻芳视为常事，便造成了人们对于官能的感受，特别发达。浓丽的色彩，芳香的气息，柔弱的形体，朦胧的意象，以及作为这些因素集中表现的女性和艳情生活，因而成为时代精神注目的焦点。在这种心态作用下，产生了大量的艳情诗。与此同时，另一部分诗人却既不执着于不切实际的儒家诗教理论，也不愿意沉湎于繁华享乐的世俗生活。他们只是企图寻找一种淡泊平静的生活和诗境，通过寄情山水，栖心禅悦，既表示对污浊黑暗现实的厌恶与回避，也用以解脱时代与社会带给自己的痛苦的心态。因而出现了不少退隐山林、追求隐逸情趣的隐逸诗人与隐逸诗作。下面分别叙述。

（一）追求绮艳情思的心态走向

继中唐艳诗复兴之后，晚唐艳诗创作出现了更为繁盛的局面，成为晚唐诗坛主要创作倾向之一。晚唐艳诗不像中唐新乐府那样在理论上有鲜明的旗帜，而是主要在创作上显出了旺盛的生命力。除了李商隐精心写下了大量的传世艳诗之外，杜牧、温庭筠、韩偓、李群玉以及吴融、罗虬、王涣、崔珏、段成式、赵嘏等众多诗人，都程度不同地有艳诗创作。此外，值得注意的是，这一时期还首次出现了诗人自选的艳诗专集，如韩偓的《香奁集》。唐人自编的《才调集》收有李商隐、温庭筠、杜牧的不少艳诗，

《四库全书总目提要》说《才调集》“所选取法晚唐，以秾丽宏敞为宗”。这就清楚地表明，艳诗创作在晚唐形成了一定的文学气候，艳诗在晚唐诗坛，已经成为一个引人注目的创作潮流。

1. 晚唐艳诗兴盛的原因

艳诗在晚唐的兴盛，有多方面的原因。

首先，中唐以后，商品经济得到较大的发展，市民阶层迅速兴起。这种市民意识的出现，带来了时代审美观念和审美趣味的转变。传统的贵族抒情文学高雅的趣味和典雅的艺术形式，已不能适应市民阶层的审美需要，随之而来的是对世俗生活的世态人情以及感情生活的真实的再现和描绘。而尤其是艳情的描写，无疑成为满足市民阶层的猎奇心理和娱乐消闲的最具有吸引力的题材内容。此外，晚唐时代统治阶级普遍奢靡，城市成为游乐之所，社会上淫风昌炽是艳诗产生的生活基础。

其次，以主情为特质的唐诗，按照自身运动规律，不可避免地要出现一次以表现男女情爱为中心的高潮。唐诗在表现盛唐人的人生意气和功业理想，中唐人的躁动不安和对社会改革的一番渴望之后，把正经严肃的内容加以收敛，转向以温、李绮艳诗风为主流，乃是势之必然。李商隐曾说：“人禀五行之秀，备七情之动，必有咏叹，以通性灵。”① 韩偓也曾在《香奁集序》中说：“不能忘情，天所赋也。”又说：“言情不尽恨无才。”晚唐人出于对“情”的认识和自觉，可以说是相当主动和坦然地从事艳诗的创作。

再次，中唐时代的元稹、白居易、李贺等人都曾写过艳诗。这对晚唐的艳诗创作，无疑具有最为直接的影响。

2. 晚唐艳诗特征

晚唐的艳诗创作，除过大量的描写男女之情外，有以男女情爱为中心向各方面泛化的特点。晚唐艳诗，将大量带有爱情脂粉气息的自然景物、日常生活，甚至咏史、咏物摄入。凡稍微可以涉及男女关系的题材，即有被爱情摄入并向之靠拢的倾向。这样便形成了众流趋向绮艳，而绮艳又通向众流的特点。这种特点的形成，自然受文人心态的制约。

如前所述，晚唐诗人由于社会现实的压抑，他们将目光由社会现实向内收敛，诗歌由表现社会生活、揭露社会矛盾、表达诗人的理想与抱负，

①[唐] 李商隐：《献相国京兆公启一》，见刘学锴、余恕诚著《李商隐文编年校注》，北京：中华书局 2002 年版，第 1911 页。

逐渐退缩到个人狭窄的生活圈子里，表现个人的主观情感。由于心态的感伤与悲凉，他们对社会缺乏热情，将诗歌主要看成是抒发个人悲凉心态的手段，消解内心愁闷痛苦的工具。由于感情的狭窄，他们往往借传统的艳诗来表达自己的内心痛苦与无法排遣的悲凉情绪。这样，众流趋向艳丽，使许多诗篇反映社会生活不再是直接的、正面的、淋漓尽致的，而是寄寓在绮艳题材之中。另一方面，绮艳又通向众流，以艳体或准艳体替代那些直接干预和卷入社会生活的作品，这对诗歌反映现实的要求来说，毕竟也是一种补偿。如李商隐的《即日》，便借闺怨反映了会昌年间回鹘侵扰边境的时事。杜牧的《泊秦淮》借慨叹商女唱淫靡歌曲，寄寓了诗人对世风和国家命运的忧虑。因为“商女不知亡国恨，隔江犹唱后庭花”，表面上是写商女，实际上是写“听者”。因为，商女是侍候他人的歌女，她们唱什么一般是由听者的趣味而定的。由此可见，诗人说“商女不知亡国恨”，只不过是一种曲笔，真正“不知亡国恨”的是那座中的欣赏者——封建贵族、官僚或豪绅，总之，是统治阶层中的人物。《玉树后庭花》这靡靡之音，早已使陈朝寿终正寝了，可是，如今又有人在这衰世之中，不以国事为怀，反用这种亡国之音来寻欢作乐。这怎能不使诗人产生历史又将重演的隐痛呢？诗人用“犹唱”二字，微妙而自然地将历史、现实和想象中的未来串成一线，凝聚了诗人的万般感慨，增强了诗的批判力。“隔江”在唱，隔江而能听到，诗人通过这一空间距离的描写，表现了对岸歌榭酒楼中极其喧嚣的景象。这种景象和“烟笼寒水月笼沙”的幽静、凄清是相互映衬的，一则是较为清醒的封建知识分子，对国事的隐忧孤寂心态的写照，一则是反映了官僚集团正以声色歌舞、纸醉金迷的生活来填补他们腐朽而空虚的灵魂。而这正是衰败的晚唐现实生活中不同侧面的折光。

罗隐的《帝幸蜀》对僖宗逃难西蜀予以讽刺，并对统治阶级往往把祸国的罪责转嫁到女子的头上，予以旁敲侧击地批判。吴乔在《围炉诗话》中曾举出韩偓艳诗六首，逐一分析，认为这些诗都与时政有关。这虽然近乎泛政治化，缺少根据，但像“动天金鼓逼神州，惜别无心学坠楼”（《代小玉家为蕃骑所虏后寄故集贤裴公相国》），“唯有此宵魂梦里，殷勤见觅凤池头”（同上），涉及兵乱与宫廷斗争，无疑是非常明显的。至于晚唐那些长篇叙事诗作，如杜牧的《杜秋娘诗》《张好好诗》、韦庄的《秦妇吟》亦与当时绮艳诗声息相通。而这些诗的绮怨，又远远突破了一般男女关系的狭小范围，或通过妇女一生苦乐由人的命运，或通过乱世佳人的不幸遭遇，反映了一定的社会现实，不仅涉及市井生活、宫廷生活，甚至涉及一些重要的历史事件。通过这些作品，我们可以清楚地看到，诗人在感伤悲凉的心态作用下，将男女关系这个绮艳的传统题材，向各方面辐射渗透的心路轨迹。

晚唐艳诗的第二个特点，便是将人生感慨寄寓于绮艳题材之中，借绮艳题材来寄寓诗人独特的悲凉感伤心态。

晚唐诗人处于封建社会的衰落阶段，面对动乱的现实和满目疮痍的社会，他们特别敏感，也特别脆弱，人生感慨尤为突出。因此，诗歌多转向内心世界的抒发。抒发人生的无限感慨也成为晚唐诗歌在内容上的一个重要开拓。这种感慨是指以自我人生体验为基础，对涉及人情世态，对个人命运遭际、亲友离合、时序迁流、节候变化等等方面，带有总体性的认识。人生感慨的题材自然可以是多方面的，但晚唐时期通过绮艳题材来表现人生感慨的诗尤为突出。

晚唐诗人在对爱情的感受或对男女关系的透视中，带着与人生其他方面生活相通的体验与认识。这样，他们的艳诗便具有独特的风格：绮艳是其题材、作风，而人生感慨便是其基本主题。从表达的思想内容来看，晚唐借绮艳题材表达人生感慨的诗，可以分为世情感慨和命运感慨两类。

晚唐表达世情感慨的诗作和李白、杜甫、白居易、韩愈等人写的较多的针砭时弊、揭露社会弊端、抒发社会感慨的诗不同。李、杜、白、韩的许多诗，侧重于从社会的利弊方面去看问题，而晚唐的世情感慨，则是侧重于从人情世态方面看问题。如李商隐的《宫妓》曰：

> 珠箔轻明拂玉墀，披香新殿斗腰支。不须看尽鱼龙戏，终遣君王怒偃师。

诗人一方面以宫妓的居绮室、斗腰支，虽千姿百态，自谓得意，但终使“君王怒”，寄托“女宠之难长，为仕宦者劝”①；另一方面，以偃师虽善弄机巧，终使人主震怒来暗示小人的伎俩终究不能成功。结合朋党倾轧，诗人备受其害的情况来看，此诗将宫女斗腰支，偃师之假倡优合在一起，寓诫一些在朋党之中施小人伎俩、献媚求宠者，虽得意一时，终难长久的

①[明] 唐汝洵编选：《唐诗解》卷三十，保定：河北大学出版社 2010 年版，第 693 页。

下场。

李商隐讽刺趋时的《梦泽》诗云：

梦泽悲风动白茅，楚王葬尽满城娇。未知歌舞能多少，虚减宫厨为细腰。

这是作者带着对历史的冷静清醒思考之后而发出否定性的指向！带有强烈的揶揄嘲讽之意。诗中所提示的人情世态，是诗人在其人生体验中发现与领悟的，与诗人的亲身经历有着密切的联系，从某种意义上来说，也是诗人心态的曲折反映。

晚唐诗人在艳诗中寄寓的另一种人生感慨便是对命运的感慨。这种感慨包含着对人生遭际的种种乖舛乃至整个悲剧命运的感慨。罗隐的《赠妓云英》诗云：

钟陵醉别十余春，重见云英掌上身。我未成名君未嫁，可能俱是不如人。

据载，罗隐当初以寒士身份赴举，路过钟陵县，结识了当地乐营中一位色艺双全的歌妓云英。12 年后，罗隐再度落第又路过钟陵，与云英又不期而遇。罗隐见云英仍隶名乐籍，未脱风尘，便感慨万端。更不料云英一见罗隐，见他 12 年后仍是一名秀才，不仅惊诧道："怎么罗秀才竟还是布衣？"罗隐不胜感慨，便写了这首诗赠云英。诗以抒诗人之悲愤为主，引入云英为宾，以宾衬主，构思精巧。诗人赞美云英绰约的风姿，实际上也是暗示自己有过人的才识。赞美中包蕴着对云英遭遇的不平，自然连及自己，又传达出一种伟岸傲骨之气。末句"可能俱是不如人"又蕴含了同是天涯沦落人的深切同情。

杜牧的《杜秋娘诗》《张好好诗》抒发的同样也是一种命运的感慨。"女子固不定，士林亦难期"（《杜秋娘诗》），诗人显然是以艳情写自己的心态。李商隐由于家庭破落以及爱情生活和政治生活的种种不幸，"神女生涯原是梦，小姑居处本无郎"（《无题二首》其一），慨叹遇合如梦，一生无托，可以说是诗人在扑朔迷离之中已经点清楚了的地方。因此，晚唐艳诗无论写情人间相聚时的心通神会，或写相别中的梦萦魂牵，或写分离阻隔的期盼，无不着力于展示主人公深厚的内心世界，无不表现出一种衰老的感伤心态。

（二）追求隐逸情趣的心态走向

由于时代、社会及个人性格、心态等原因，晚唐不少著名诗人，如许浑、方干、陆龟蒙、司空图、郑谷以及周贺、喻凫、郑巢、项斯、刘得仁、李频、李郢、曹松、李洞、周朴、唐求等等，或隐逸山林，或追求山林隐逸情趣，他们的作品都程度不同地流露出隐逸以避世的心态走向。

首先，晚唐社会黑暗，仕途险恶，党争剧烈，宦官和藩镇操纵着朝中的实权。大量出身寒微、秉性廉洁正直的隐逸诗人，既自恃才高，不屑迎合时俗，又拙于钻营，难得权贵援引，故终其大半生还极难步入仕途。如方干、刘得仁、周朴、唐求、李洞等，都是布衣终老的，喻凫、曹松虽勉强博得功名，但也起码都应举十次以上。正是这坎坷的经历，使他们常常痛苦地发出“无才堪世弃，有句向谁夸”（刘得仁《池上宿》）、“吟诗应有罪，当路却如仇”（曹松《抒怀》）的愤慨不平，感叹“岂料为文日，翻成用武年”（曹松《言怀》）、“趋时不圆转，自古易湮沉”（刘得仁《夏日感怀寄所知》）。当诗人们体悟到，自己的坎坷命运正是这个动乱黑暗的时代和自己高洁刚直的个性所造成的，而这一切又是他们无法改变或不愿屈节抑志去苟合取容的，这种牢骚愤慨也就更多地转向了自寻慰藉和自消不平了。既然“九霄无鹤板”，就只好“双鬓老渔舟”（罗隐《题方干诗》）。他们唱着“浮生只如此，强进欲何为”（刘得仁《送车涛罢举归山》）的消极隐退调子，尽量泯灭仕进的念头，忘却名利得失，把甘于贫贱淡泊、皈依佛门、老死林泉当作自己在这动乱的衰世中安顿心灵、求得解脱、平衡心态的唯一途径。

其次，晚唐朝政昏暗，宦官、强蕃与朝中奸佞相勾结，大肆杀伐，朝中人人自危，深感仕途险恶，朝不保夕。所谓“谅直寻钳口，奸纤益比肩”（韩偓《感事三十四韵》）。一些正直的封建知识分子，即使有机会进入仕途，也难以坚持自己清白的操守，更不用说实现报国初衷，施展“兼济天下”的理想抱负了。因此，厌恶官场纷扰，惧怕仕途险恶，企羡山林情趣，向往山僧隐士清静平安，无牵无挂的生活，便成为他们的普遍心态趋向，也成为他们诗歌比较常见的内容。郑谷的《投时相十韵》道出了这群士大夫文人既想避祸，又想全节的复杂而又矛盾的心态。司空图更是痛苦地喊道：“须知世乱身难保”（《狂题二首》其二），“莫向安时稔祸胎”（《狂题十八首》其十六）。许浑生活的年代虽较司空图等人早一些，但对世情也早已蒙上了一层深深的隐忧。他不仅自己曾称病“坚乞东归”（《乌丝阑诗自序》），而且在《李生弃官入道因寄》中更为明白地把做官从政比作钓钩、牢笼，说“水深鱼避钓，云回鹤辞笼”，对知机避世的行为表示深深的赞同。他们向往那种“书满闲窗下，琴横野艇中”（郑谷《深居》）的悠闲清静生活，再也不像盛唐诗人那样，一心只想建功立业，扬名后世，干一番轰轰烈烈的事业。郑谷在《寄题诗僧段公》中说：“冷曹孤宦甘寥落，多谢携筇数访寻。”许浑在《南亭夜坐贻开元禅定二道者》中说：“身闲境静日为乐，若问其余非我能。”这便是他们无可奈何的心态写照。而“谁料平生臂鹰手，挑灯自送佛前钱”（司空图《修史亭三首》），当他们回顾起自己刚刚踏入仕途那番报国之志，看看现实社会这满目疮痍，悲凉心境比起那群白衣终世的诗人来，其心态更为痛苦，更希望得到解脱。但在那动乱的时代，由于阶段和历史的局限，他们同样找不到比隐逸山林更好的出路了。

晚唐隐逸诗人在追求山林隐逸情趣的心态制约下，他们的诗作更多的是欣赏、品味自己隐逸林泉生活中那种萧散、清高脱俗的生活情趣。如刘得仁的《中秋宿邓逸人居》云：

> 偶与山僧宿，吟诗坐到明。夜凉耽月色，秋渴漱泉声。涧木如竿耸，窗云作片生。白衣闲自贵，不揖汉公卿。

唐求的《和舒上人山居即事》云：

> 败叶填溪路，残阳过野亭。仍弹一滴水，更读两张经。暝鸟烟中见，寒钟竹里听。不多山下去，人世尽膻腥。

奕棋、品茗、弹琴、漱泉、采药、读书……他们反反复复不厌其烦地描写的，都是这种自以为清高超俗，实际上却是单调乏味的林泉隐逸生活。方回曾在《瀛奎律髓》中敏锐地指出：“晚唐诗料，于琴、棋、僧、鹤、茶、酒、竹、石，无一篇不犯也。”郑谷也曾自白道：“诗无僧字格还卑。”（《自贻》）这不仅颇具代表性地概括了晚唐山林隐逸诗人那种不慕繁华世俗、独标清高淡泊的心态特征，也透露了他们之所以大量写作琴棋僧鹤题材的目的，就是为了表示品格高雅、宦情淡薄，胸无一点尘俗气的心态；表示他们对事物的注意倾向已经不在于或积极进取，或风流浪漫的现实生活，而在于远隔尘世、未受污染、安宁静谧、毫无功利目的的山林情趣。

由于这种心态的规范，他们孤芳自赏的行为显然显得太凄清、萧瑟，却真实地反映了这一时期，一大批清高而又软弱的地主阶级知识分子面对极端黑暗腐败的朝政，极为怨恨、绝望而又无法公然抗争的矛盾心态。所谓“欲出穷吾道，东西自未能。卷书唯对鹤，开画独留僧”（李频《山居》），“吾道不当路，鄙人甘入林。云垂方觅鹤，月湿始收琴”（曹松《林下书怀寄建州李频员外》）。这一切隐逸生活中的清高风雅行径，都只是一种政治理想不能实现，而又无可奈何的矛盾心态的转移和寄托。向往林泉，出入佛老，提倡内省功夫，追求闲适、清淡、寂静、孤独的生活情趣，这一切无不显出后期封建社会中，知识分子那种老态的心境。作为封建社会鼎盛时期士大夫知识分子文化心态象征的豪放刚健、奋发向上、慷慨激昂、浪漫热情的盛唐之音，已经一去不复返了。只有这种貌似高雅闲静、实则苦闷凄凉的微音幽韵，才是晚唐的基本格调和普遍心态。

因此，隐逸山林，终日沉浸在对这种自以为高雅脱俗的生活情趣的欣赏玩味中，既是晚唐一代知识分子对污浊动乱的社会现实的一种消极反抗形式，也是他们处于衰落末世寻找心灵的慰藉、消除忧患的一种解脱方式。

从艺术表现来看，晚唐山林隐逸诗人为了表现那种清高淡泊的山林隐逸心态，他们十分重视诗歌的造境与取象。在他们诗中出现较多的意象便是空山、残日、野水、幽禽、清泉、石寺、禅房、经卷等。因为这些意象有着孤寂幽静而又消极出世的内在美学象喻，最能体现这些参禅礼佛、消极避世的僧人化诗人的特殊心态。欧阳修《六一诗话》中叙述宋初以学“晚唐体”著称的“九僧”故事时说：“当时有进士许洞者……因会诸诗僧，分题出一纸，约曰：‘不得犯此一字。’其字乃山、水、风、云、竹、石、花、草、雪、霜、星、月、禽、鸟之类，于是诸僧皆阁笔。”

由此可见，一定的“意”必须由一定的“象”才能表现出来，离开了这些清幽静谧的物象，淡泊、虚静的遁世情怀便无从表现了。也就是说，晚唐山林诗人们孤寂冲淡的内心世界也只有通过对这些具有某种幽静淡泊属性的外在物质世界的描述才能表现出来。为了达到表达某种特定怀古的目的，他们的意境产生方式也与盛唐山水诗不尽相同。盛唐人往往遇思入咏，触景生情，故一气流注，意境浑成。他们由于豪迈的雄怀，并不着意于对景物的局部细节进行精细的摹状与刻画，只需要渲染出一种不无淡泊的氛围，足以表达此时心中的情绪感触就行了。而晚唐人为了表示自己特定的心态，他们往往以事先规范好了的主观感情来选取外景，让自己的感情借着对物境描写刻画抒发出来。因此，晚唐山水隐逸诗，虽着意深微，但总显得勉强做作，局促蹇涩，尽失盛唐之浑融流动气象。这种诗风的形成，自然是由他们凄清萧瑟、感伤悲凉的心态所决定的。

五　冷淡内省心态的细微化表现

晚唐社会的衰落以及政治的日益黑暗腐朽和仕途的险恶，使得士大夫文人深深地体验到一种末世的衰落与悲凉之感。社会失去了盛唐的阔大壮丽气象，文人也丧失了盛唐士人建功立业的雄心。他们更多地表现出一种悲凉感伤的心态特征。此外，随着晚唐诗人着意点的转移，他们一方面转向山林隐逸情趣，另一方面趋向于心灵世界的开拓。诗人的视野比盛中唐诗人大为缩小，诗歌的境界也随之缩小。常常只不过是某种具体细微的物象，如某座具体的寺庙、庄园、亭馆、驿店，或者某地的什么名胜古迹，某段水驿山程等等。他们笔下所记之事，常常只不过是某夕某朝、某季候、某节日的具体感受，以及别家、归程、送人、遣怀、探幽、访隐、贺升、迁伤、贬谪等等。但无论是写景还是叙事，所创造的境界，都更靠近诗人周边，境界更为狭小，而缺乏阔大的景象、高远的胸怀以及雄伟深厚的气魄。同是登慈恩寺塔，但晚唐诗人再也无法写出高适、岑参、杜甫、储光羲等人那种壮阔的境界和浑厚的气魄。同是写洞庭湖，许棠的“四顾疑无地，中流忽有山”（《过洞庭湖》）二句“视老杜‘乾坤日夜浮’，愈切愈小”①。同是《终南山》，王贞白诗与王维笔下终南山的那种苍莽、阔大、雄浑的境界相比，就显得境界更为狭窄而写法就更为收敛了。

晚唐诗人由于心态的内敛，使他们对社会、对现实、对人事都表现出一种冷漠淡泊的心态。受这种心态的制约，其作品也表现出相应的淡泊、清冷、寂寞的风格特征。高蟾的《下第后上永崇高侍郎》诗曰：

> 天上碧桃和露种，日边红杏倚云栽。芙蓉生在秋江上，不向东风怨未开。

高蟾初累举不第，曾题诗省墙间曰：“冰柱数条搘白日，天门几扇锁明时。阳春发处无根蒂，凭仗东风次第吹。”（《下第后上永崇高侍郎》）再次下第后，向主考官高侍郎递送了这首诗。“不怨未开”是说自己对未能中第不怀

①［明］胡震亨：《唐音癸签》卷八，上海：上海古籍出版社1957年版，第65页。

怨恨。虽然内心深处也可能有不满的情绪，但因为有一种对彼对己以及对社会风气各方面的政治人事背景的清醒而又较为透彻的了解与认可，所以，情感上也就淡漠得多了，表现出一种萎缩的心态特征。再如方干的《中路寄喻凫先辈》诗曰：

求名如未遂，白首亦难归。送我尊前酒，典君身上衣。寒芜随楚尽，落叶渡淮稀。莫叹干时晚，前心岂便非。

诗虽然写出了自己穷窘的情况和满目萧瑟的秋景，点明自己求名未遂、白首难归的凄楚以及在出与处上的两难心理，但对前此的干时求名之晚，却并不感到后悔，同样表现在内心深处对功名的冷漠心态。司空图虽然在唐王朝灭亡之后，绝食自杀，是一位很有节操的人物，但在唐亡之前，他却退缩山林，采取了一种全身远祸的态度，表现出对现实政治的冷漠心态。与安史之乱时的士大夫以身许国相去甚远。如他的《退栖》云：

宦游萧索为无能，移住中条最上层。得剑乍如添健仆，亡书久似失良朋。燕昭不是空怜马，支遁何妨亦爱鹰。自此致身绳检外，肯教世路日兢兢。

“宦游萧索”是对自己50岁前从宦经历的一个总评。作者认为风雨飘摇的晚唐社会已不能给他提供一个安稳的位子，更不用说给他的发展提供宽绰的外部环境。所谓“为无能”，只不过是无可奈何的一种哀叹。这里心境已有明显的变化，由幽怨、愤激转为乐天知命，自我慰藉而已。尾联表明态度，带有自我宽慰之意，表现出悲观、冷寂的心态。

司空图的《归王官次年作》也写道：

乱后烧残数架书，峰前犹自恋吾庐。忘机渐喜逢人少，览镜空怜待鹤疏。孤屿池痕春涨满，小栏花韵午晴初。酣歌自适逃名久，不必门多长者车。

在晚唐遍地狼烟、白骨满野之时，司空图却遁入王官谷，过着所谓“逃名”“忘机”的逍遥生活，虽然这是由于对世事绝望的结果，但毕竟表现出他明哲保身、全身远害、逃避现实的冷漠心境。如果说这首诗还是从个人追求清净无为的角度立言，未曾说到一位封建士大夫的社会责任问题，那么他的《丁巳重阳》说“乱来已失耕桑计，病后休论济活心”，则显然是明明感到自己有济世活国的社会责任，而又不愿意承担。这不仅是司空图一人的心态，也反映了晚唐大多数诗人的共同心态特征。

郑谷与司空图同时，也是一位较有志节的诗人。他亲身经历的动乱游离比司空图更多。郑谷在写自身遭遇诗中，往往连带反映了时代苦难，并抒发了自己的感愤。然而郑谷的诗中，又常常表现出诗人明明意识到国事已不可为，便有意调节抑制自己的情怀，让自己向淡泊冷静的方面去寻求精神的解脱。其《慈恩寺偶题》写道：

> 往事悠悠添浩叹，劳生扰扰竟何能。故山岁晚不归去，高塔晴来独自登。林下听经秋苑鹿，江边扫叶夕阳僧。吟余却起双峰念，曾看庵西瀑布冰。

诗中显然充满了凄清孤寂的情调与感伤的意绪。金圣叹曾批注云：“‘添浩叹，妙，便尽摄过去。二‘竟何能’，妙，便摄尽未来。三、四承之不唯不是高兴，兼亦不是遣兴。不唯无胜可揽，兼亦无涕可挥。此为唐人气尽之作也。”“气尽之作”慨叹得极准确。在极艰难困苦的末世环境中，诗人回首过去，瞻待未来，竟无涕可挥而转向向往双峰禅境，山林野寺，使其心境归向一片淡冷，表现出凄凉、悲哀的心态。

在这种末世“无可为”的悲凉心态作用下，晚唐诗人或趋向于遁迹山林，借山水以消闷，或由于需要解脱世事，消释烦恼，调节心灵，禅悦便成为他们的普遍归趋。晚唐著名的诗人，无不礼僧敬佛，而且有些诗人本身就是释子，或经历过蒲团唱经的生涯。然而，他们的礼僧敬佛也缺乏盛中唐诗人那种礼僧敬佛时的积极心态。他们所写的大量有关禅悦的诗作，最常见的意象不过是那古寺、高塔、僧院、钟磬、夕阳、栖鸟、残月等荒寒寂冷的意象，笔下之物多是石、竹、梅、松、霜、雪、风、露之类，缺乏生机与活力，给人一种幽冷、萧瑟、悲凉的感受，诗人意境多是清幽、闲旷、冷落以至萧瑟的境界，从中体现着诗人淡漠、孤独幽冷的意绪心态。于是，晚唐诗人，自觉地消失了积极用世之心而与僧道哲学认同。他们的心态影响、制约着诗格。而为了追求当时所推崇的冷峭、清幽的诗格，一方面，他们将大量的与僧禅有关的意象内容摄入诗中，形成了所谓“诗无僧字格还卑”（郑谷《自贻》）的审美取向，另一方面，与他们心态的内敛细微相适应，在诗的表现手法上，追求一种细腻化、精微化的表现方式。

其一，晚唐诗人将自己细微心态的微妙变化与思维的反复波动，借生活中一刹那间事物的变化，用极为精致细密的笔触刻画出来。温庭筠在离开京师长安途经商山时，写了一首著名的《商山早行》，其诗曰：

晨起动征铎，客行悲故乡。鸡声茅店月，人迹板桥霜。槲叶落山路，枳花明驿墙。因思杜陵梦，凫雁满回塘。

全诗不仅写景细致，而且时间的“早”与空间的“行”交代得极为详细。因为时间和空间的具体细致规定性，使这首诗常常成为画家描摹的对象。

晚唐诗人的诗作为了体现时空特点，常常使用一些富有季节性和富有地方色彩的事物加以刻画，这就使得作品有更大的具体性。如杜牧的《江楼》曰：

独酌芳春酒，登楼已半醺。谁惊一行雁，冲断过江云。

这里每一句都是实写，但每一句都未点出思乡之情，而是写了一行春天北归的大雁，它们穿越云朵，飞越大江，艰难飞行。人借酒浇愁，半醉登楼，雁冲云过江，遄飞故乡。人与雁相比，人的思念随雁而去，乡思之情浑浑然在景物中涵蕴。人的情态，雁的行动，都从细微入手，具体写出。

晚唐诗人在内敛心态的作用下，其诗歌创作表现出细腻化、精微化的普遍特征。如：

一条寒玉走秋泉，引出深萝洞口烟。十里暗流声不断，行人头上过潺湲。（李群玉《引水行》）

绿波春浪满前陂，极目连云穲稏肥。更被鹭鹚千点雪，破烟来入画屏飞。（韦庄《稻田》）

别梦依依到谢家，小廊回合曲阑斜。多情只有春庭月，犹为离人照落花。（张泌《寄人》）

手爇寒灯向影频，回文机上暗生尘。自家夫婿无消息，却恨桥头卖卜人。（施肩吾《望夫词》）

这些绝句从内容到画面，显然都具有一个“小”的特点：小小的范围，小小的情思。然而却在小的画面与形式中，细致入微地表达了生活的某刹那间引人感发的审美情趣。这些小诗，都是集中一点细写，具体写，从而突出了主题。

其二，使用含蓄的语言，表达内心的情思。晚唐诗人鉴于中唐元白张等人诗歌过于直露的缺憾，进一步探求，使用含蓄委婉细密的语言，以表达自己内心的无限情思，从而达到委婉细密的境界。宋人张戒《岁寒堂诗话》卷上曾经指出："元、白、张籍诗，皆自陶、阮中出，专以道得人心中事为工，本不应格卑，但其词伤于太烦，其意伤于太尽，遂成冗长卑陋尔。"张戒所评元白张籍诗风，难免失之偏颇。因为白元张之诗，并不全是"烦"或"尽"的。但从张戒的评论可以看出，他对诗歌的要求是词简而意曲，这一点却是可取的。刘熙载《艺概·诗概》也说："绝句取径贵深曲，盖意不可尽，以不尽尽之。正面不写写反面，本面不写写对面、旁面，须如睹影知竿乃妙。""睹影知竿"乃诗影含蓄之法。从字面上可以看到诗人心态的影子，揣摩到大概的轮廓。然而，竹竿的疤泽、花纹、质地却不易准确说出来。晚唐人优秀的诗篇，就突出了这一委婉含蓄的特点。如杜牧的《秋夕》：

银烛秋光冷画屏，轻罗小扇扑流萤。天阶夜色凉如水，坐看牵牛织女星。

这首诗以白描的手法写了两个场景和人物的两个动作。看上去似乎很平淡的漫不经心的两笔，却非常精当地画出了环境和人物形象的特征，以及两者之间的关系。最后一句"坐看牵牛织女星"细腻而含蓄的描写，不仅使得全诗蕴意深远，而且拨开了人物的心灵之光，从而使得前面的描写更为生色而富有深意。孙洙说这首诗"层层布景，是一幅着色的人物画，只'卧看'[①]二字，逗出情思，便通身灵活"[②]。诗人对宫女的同情，对不合理的封建后宫制度的愤怒都渗透在画面的背后，使得诗意含蓄不露，需要读者仔细体味。

再如，高蟾的《华清宫》也是写得十分含蓄深刻的佳作：

何事金舆不再游，翠鬟丹脸岂胜愁！重门深锁禁钟后，月满骊山宫树秋。

此外，最能体现晚唐诗歌含蓄特点的，还是晚唐绝句诗的结句。杨载

①"坐看"一作"卧看"。

②见《唐诗三百首》，喻守真编注，北京：中华书局1957年版，第314页。

曾说："诗结尤难，无好结句，可见其人终无成也。"[①] 结句之难，就在于"结句当如撞钟，清音有余"[②]。这就是说要言有尽而意无穷，使人读后浮想联翩，余味无穷。我们不妨考察一下晚唐诗人一些七律、七绝的结句：

一骑红尘妃子笑，无人知是荔枝来。（杜牧《过华清宫绝句》其一）
古往今来只如此，牛山何必独沾衣。（杜牧《九日齐山登高》）
谁料苏卿老归国，茂陵松柏雨萧萧。（李商隐《茂陵》）
英雄一去豪华尽，惟有青山似洛中。（许浑《金陵怀古》）
游人记得承平事，暗喜风光似昔年。（韦庄《长安清明》）
数声风笛离亭晚，君向潇湘我向秦。（郑谷《淮上与友人别》）
自家飞絮犹无定，争解长条绊得人。（罗隐《柳》）
日暮酒醒人已远，满天风雨下西楼。（许浑《谢亭送别》）
常娥应悔偷灵药，碧海青天夜夜心。（李商隐《嫦娥》）

这些律绝的结句，都是余音袅袅，不绝如缕的。它们的共同特点是诗歌的意象，组合成一个有意味的画面。意象并不是太特殊的事物，既有历史的陈迹，也有眼前的实境。在这些似乎常见的境物中，经过诗人巧妙组织安排，这些境物便起了动态的变化，从而淋漓尽致地、深刻地反映了诗人的心态特征。那么，这些怅惘、缠绵、感伤、喟叹的心态，表现了诗人对历史与现实究竟有些什么评价呢？诗人并不说出，只让读者体会。让诗歌的意象组合来启发读者的思维，这就使诗歌收到了良好的艺术效果。读者可以从这些意象组合中，寄托诗人未必有的思想。这样，含蓄着诗人意绪同时又能包容读者联想的结句，使这些诗句本身就具有常吟常新的性质。人们常常将新的心态来丰富诗歌形象的某些不确定的暗示，从而使这些诗歌获得了旺盛的生命力。

晚唐是中国封建社会高峰王朝的结束，也是中国古典诗歌高峰阶段结束的时代，同时也是唐代政治经济以及士人心理衰落的一个时代。在这一时代，由于社会的没落已无法挽回，整个社会充满了感伤颓废的心态。在感伤思潮的影响下，诗人感到回天无力，在政治上已无所作为，于是只好

---

①［明］杨载：《诗法家数》，见［清］何文焕辑《历代诗话》下册，北京：中华书局1981年版，第736页。

②［明］谢榛：《四溟诗话》卷一，北京：中华书局1985年版，第16页。

在艳情、闲适、栖隐等生活方式中安放自己的心灵，从而进一步淡化政治、淡化人生理想。“今日乱离俱是梦，夕阳唯见水东流”（韦庄《忆昔》）。晚唐诗和晚唐诗人一样，如水上的夕阳，似天际的晚霞，炫耀了最后的光华，终于消失在历史的地平线上，给人们留下了既悲凉感伤又婉丽狭窄的无限况味，耐人久久回味。

第八章
李商隐：心灵世界的开拓者

李商隐无疑是唐代最杰出的开拓心灵世界的诗人。他的诗所特具的感伤情调、朦胧意境、象征暗示色彩，都和表现内心深隐幽微的情绪密切相关。他有抱负，却终生坎坷。他关心国运，却职位低微，空有救世之情而无救世之力。他无心陷入党争，却因偶然机遇，无意卷入了激烈竞争的漩涡之中，终生受害。他虽不属哪党哪派，但对党争中之是非，则又表现出刚正鲜明的政治品质。他感情浓烈，而性格内向。他灵心善感，却处于腐败的末世，处处令他感伤。凡此种种，都造成了他特有的感情表达方式：郁结于心，而不易袒露；思虑层深，而往往欲语还休；虽不易袒露，虽欲语还休，而强烈的感情活动又往往不可抑制。这一切就成了他的诗深情绵邈、曲折幽微、耐人回味，而又朦胧隐约、不易确解、含义模糊的特征。而这些特征，又恰巧是他那感情丰富的心灵世界的独特表现。

一　独特的时世、家世、身世所造就的悲剧性的感伤心态

李商隐出身于号称大族的衰门。从曾祖父起，连续几代都是寡母孤儿，形影相吊。10 岁时父亲在

浙西幕府病故，他与母亲扶柩回到郑州，“四海无可归之地，九族无可倚之亲”[①]，简直像个逃荒者。为了维持生计，只好“佣书贩舂”[②]，艰难度日。他的一位姐姐，新婚不久就被遣回娘家，19岁即郁郁死去。这种累世孑孤、贫寒无依的家世，使他从小在心理上就积淀了许多悲剧性因子，诸如对人情冷暖的特殊敏感，强烈的孤孑无依感和对前途命运的忧伤等。“十五泣春风，背面秋千下”（《无题二首》其一），“欲问孤鸿向何处，不知身世自悠悠”（《夕阳楼》），这些写于早期的诗中，就已流露出一般青少年所少有的感伤。

李商隐从文宗大和三年（830）初谒令狐楚于洛阳，踏入社会开始，到大中十二年（858）去世，近30年中，依人寄幕的时间竟达20年，总共十居幕府，地域遍及东西南北、中原边徼。长期过着一种辗转漂泊、寄人篱下、与家人远离的生活，使他时时有命运不由自主和天涯羁旅的漂泊无定、孤单寂寞之感。由于他先受知于牛党官僚令狐楚，考进士时曾得到其子令狐绹的奖誉，令狐楚死后不久，又入王茂元幕，并娶了王茂元的女儿，这就招致了朋党积习和恩门观念很深的令狐绹及牛党中人的鄙薄与排斥，攻击他“忘家恩”“诡薄无行”，不但使他在仕途上长期沉沦下僚，而且在精神上受到痛苦的折磨。特别是他在大中元年（847）随李党的郑亚去桂林，更遭到牛党的忌恨。

由此可以看出，李商隐悲剧性的时世、家世与身世，造就了他悲剧性的性格、气质与心态。对时代、人生的悲剧命运，他常具有超前的敏感。面对甘露之变，他想到的是唐王朝荆棘铜驼的命运；参加博学宏词试落选，竟发出“一年生意属流尘”（《回中牡丹为雨所败二首》其二）的悲叹。他特别敏感，又尤为执着，或作无望的追求，或发深情的哀挽。政治上明明连起码的参政条件都不具备，却死死抱定“欲回天地”的宏愿；明明感到周围环境一片冰冷，“一树碧无情”，却仍然怀着一片赤诚，一往情深；明知爱情追求的无望，却仍然不懈地要作无望的追求。在仿佛无可慰藉之中，寻求一丝慰藉，甚至在彻骨、弥漫的悲哀中咀嚼、回味悲哀中的美。他的

---

①［唐］李商隐：《祭裴氏姊文》，见刘学锴、余恕诚著《李商隐文编年校注》，北京：中华书局2002年版，第814页。

②［唐］李商隐：《祭裴氏姊文》，见刘学锴、余恕诚著《李商隐文编年校注》，北京：中华书局2002年版，第814页。

名句“春蚕到死丝方尽，蜡炬成灰泪始干”（《无题》）便是他这种悲剧心态与性格的写照。他的性格中具有刚强豪爽直率的一面，但环境的压抑与命运的折磨却使他变得内向、收敛，内心的矛盾痛苦无法公开宣泄，只能寄之于诗：“夫君自有恨，聊借此中传。”（《谢先辈防记念拙诗甚多，异日偶有此寄》）因此，他的诗便是他心灵历程的形象记录。

二 “欲回天地”的雄心与“一生襟抱未曾开”的遭遇所产生的矛盾痛苦心态

李商隐的一些优秀的咏怀之作，表现了他政治上的远大抱负和积极用世的激情，以及这种志向无由施展所产生的深刻的矛盾痛苦心态。《初食笋呈座中》写道：

> 嫩箨香苞初出林，於陵论价重如金。皇都陆海应无数，忍剪凌云一寸心。

诗人把自己比作初出林的嫩笋，用“凌云一寸心”巧妙地关合少年人的远大志向，生动地表现了积极向上的用世心态。但由于出身的寒微，加之时代的黑暗以及仕途上已初遇挫折①，诗中不免流露出对前途的忧虑心态。但此时少年的豪气却流注于笔端。这时，诗人涉世未深，“凌云”之志还比较抽象，“剪伐”之忧也仅偶有所感。但几年之后，当诗人经历了“甘露之变”，政治道路上又遇到了更大的挫折，对现实政治的危机和人生，都有了更深切的感受之后，先前那种比较抽象的“凌云”之志，就发展成为“欲回天地”的政治宏愿，朦胧的“剪伐”之忧也发展成为对腐朽势力的有力抨击，其《安定城楼》对于这种心态有着明确的展示：

> 迢递高城百尺楼，绿杨枝外尽汀州。贾生年少虚垂涕，王粲春来更远游。永忆江湖归白发，欲回天地入扁舟。不知腐鼠成滋味，猜意鹓鸰竟未休。

诗由登楼骋望发端，将忧念国事、抒写怀抱、感慨身世、抨击腐朽等内容融为一体，展示了诗人理想抱负与客观境遇之间的尖锐矛盾所产生的悲愤心态。

---

①写此诗前一年，诗人曾赴长安应试不第。

大中元年初夏，义山到桂林后不久，写了一首《晚晴》：

深居俯夹城，春去夏犹清。天意怜幽草，人间重晚晴。并添高阁迥，微注小窗明。越鸟巢干后，归飞体更轻。

在抒写自己对晚晴景物的感受的同时，自然融合了身世之感，表露了积极的人生态度。面对美好的晚晴景色，诗人兴起的不是好景难驻的消极感喟，而是一种亲切欣慰、分外珍重的感情。它和曹操的“老骥伏枥，志在千里。烈士暮年，壮心不已”、刘禹锡的“莫道桑榆晚，微霞尚满天”在精神上一脉贯通。写这首诗时，诗人已饱经忧患，但并不消沉颓唐。这种积极的人生态度，也同样表现在他同年所作的《高松》一诗中：

高松出众木，伴我向天涯。客散初晴候，僧来不语时。有风传雅韵，无雪试幽姿。上药终相待，他年访伏龟。

高松凌越众木的身姿和幽独不凡的神态，正是诗人心态的自我写照。尽管僻处南荒，不能在严酷环境中一试幽姿，但诗人坚信，自己正像高松一样，终将生成“上药”，为世所用。他的《风雨》诗写道：

凄凉宝剑篇，羁泊欲穷年。黄叶仍风雨，青楼自管弦。新知遭薄俗，旧好隔良缘。心断新丰酒，销愁斗几千！

长期落拓不遇，羁旅漂泊，新知零落，旧好疏远，诗人在自慨身世时心境不免凄凉寂寞。但首尾用事，仍透露出匡时济世的强烈要求。直到去世前不久，他还写出了《幽居冬暮》这样的诗：

羽翼摧残日，郊园寂寞时。晓鸡惊树雪，寒鹜守冰池。急景忽云暮，颓年浸已衰。如何匡国分，不与夙心期？

前两联写自己虽幽居寂寞而志行不移，后两联感叹自己岁暮年衰而夙志不酬。从贯穿全诗的报国无门的深沉悲愤中，正可感受到诗人矢志不渝的功业心态。

从凌云志盛的少年，到羽翼摧残、寂寞凄凉的晚年，诗人走过了一条坎坷的人生道路。他为自己的壮志未能实现而悲愤感伤，但并没有消沉。他的个性中有倔强、豪爽的一面。他的《听鼓》诗，从城头击鼓声联想到祢衡击鼓的故事，说自己也有满腔愤世嫉俗、蔑视权贵的感情需要借击鼓发泄，可惜当今没有祢衡这样的人物。实际上作者是以祢衡自况，表示自己遭受压抑的愤懑。他在《樊南甲集序》中曾追叙自己少年能文，深为名公巨卿所赏识，后来却只落得“十年京师寒且饿”，被目为“樊南穷冻人”。因此，他的《骄儿诗》借对骄儿的期望，抒发了深沉的愤慨，告诫儿子切勿再走“读书求甲乙”的道路，而要学习兵书，为抗御羌戎的侵扰出力。屈复《玉溪生诗意》评曰：“胸中先有末一段感慨方作。”

此外，他在大中四年所写的自叙生平遭际、抒写胸襟抱负的长诗《偶成转韵七十二句赠四同舍》，以叙述与幕主卢弘止的交谊为经，以叙述自己的遭遇为纬，着重记叙了从会昌末到入卢幕前这段时期困顿失意的生活，并生动地展示了自己的理想抱负和不羁的性格：

> 我时憔悴在书阁，卧枕云香春夜阑。明年赴辟下昭桂……顷之失职辞南风，破帆坏桨荆江中。斩蛟破壁不无意，平生自许非匆匆……旧山万仞青霞外，望见扶桑出东海。爱君忧国去未能，白道青松了然在。此时闻有燕昭台，挺身东望心眼开。且吟王粲从军乐，不赋渊明归去来……我生粗疏不足数，梁父哀吟鸲鹆舞。横行阔视倚公怜，狂来笔力如牛弩。

诗中以主要篇幅叙写诗人困顿失意的遭遇。从“憔悴在书阁”到“赴辟下昭桂”；从“失职辞南风”到“补吏府中趋”，从中可以看出一个有才能有抱负的文人在当时现实中所遭受的种种不公平待遇，以及他对现实政治的不满与怨恨。然而，可贵的是诗人在困厄境遇中却显示出豪迈的胸襟抱负。尽管境遇极为险恶坎坷，但“爱君忧国”之志、“斩蛟破壁”之慨并未衰减，因此，清人田兰芳评曰：“傲岸激昂，儒酸一洗。”

三　深沉苍凉的人生悲慨

李商隐是一位政治上颇有抱负而遭遇非常不幸的诗人。“虚负凌云万丈才，一生襟抱未曾开”（崔珏《哭李商隐》），这两句充满沉痛惋惜之情的挽诗，可以说是对李商隐悲剧性身世的艺术概括。

正是这种“凌云万丈”的怀抱与“襟抱未开”的遭遇之间的矛盾，使诗人对人生的体验、感慨更为深沉。他虽然有“欲回天地”的抱负和豪放不羁的个性，但这并不是他的个性、心态的主要方面。他“沦贱艰虞多”（《安平公诗》）的身世境遇，再加上锐敏而纤细、内向而缠绵、多愁而善感的气质，使他对人生的悲剧有极为丰富深刻细腻的感受。而他屡寄戎幕、远离家室、漂泊异乡的漫漫人生中，他又有更多的失意、孤独、落寞之感，这一切都促使他在漫漫的长夜中去品味思考人生的况味。此外，他所处的晚唐这个特定的衰落时代，也促使士人由外向的事功追求转向内心自省。国运的衰颓、社会的危机，使才智之士沉沦废弃。他们在失意、怨怅之余，往往由个人身世遭遇引起对命运的思索与感慨。这种普遍的时代思潮的影响与李商隐个人特殊的境遇、性格、气质的结合，遂使他成为晚唐抒写人生感慨的代表。

不幸的遭际使诗人对人生命运的感伤尤为深沉。在《有感》诗中，他曾深深地悲叹道："古来才命两相妨。"在《武侯庙古柏》和《筹笔驿》二诗中，感叹诸葛亮"玉垒经纶远，金刀历数终"，"徒令上将挥神笔，终见降王走传车"，就不仅有历史的凝重感，而且寄寓了深挚的悲剧命运意识。而"天荒地变心虽折，若比伤春意未多"（《曲江》）的慨叹中，也同样表现了对衰颓时世中个人命运无限哀伤的心态。在义山的心态中"茫茫此群品，不定轮与蹄""大钧运群有，难以一理推"（《井泥四十韵》）。人生命运变幻莫测，不由自主，只能悒快悲歌而已。这种对悲剧命运的心态支配着他，使他对人生的方方面面都怀着无限的悲慨。

正是这种人生命运的悲剧心态，使他比晚唐其他诗人在更深沉、更艺术的层次上，凝结了怆然的感伤情调，弥漫渗透在他的诗作的各个层面，各个角落。对人世间的许多情事，他往往都要透过一层，深刻地体悟到一般人不易感悟到的人生悲剧底蕴。如人都是希望月圆，因而在月缺时不免感到惆怅，而诗人却透过一层说"初生欲缺虚惆怅，未必圆时即有情"（《月》），从而来个彻底揭示出希望的虚幻。对自然界的现象，他也常以悲剧心态去感受之。在《回中牡丹为雨所败二首》（其二）中，他感叹榴花开不及春，诚为可悲；牡丹未及盛开即已零落，命运更为可悲。今日遭雨凋败，诚为可悲；他日零落成尘，更为可悲。以他日对照今天，犹感雨中陨败的牡丹尚为新艳。通过层层推设比较，将诗人遭受挫折后对自身悲剧命运的感伤，淋漓尽致地表达出来。在他笔下，早秀而遭严霜摧抑的梅花"援少"而"风多"，"失路入烟村"（《杏花》）的杏花，"荣落在朝昏"（《槿花》）的槿花，"自明无月夜，强笑欲风天"（《李花》）的李花，悲鸣寄恨而"一树碧无情"（《蝉》）的秋蝉，飘荡巧啭而无枝可栖的流莺，无一不成为其悲剧命运的象征和人生悲剧命运感慨的载体。

李商隐是善于抒写心路历程的诗人。他的人生感慨充满了感伤的情绪性体验。诗人身处晚唐这一没落的衰世，整个时代环境呈现出衰暮、萧飒的氛围。由于诗人自身的不幸遭遇，随着年事渐增，他对人生命运的悲剧感慨日益加深。在这种感伤心态的作用下，他诗中枯荷落花、寒蝉孤鸿、夕阳黄昏、冷灰残烛、秋池黄叶等带有衰飒迟暮色彩的意象，也成为最富有个性特征的意象。他的一系列名句，如“夕阳无限好，只是近黄昏”（《乐游原》）、“秋阴不散霜飞晚，留得枯荷听雨声”（《宿骆氏亭寄怀崔雍崔衮》）、“万里重阴非旧圃，一年生意属流尘”（《回中牡丹为雨所败二首》其二）、“芳心向春尽，所得是沾衣”（《落花》）、“楚天长短黄昏雨，宋玉无愁亦自愁”（《楚吟》）、“四海秋风阔，千岩暮景迟”（《陆发荆南始至商洛》）、“日向花间留晚照，云从城上结层阴”（《写意》）、“如何肯到清秋日，已带斜阳又带蝉”（《柳》）、“回头问残照，残照更空虚”（《槿花二首》其二）等，无不表现了衰飒、迟暮的凄凉感伤心态。但可贵的是，诗人并非怀着病态心理去欣赏迟暮、衰残的事物，而是怀着对生命、青春、时间的无限珍惜依恋去歌咏上述事物，因而读者从诗人的迟暮、衰飒之中感受到的，正是对人生的珍惜流连，是对美的事物消逝衰减的哀婉伤感。

李商隐在颠沛流离的不幸遭遇中，苦苦挣扎，时时感到一身之孤穷。早在大和九年（835）所写的《夕阳楼》一诗中，就已流露出“欲问孤鸿向何处，不知身世自悠悠”这种充满悠悠无着落的心态。随着各方面不幸遭遇的不断出现，相知幕主的相继去世，旧友故交的日益疏离，加上环境的冷漠，远幕依人的孤单，特别是高情远意的不被理解，这种人生孤寂无依之慨便越来越沉重。而他那种内向性格，又使他这种感慨无法向外宣泄，只能在内心凝聚，从而无时不在品味着人生的孤寂。“五更疏欲断，一树碧无情”（《蝉》），“黄叶仍风雨，青楼自管弦”（《风雨》），在对周围冷漠环境的描写中透露出一身的孤穷、凄凉。“神女生涯原是梦，小姑居处本无郎”（《无题》），“一春梦雨常飘瓦，尽日灵风不满旗”（《重过圣女祠》），在比兴象征的诗境中传出身心的寂寞无托。诗人把长期积淀的种种孤独感，融铸为一种更为虚括的意绪，并在一些诗中集中加以表现。他的《嫦娥》《霜月》等诗便是抒写永恒的人生孤寂之慨的艺术结晶。

四　离愁别恨中的感伤心态

李商隐一生的遭际如梦似幻，扑朔迷离。政治上的挫折，使他欲回天地之志成虚。遍体鳞伤的他，于是希望借用爱情的旖旎来抚慰这颗受伤的心灵。然而，在爱情生活中，诗人同样经历了深深的痛苦折磨，总是“一寸相思一寸灰”（《无题二首》其二）。昔日的昵交密友旋成摧抑自己的势力；相濡以沫的妻子，又在盛年夭折。美好的愿望总是无法逃脱厄运的蹂躏。因而，在他的爱情诗中，同样充满了抑郁感伤的情绪和低沉哀怨的调子。

李商隐的爱情诗，情思真挚热烈，细腻深沉，隐约透露出诗人不甘理想破灭、勇于探求真理的呐喊。无题诗中的爱情，犹如水晶碧玉，纯洁无瑕几达透明的程度。他纯洁的爱情追求，在人生无尽的精神追求中得到了净化与升华，是以爱情形式体现出来的一支生命进行曲，同时又担负着将那久被压抑的美好理想与精神追求解放出来的使命。也就是说，他是以爱情的视角而透视整个社会人生的深沉吟思。诗人在寻找失落的爱情时，感悟到了整个生命的意义，融入到整个社会人生中去，化为一种对人生价值的探究的复杂情感，由爱情升华、深化到更广阔的情感天地。因此，许多无题诗既可看作爱情诗，又似乎不仅仅如此。他写得是那样的迷离恍惚，隐约朦胧，以致人们难以窥其全豹。他坚贞的纯洁爱情与高尚的精神寄托，在同一首诗歌境界中得到了完善和谐的统一。

例如著名的《锦瑟》一开始就展示出一种非常的执着性：

> 锦瑟无端五十弦，一弦一柱思华年。庄生晓梦迷蝴蝶，望帝春心托杜鹃。沧海月明珠有泪，蓝田日暖玉生烟。此情可待成追忆？只是当时已惘然。

“无端”使人对人生的意义产生怀疑，那是探究生命价值的困扰。“思华年”是对人生道路的反省、追寻，“一弦一柱”都化作诗人对“华年”的一声声感喟，对人生目的刻骨铭心的质疑。接着又以蝴蝶、杜鹃的意象引起梦境与现实的对比，这般对比，正体现了诗人的艰苦探索。而颈联中，鲛人与诗人、泪珠与珍珠、现实与想象，在沧海月明之中融为一境，是那样渺茫恍惚，那样朦胧迷离，却通过“沧海月明”“暖玉生烟”的优美意象表现出来，恰恰传达出美好理想逝去后，诗人只觉一片混沌、如梦如幻的主观感受。“此情”与“追忆”和“当时”的联系，确立了作为对华年往事的回忆所具有的非现实感。这样就把诗从幻觉的朦胧自由带到对不可回避的确定现实的自觉。这正是诗人自觉探究人生价值而不得其解的一种痛苦折磨。

诗人不只是为了追求梦境而向往梦境，寄意杜鹃而盼切杜鹃，不能忽略了诗人矢志不渝的高洁信念，忘记了诗人密切结合着“善”的一种卓越的美和理想的追求。尽管在坚持理想的同时还不时透出彷徨、脆弱的情绪，但他对人生意义的追求毕竟是始终处于在寂寞中燃烧的状态。火焰从未熄灭，标志着“华年”的“锦瑟”，永远弹奏着婉转却又执拗的弦声。对于“晓梦”中“蝴蝶”的迷恋追赶，是诗人精神追求的自我写照。这种由“锦瑟”而触发的情爱，以及由于爱而难得，青春不能长驻引起的悲感，而引发到对整个社会人生的思索，不正是诗人对于自身本质的一次探求顿悟么？

五　感伤心态的朦胧化、模糊化艺术表现

李商隐是一位善于表现心灵历程的诗人。由于他的善感灵心，他的感情活动的方式也就幽微层深，敏锐而且异乎寻常的细腻丰富。又由于他内向的性格，他的细腻丰富、层次甚多的感情往往吝啬于表达，只露出一鳞半爪，这就使他的诗多表现出朦胧的境界与朦胧的情思。

此外，李商隐是一位颇具进取精神与政治抱负的诗人，但他所处的悲剧时代与他悲剧的人生遭际，使他的政治抱负不能施展，人生价值无法实现。这种不论是对于理想还是爱情的种种向往与执着追求的失落幻灭之感，使他的内心深处充满了压抑与悲观的无限感伤心态。

同时，这种心态艺术化为诗，便表现出迷惘感伤与朦胧模糊的情思与境界。正是这种遭受压抑后的感伤心态与悲剧意识，使他比晚唐其他诗人在更深沉、更艺术的层次上，凝结了怆然的感伤情调。这种情调又艺术化地弥漫、渗透在他诗作的各个层面、各个角落。因此，李商隐诗的朦胧，不在于他过多地用事用典，而在于以高度的美去掩饰、去蕴藏深刻的人生悲剧，使之达到一种崇高的境界。

譬如，为历来评论家所称道而又莫衷一是的《锦瑟》一诗的朦胧模糊、扑朔迷离，全在沧海月明的境界中隐蔽着孤寂的惆怅心态，而不在用典的精工；诗作层次的曲折、片断意象的组合、只有喻体而没有本体的象喻，又反映了感伤心态所附丽的实事的难言，而不在故弄玄虚。全诗表现的是浓重的怅望、迷惘、感伤的朦胧情思。这一情思，并非专指一事，它具有无穷的丰富性与包蕴性，有对身世遭遇的悲叹，有对往日爱情成梦的伤悼等等。因此，百代而下，依然能够感人。

李商隐的许多诗篇，仅仅为情感的自我抒发而作，而非文人雅士酬唱而写。因此文绉绉地保持着崇高的悲剧精神。他的无题诗是这种悲剧精神的突出体现。那种哑谜式的意境，犹如一个清醒而哀婉的梦：从表层看，是难以言明的情怀与故事的陈述；从深层看，则是衰颓时代社会感伤心态的凝结。而沉博艳丽、深情绵邈、包蕴密闭等，恰恰是晚唐感伤情调所能达到的最高层次的诗歌的表现形态和审美水准。这便是李商隐诗作，特别是七律诗成为晚唐诗艺术成就高峰的根基所在。

唯有李商隐，才能以浓艳的语言来表现深深的感伤。“隔座送钩春酒暖，分曹射覆蜡灯红”（《无题二首》其一），似乎是宴乐场景的细腻刻画和色彩的着意渲染，却清晰地反衬出借酒浇愁的乐中之悲。唯有李商隐才能以高度的意象概括出社会的末季心态。“夕阳无限好，只是近黄昏”（《乐游原》）而外，还有如“秋阴不散霜飞晚，留得枯荷听雨声”（《宿骆氏亭寄怀崔雍崔衮》）、“客散酒醒深夜后，更持红烛赏残花”（《花下醉》）等，似乎是生活一角的自我品味与感受，却捏塑出绝望悲愁的社会与时代的心理形象。唯有李商隐，才能以杰出的“造语”功力，提炼出崭新的情感境界。“身无彩凤双飞翼，心有灵犀一点通”（《无题二首》其一）、“春蚕到死丝方尽，蜡炬成灰泪始干”（《无题》）等名句似乎是语言的创新和凝结，却分明是诗人深邃的悲剧性心态的崇高展示。

总之，李商隐可以说是晚唐这个时代和文人心态的一个缩影与典型代表。他虽然深受儒家思想的影响，有积极用世的一面，有“欲回天地”的雄心，但是，面对晚唐残破的社会现实，面对夕阳西下的国运，加之自己独特的家世、身世以及悲剧性的生平遭遇，不但使他“一生襟抱未曾开”，而且陷入了内心世界的深深矛盾痛苦之中，并由此而形成了他典型的悲剧性的感伤心态。他将这种感伤心态物化为诗，就表现出一种朦胧、模糊化的艺术表现形式。

主要参考文献

刘昫等《旧唐书》点校本，北京：中华书局，1975 年。
欧阳修、宋祁《新唐书》点校本，北京：中华书局，1975 年。
杜佑《通典》点校本，北京：中华书局，1988 年。
李林甫《唐六典》点校本，北京：中华书局，1992 年。
王溥《唐会要》排印本，北京：中华书局，1955 年。
彭定求等编《全唐诗》标点本，北京：中华书局，1960 年。
董诰编《全唐文》影印本，北京：中华书局，1983 年。
陈尚君《全唐诗补编》，北京：中华书局，1992 年。
傅璇琮主编《唐才子传校笺》，北京：中华书局，1989 年。
吴云、冀宇编辑点校《唐太宗集》，西安：陕西人民出版社 1986 年。
韩理洲《王无功文集五卷会校》，上海：上海古籍出版社，1987 年。
陈铁民《王维集校注》，北京：中华书局，1997 年。
徐鹏《孟浩然集校注》，北京：人民文学出版社，1989 年。
李云逸《王昌龄诗注》，上海：上海古籍出版社，1984 年。
胡问涛、罗琴校注《王昌龄集编年校注》，成都：巴蜀书社，2000 年。
王琦注《李太白全集》排印本，北京：中华书局，1977 年。
仇兆鳌《杜诗详注》排印本，北京：中华书局，1979 年。
刘开扬《高适诗集编年笺注》，北京：中华书局，1981 年。
陈铁民、侯忠义《岑参集校注》，上海：上海古籍出版社，1984 年。
王定璋《钱起诗集校注》，杭州：浙江古籍出版社，1992 年。

杨世明《刘长卿集编年校注》，北京：人民文学出版社，1999年。
陶敏、王友胜《韦应物集校注》，上海：上海古籍出版社，1998年。
钱仲联《韩昌黎诗系年集释》，上海：上海古籍出版社，1984年。
马其昶校注《韩昌黎文集校注》，上海：上海古籍出版社，1987年。
吴文治等校点《柳宗元集》，北京：中华书局，1979年。
冀勤点校《元稹集》，北京：中华书局，1982年。
丁如明、叶世美点校《白居易全集》，上海：上海古籍出版社，1999年。
卞孝萱校订《刘禹锡集》，北京：中华书局，1990年。
冯集梧《樊川诗集注》标点本，上海：上海古籍出版社，1978年。
刘学锴、余恕诚《李商隐诗歌集解》，北京：中华书局，1988年。
王琦等《李贺诗歌集注》，上海：上海古籍出版社，1978年。
范之麟《李益诗注》，上海：上海古籍出版社，1984年。
陈允吉《杜牧全集》点校本，上海：上海古籍出版社，1997年。
王夫之《唐诗评选》排印本，上海：太平洋书店，1933年。
傅璇琮《唐代诗人丛考》，北京：中华书局，1981年。
傅璇琮《唐代科举与文学》，西安：陕西人民出版社，1986年。
谭优学《唐诗人行年考》，成都：四川人民出版社，1981年。
王瑶《中古文学史论》，北京：北京大学出版社，1986年。
林庚《唐诗综论》，北京：人民文学出版社，1987年。
罗宗强《隋唐五代文学思想史》，上海：上海古籍出版社，1986年。
罗宗强《唐诗小史》，西安：陕西人民出版社，1987年。
袁行霈《中国诗歌艺术研究》，北京：北京大学出版社，1987年。
陈尚君《唐代文学丛考》，北京：中国社会科学出版社，1997年。
邓小军《唐代文学的文化精神》，台北：文津出版社，1993年。
杜晓勤《初盛唐诗歌的文化阐释》，上海：东方出版社，1997年。
房日晰《唐诗比较论》（增订本），西安：三秦出版社，1998年。
余恕诚《唐诗风貌》，合肥：安徽大学出版社，1997年。
葛晓音《汉唐文学的嬗变》，北京：北京大学出版社，1990年。
蒋寅《大历诗风》，上海：上海古籍出版社，1992年。
蒋寅《大历诗人研究》，北京：中华书局，1995年。

罗联添《唐代文学论集》，台北：学生书局，1989年。
萧丽华《唐代诗歌与禅学》，台北：东大图书公司，1997年。
范文澜《文心雕龙注》，北京：人民文学出版社，1958年。
陈延杰《诗品注》，北京：人民文学出版社，1961年。
胡震亨《唐音癸签》标点本，上海：古典文学出版社，1957年。
胡应麟《诗薮》标点本，上海：上海古籍出版社，1979年。
何文焕《历代诗话》标点本，北京：中华书局，1981年。
丁福保《历代诗话续编》标点本，北京：中华书局，1983年。
王夫之等《清诗话》标点本，上海：上海古籍出版社，1963年。
黑格尔《美学》(中文版)，北京：商务印书馆，1979年。
李泽厚《美的历程》，北京：文物出版社，1981年。
李泽厚、刘纲纪《中国美学史》，北京：中国社会科学出版社，1984年。
伍蠡甫主编《西方文论选》，上海：上海译文出版社，1979年。
伍蠡甫主编《山水与美学》，上海：上海文艺出版社，1985年。
宗白华《美学散步》，上海：上海人民出版社，1981年。
宗白华《美学与意境》，北京：人民出版社，1987年。
萧驰《中国诗歌美学》，北京：北京大学出版社，1986年。
郭绍虞主编《中国历代文论选》，上海：上海古籍出版社，1979年。
北大哲学系《中国美学史资料选编》，北京：中华书局，1980年。
李浩《唐代关中士族与文学》，台北：文津出版社，1999年。

初版后记

早在80年代末于古都西安求学时，桐生师兄就提出了《中国文人心态史》丛书的写作设想。当时我们几个师兄弟曾不止一次就这套丛书涉及的理论问题做过认真的讨论。后来由我执笔写了详细的写作纲要，并与数家出版社联系过，但都没有结果。1992年，我和桐生师兄毕业后分别落脚于南北两地，新的教学、科研任务又都很繁重，丛书写作的事遂被搁了下来。

直到1997年3月，河北教育出版社正式接受了这个选题计划，并与作者签订了合同。当时分给我的是《唐代文人心态史》，本来唐代一直是我喜欢的一段，对唐代文人心态我也曾做过一些思考。但合同签订后，我身体欠佳。为了不耽误写作计划，便邀请了我的朋友池万兴与我共同完成这本小书。全书由我列出详细纲目，但具体的写作任务主要是由万兴兄来承担的。由我执笔撰写的部分只有"导论"和"第二章"。"导论"是最先写出的部分，但其中的一些想法在写作中又有所改变或未能完全落实，考虑到这部分内容与正文或可相互补充，故一仍其旧，以存其真。

文人心态史的研究是一个新领域，许多问题还有待于进一步深入探讨。本书的尝试肯定存在许多不尽如人意处，敬请读者同行批评指正。

刘怀荣

2000年3月14日于青岛大学

再版后记

本书是20世纪90年代后期完成的，2001年由河北教育出版社出版。从写作到今天，转眼之间又过了十几年。出版之后，本书得到广大读者的普遍认同和良好评价，当然也有批评和建议。不少硕士生和博士生来信来电索要本书，但由于当时印数有限，作者手头也没有几本书，所以不能满足广大读者的需要。在这里特此致歉！

回想起来，我们两位作者写作本书之时，都是30刚出头的年轻人。当时对于文人心态的研究，学术界也刚刚开始。由于是新兴领域，文人心态的研究还没有完全成熟的路子，也没有固定的模式，只是处于探索阶段，所以我们对于文人心态的把握就没有更多可参考的东西。文人心态和文人思想、文人心理，既有联系又有区别，如何把握，我们缺乏经验。此外，我们都是年轻学人，处于学术探索与积累的阶段，在学术的道路上还是一个“新手”，没有经验与积淀。加之当时写作时间紧张，所以在写作过程中，难免会出现这样那样的问题，这是我们完成本书写作后所忐忑不安的。时间过去了十几年，今天看来，本书尽管存在这样那样的问题，但是也受到了广大读者的认可，尤其是广大青年学者的喜爱。

本次再版，只是对原来的注释按照现行的标准进行了修改，并订正了原书中的一些错讹，文本内容基本保持了原来的样貌，特此说明。此外，本书在写作过程中，参考了不少先贤时彦的研究成果，文中有的注明，有的未能一一注明，特此致谢！

今天，本书能够得以再版，首先感谢长春出版社的大力支持，同时也要感谢学界许多朋友的热情帮助。

池万兴

2013. 8. 5于齑音阁